영화로

# 교실상담

조원국 · 김은영

## 머리말

영화는 울적한 마음을 달래 주고 갈 곳 잃은 영혼에게 따뜻한 말을 건네기도 하고 삶의 무게에 눌려 메마르고 팍팍해진 가슴에 단비를 내려 주기도 하며 의미를 잃어 공허해진 시간에 신선한 바람을 불어넣어 주기도 합니다. 영화가 가진 이런 신비한 매력을 Stuart P. Fischoff는 '영혼에 놓는 주사'라고 비유했지요. 우리에게도 영화는 영혼을 치유하는 치료제였습니다.

인쇄 매체로 시작한 미디어는 디지털 매체로 점차 발달해 왔습니다. 영화 역시 어느 TV방송국에서 방영해 주던 '주말의 명화'로 영화보기 갈증을 근근이 채우던 시절을 지나, 비디오 가게에서 대여한 테이프로 밤새워 영화를 보던 시간을 거쳐, 이제는 인터넷 통신과 디지털 기술의 획기적인 발달에 힘입어 언제, 어디서나 쉽게 감상할 수 있는 가장 친근한 대중적인 매체가 되었습니다. 이런 변화에 힘입어 내담자의 흥미와 몰입을 쉽게 이끌어 내는 장점을 가진 영화를 활용하는 심리상담이 상담분야에서 주목을 받고 있습니다. 대중들에게 가장 사랑받는 영상매체로 자리 잡은 영화콘텐츠가 다리 역할을 하는 영화심리상담은 상담자와 내담자 간의 관계형성에 도움이 되고 심리적 거리두기가 용이하기 때문에 의미 있는 마음 나눔과 돌봄을 가능하게 하는 효과적인 상담기법으로 자리를 잡았습니다.

가르치는 장면에서도 영화는 아이들을 따뜻하게 만날 수 있는 힘을 주고 진솔한 마음으로 소통할 수 있는 용기를 줍니다. 성장통을 겪으면서 흔들리고 아파하는 아이들의 고민과 상처를 공감할 수 있는 시간과 여유로운 시선을 갖도록 도와주는 영화는 그들을 보듬어 주어야 하는 책무를 가진 교사에게 여간 고마운 존재가 아닐 수 없습니다. 영화를 통한 소통과정에서 교사로서의 시행착오를 넉넉하게 바라볼 수 있게 되고 가르치는 일을 행복하게 받아들일 수 있게 된 것도 영화가 길을 밝혀 준 덕분이었습니다.

영화가 베풀어 주는 보이지 않는 긍정의 힘을 믿고 영화를 활용하는 심리상담을 통해 학생, 학부모, 동료 교사들과 마음을 나누었던 그동안의 시간들을 모으고 엮어 『영화로 열어가는 교실상담』을 출간합니다. 많은 사람들과 나누었던 이런저런 이야기들을 모두 담아내지 못하는 것이 아쉽지만 교육의 주체인 학생, 교사, 학부모가 참여와 소통을 통해 따뜻한 교실공동체를 이루기 바라는 마음을 담아 이 책을 세상에 내어놓습니다. 시간 가는 줄 모르고 영화심리상담을 공부했고 가르치는 장면에서 예쁘게 활용하고 적용했던 경험과 사례를 모아 책으로 출간하게 되니 기쁩니다. 이 책은 매일 다양한 고민과 마음의 상처를 안고 변화무쌍하게 다가오는 학생들을 만나고 그 아이들의 가슴 속 이야기를 들어주는 현직 교사들에게 실제적인 도움을 드리고 싶은 마음으로 집필하였습니다.

학교교육 장면에서 마주하는 이슈들을 여섯 가지 주제로 분류한 이 책은 첫 번째 이야기: 관계 맺기에 서툰 아이들(조원국), 두 번째 이야기: 영화, 편견에 도전하다(김은영), 세 번째 이야기: 다르지만 함께 살아가기(김은영), 네 번째 이야기: 누구나 될 수 있지만 아무나 할 수 없는 아버지(조원국), 다섯 번째 이야기: 꽃으로도 때리지 말라(김은영), 여섯 번째 이야기: 가르치는 일의 의미(조원국)로 구성되어 있습니다.

영화심리상담을 통해 교실에서 자주 마주치고 고민했던 가르치는 일의 의미, 사회적 편견, 다름과 차이, 관계 맺기, 가정폭력, 학교폭력, 아버지의 역할, 자녀와의 소통에 대한 이야기들을 진솔하게 담아내려고 했지만 글을 쓰는 힘이 부족하여 서툴고 부족한 면이 이곳저곳에서 눈에 띕니다. 그럼에도 불구하고 영화가 가진 치유의 힘이 사람과 사람을 잇고, 관심을 모으고, 마음을 흔들 수 있다는 믿음으로 세상에 내어놓습니다.

친구와 관계 맺기에 힘들어하는 학생들, 아이들과 학부모의 다양한 요구와 복잡한 관계 속에서도 가르치는 어려운 일을 훌륭하게 해내고 있는 선생님들, 그리고 자녀를 이해하고 소통하려는 노력을 멈추지 않는 부모님들과 이 책을 나누고 싶습니다.

따귀를 맞아 볼과 마음에 얼얼한 상처를 입은 아이들의 마음이 예쁜 어른들의 따뜻한 돌봄을 받아 행복한 미래를 꿈꿀 수 있도록 돕는 데 이 책이 함께할 수 있기를 바랍니다.

코로나19로 2020년 봄을 힘들게 보내고 있는 모든 사람들을 응원하며
담쟁이심리상담연구소에서 조원국 · 김은영

차례

## 다섯 번째 이야기 꽃으로도 때리지 말라

## 여섯 번째 이야기 가르치는 일의 의미

# 관계 맺기에
# 서툰 아이들

# 봉숭아 우정, 우리들(THE WORLD OF US)

## 영화 기본 정보

**제작국:** 한국, 2016

**감독:** 윤가은

**주연:** 최수인(선), 설혜인(지아), 이서연(보라)

**장르:** 드라마

**상영 시간:** 94분

**관람 기준:** 전체 관람가

## 힐링시네마를 위한 이 영화의 키워드

봉숭아 물들이기/친구관계/따돌림/부모역할/교사역할/피구/성적/생일파티

# 그해 여름은 마음이 참 따뜻했네!

2016년 여름이 시작되는 6월. '얼마나 많은 사람들을 영화관으로 불러들였는가?', '손익분기점은 넘어섰는가?'와 같은 상업적인 성공을 중요하게 생각하는 영화판에서 보기 드문 아동영화 〈우리들〉이 개봉을 했습니다. 초등학교 4학년 여학생 선과 지아, 그리고 보라가 엮어 내는 '친구와의 관계 맺기' 이야기가 우리들의 가슴을 잔잔하게 적시며 딸아이의 손을 잡은 많은 엄마들의 발걸음을 영화관으로 향하게 만들었습니다.

영화 〈우리들〉은 어떻게든 친구가 되기 위해, 친구라는 끈을 절대로 놓지 않기 위해 서로 밀고 당기는 초등학교 4학년 여학생들의 우정이야기입니다. 이 영화는 친구관계를 목숨처럼 소중히 여기는 소녀들의 절박하고 은밀한 관계 형성 심리를 잘 드러내어 보여 주고 있습니다.

체격이 왜소하고, 학업성적이 뛰어나지 않으며, 부모님의 경제력도 넉넉하지 못한 '선'. 그래서인지 활발하지 않고, 친구가 없어 이리저리 눈치를 보는 선은 학교생활이 재미없고 무기력하기만 합니다. 이런 선 앞에 여름방학을 하던 날 갑자기 '지아'가 나타납니다. 특이하게 여름방학을 하던 날 선이네 학급으로 전학을 오는 지아는 이전의 학교에서 집단 따돌림을 당했던 아픈 상처를 품고 있는 친구였습니다. 정을 나눌 수 있는 친구에 목이 말랐던 선과 지아는 금방 마음이 통하고 절친한 친구가 되어 마음이 따뜻한 여름을 보내게 됩니다.

햇살이 유난히도 뜨거웠던 여름, 서로의 결핍을 채워 나가면서 시시콜콜한 이야기까지 나누는 가까운 사이가 되었습니다. 하지만 시간이 흐르면서 휴대폰을 가지고 있고, 용돈을 풍족하게 쓰며, 비싼 영어학원을 다니고 있는 지아에 비해 핸드폰을 가지고 있지 않고, 학원에 다닐 경제적인 여유도 없으며, 친구를 위해 쓸 돈이 부족한 선은 가끔씩 지아에게 상대적 가난에 대한 열등감을 느끼게 됩니다. 반면, 부모의 이혼으로 가족이 분리되어 친할머니와 함께

---

살게 된 지아는 엄마 품에 안겨 아양을 부리는 선을 받아 주는 다정하고 스스럼없는 모녀의 사랑과 따뜻한 보살핌을 듬뿍받는 선이 마냥 부러워 시샘을 하게 됩니다. 게다가 여름방학이 끝날 즈음 학급에서 선을 따돌리는 상황을 만드는 일에 주도적인 역할을 하는 보라가 영어학원에서 지아와 가까워지면서 두 소녀 사이에는 거리가 생기게 되고, 여름방학을 마치고 개학하는 날 교실에서 만난 지아는 반가워하는 선을 외면하고 어느새 보라의 절친이 되어 있습니다.

지아와의 친구관계가 어긋나자 영어시험에서 일부러 모두 오답으로 써 낸 선. 그런 선의 마음을 알 리가 없는 아빠는 빨간 줄이 사정없이 그어진 시험지를 발견하고 영어학원을 다닌다는 딸의 성적이 나쁜 이유를 아내에게 묻고, 선의 엄마가 "모르겠어. 뭔 일이 있는 것 같은데 통 말을 안 하네"라고 하자, "애들이 무슨 일 있을 게 뭐가 있어? 학교 가고, 공부하고, 친구들하고 놀고 그러면 되는 거지 뭐"라고 마치 남의 집 아이 이야기하듯 퉁명스럽게 내뱉습니다. 아빠 말대로 아이들이 학교에 가서 공부하고 친구들하고 노는 데 아무 일이 일어나지 않으면 참 좋겠지만 어디 그럴 수가 있나요?

영화의 시작 부분에서 대장역할을 하는 아이 두 명이 가위바위보를 해서 이긴 사람부터 자기편을 한 사람씩 차례차례 골라 들이는 피구게임의 '편 가르기'는 마치 무방비 상태에서 피구공으로 뒤통수를 한 방 세게 얻어맞은 것 같은 충격으로 다가옵니다. 맞지 않으려면 피해야 하고, 죽지 않으려면 상대방을 죽여야 하는 피구라는 생존스포츠 게임에서 몇몇 아이들이 밟지도 않은 금을 밟았다고 선을 몰아세우는 장면은 초등학생에게까지 만연해 있는 우리사회의 비뚤어진 경쟁심리와 자기편과 남의 편을 가르는 문화를 보는 것 같아 마음이 씁쓸해집니다. 아이들이 즐기는 영화 속 피구게임에 배려와 존중은 처음부터 없었습니다.

## 외로움은 두려워요

아이든 어른이든 모든 사람들은 타인과의 관계로 고민을 합니다. 인간은 관계 속에서 필연적으로 갈등이 생기고, 상처를 받기 마련입니다. 인간관계에 대한 다른 사람의 고민을 옆에서 바라보면 아무것도 아닌 것 같고, 쉽게 해결할 수 있을 것처럼 보이지만, 당사자에게는 그것이 크든 작든 아픔으로 다가오는 상처는 아물지 않을 것 같고, 한숨과 함께 짊어져야 하는 고민은 해결할 방법을 찾을 길 없는 막막함으로 다가올 수 있습니다. 다른 사람에게 말하지 못하고 마음에 묻고 있을 뿐이니 오죽하면 여북하겠습니까?

사회적 동물인 인간은 혼자 살아갈 수 없습니다. 인간뿐만 아니라 생명력이 있는 세상 만물은 홀로 존재하기 어렵습니다. 인간(人間)의 한자 뜻을 풀이해 보면 '사람 사이'입니다. 즉, 인간은 다른 사람과 소통하고 어울릴 때 진정한 가치를 발견할 수 있다는 것입니다. 이러한 인간의 속성은 영화 〈her, 2014〉에 잘 나타나 있습니다. 다른 사람의 마음을 대신 전해 주는 편지를 써 주는 대필 작가 일을 하고 있는 주인공 '테오도르'. 하지만 정작 자신은 별거 중에 있는 아내에게 마음을 잘 전하지 못하면서 외롭고 공허한 삶에서 허우적거리고 있습니다. 우연히 '당신에 귀 기울여 주고 이해해 주고, 알아주고 말동무가 되어 줄게'라는 컴퓨터 인공지능 운영체제 광고를 보고 스스로 생각하고 느끼는 인공지능 '사만다'를 구매하게 됩니다. 사만다는 실제 존재하지 않는 인공지능 운영체제이기 때문에 볼 수도 없고, 만질 수도 없어 오로지 대화만 가능하지만 테오도르는 어느새 자신의 말에 귀를 기울여 주고 마음을 이해해 주는 her, 사만다와 사랑에 빠지게 됩니다.

만약 여러분의 가족 중 누군가 컴퓨터 소프트웨어 프로그램과 사랑에 빠졌다고 한다면 이 사실을 믿을 수 있겠습니까? 이것이 과연 가능하기는 한 것일까요? 터무니없는 이야기라고 할 사람들이 있겠지만 이미 사람의 말을 인식하여 TV를 켜고 끄며, 채널을 바꿔 주는 운영체제가 일반화되어 있고, 세계의 유명한 휴대폰 제작사들이 인간의 감정을 읽을 수 있는 AI 음성비서 개발 작업에 열을 올리고 있다니 먼 나라 이야기는 아닌 것 같습니다. 혼자 시간을 보내는 시간이 많아지고, 인공지능이 점점 인간의 감정을 닮아 간다면 태생적으로 고독을 견디지 못하는 인간들이 인공지능 감성 로봇과 사랑에 빠지는 상황 예측이 가능할 것 같습니다.

현대판 로빈슨 크루소로 알려진 영화 〈캐스트 어웨이, 2000〉에서 항공택

배회사 직원인 '척'은 타고 가던 비행기가 추락하여 망망대해 무인도에 표류하게 됩니다. 가까스로 목숨을 건진 척은 무인도에서 살아남기 위해서 안간힘을 쓰는데, 무엇보다 불이 필요했던 척은 나무와 나무를 비벼 마찰열을 이용하여 불을 만들다가 가지가 부러지면서 손을 다치게 됩니다. 되는 일이 없는 통에 화가 머리끝까지 치밀어 오른 척은 옆에 있던 배구공을 피 묻은 손으로 잡아 던져버립니다. 잠시 후, 흥분을 가라앉히고 다시 바라본 배구공에 찍힌 손자국은 마치 사람의 머리처럼 보이고, 손자국에 눈과 코, 입을 그려 사람의 얼굴을 그려 넣은 척은 배구공에게 제조회사의 이름을 따서 '윌슨'이라는 이름을 붙여 주고 의지할 사람 하나 없는 무인도에서 친구를 삼아 함께 살아가게 됩니다. 윌슨은 척의 유일한 친구가 되어 대화를 하고, 복잡한 일을 의논하는 상대가 되고, 외로움을 달래 주는 수호천사가 되어 절망에 빠진 척이 생존을 포기하고 자살하려는 것을 막아 내기도 합니다.

무인도 생활 4년 만에 뗏목을 만들어 섬에서 탈출을 시도하는 척은 섬으로 밀려드는 거센 파도를 이겨 내고 마침내 무인도 표류기를 마치게 됩니다. 뗏목을 저어가며 항해를 하던 중, 어느 날 큰 태풍을 만나 죽을 고비를 가까스로

넘긴 척은 뗏목에 붙어 있어야 할 윌슨이 사라진 것을 발견하게 됩니다. 무인도에서 대화를 나누고, 힘들 때 위로가 되어 주었던 유일한 친구이자 살아가는 이유였고 버팀목이었던 윌슨이 조류에 떠밀려 자신에게서 점점 멀어져 갑니다. 윌슨을 구하기 위하여 안간힘을 다해 헤엄을 쳐 보지만 구할 수가 없습니다. 점점 멀어져 가는 윌슨을 바라보며 목 놓아 울부짖는 척의 모습에서 삶의 중요한 누군가를 잃어버린 애통한 상실감을 느낄 수 있습니다.

인간은 언제나, 어디에서든, 어떻게 해서라도 어느 누군가의 관심과 인정을 받고 어떤 집단에 소속되고 싶은 욕구를 가지고 있습니다. 척이 무인도에서 표류했던 4년이란 세월을 묵묵히 견디고 마침내 탈출에 성공할 수 있었던 용기와 힘은 의지할 수 있었던 윌슨이라는 든든한 친구가 존재했기 때문에 얻을 수 있었지 않았을까요?

## 친구가 있어 행복해요

이제 한 걸음 더 들어가서 친구관계의 의미와 특징, 그리고 친구관계의 기능을 살펴보기 위해 영화 〈우리들〉에 등장하는 세 명의 소녀를 살펴보겠습니다. 소심하고 특색이 없어 친구가 없는 선. 부모가 이혼한 아픈 가정사를 감추며 따돌림당하는 것을 두려워하는 지아. 모든 면에서 1등을 해야 한다는 강박관념으로 다른 친구와 겨루어 이기거나 앞서려는 경쟁심이 강한 보라. 의지할 수 있는 것만으로도 좋았던 선과 지아의 친구관계는 '나랑 놀고 쟤랑 놀지 말라'는 보라의 꼬드김으로 인해 갈등이 시작됩니다. 선이 이미 왕따를 당하고 있고, 보라가 주도하는 무리에 합류하지 않으면 학교생활이 힘들어진다는 것을 알게 된 지아는 선을 버리고 보라를 선택하게 되고, 하루아침에 갑자기 바뀐 지아의 태도에 당황한 선은 지아와 가까워지려고 애를 쓰지만 마음에 상처만 받게 됩니다. 그러나 보라와 친하게 지내며 왕따 걱정에서 안도의 숨을 내쉬던 지아는 중간고사에서 보라를 밀어내고 1등을 차지하게 되는 순간부터 보라의 집중견제를 받게 됩니다. 결국 선과 지아는 보라와 연결되었던 친구관계의 끈을 놓지 않으려고 서로 소외를 시키고 소외를 당하고, 상처를 받기 싫어 먼저 상처를 주는 악순환을 되풀이하다가 몸싸움까지 하게 되는 막장 상황으로 치닫게 됩니다.

고민이 생겼을 때, 갑자기 감당하기 힘든 일이 닥쳤을 때, 그냥 마음속 이야기를 하고 싶을 때, 편하게 만나서 속내를 털어놓을 수 있는 것이 친구관계입니다. 휴대폰 보급률이 99%에 가까운 요즈음에는 속상한 마음을 가장 먼저 문자로 보내고 답장이 오기를 고대하는 상대방이 아마도 가장 친한 친구일 것입니다. 왜냐하면 친구는 자신의 존재를 가장 먼저 알아주고, 가치를 인정해 주며, 지지해 주는 그런 존재이기 때문입니다.

친구관계는 대등한 위치에서의 편안한 인간관계로 이루어지고, 손익계산이 전제되지 않은 가장 순수한 인간지향적인 관계이며, 서로 공유하는 삶의 영역이 넓은 인간관계라는 특징을 가지고 있습니다. 친구는 정서적으로 공감해 주고, 지지해 주며 다양한 체험을 함께 나누며 희노애락을 공유하기 때문에 자신의 고민을 들어 주고 갈등상황에서 함께 해결방법을 찾아 줄 수 있는 친구가 옆에 있다는 사실만으로 큰 힘이 됩니다. 또한 친구는 안정된 소속감을 느끼게 해 주는 동시에 때로는 자신의 생활에서 중요한 비교의 대상이 되기도 합니다. 따라서 우리는 나와 다른 친구의 모습 속에서 자신을 발견하며 자신의 모습에 비추어 보는 과정을 스스로의 발전을 위한 준거로 삼기도 하기 때문에 친구는 생활의 진강한 자극제 역할을 하기도 합니다. 더 나아가 친구관계는 돈을 빌려 쓰고, 옷을 바꾸어 입기도 하며, 귀중품을 함께 구입하여 공유하기도 하는 등 생활 속에서 현실적인 도움을 주고받는 관계이기도 합니다.

대부분의 경우 친구관계는 면식단계에서 접촉단계로, 접촉단계에서 상호의 존관계로 발전하게 됩니다. 관심과 호기심이 생겨 관찰을 하지만 직접적인 접촉은 없는 면식단계를 지나면 서로 가볍게 접촉하며 관심이 오가는 접촉단계로 발전하는데, 이 단계에서는 교류의 공정성과 호혜성이 관계를 유지하는 중요한 요인으로 작용합니다. 이러한 호혜성의 원칙을 넘어서면 상대방의 성격, 가치관, 고민 등을 공유하는 영역이 넓어지는 상호의존관계로 발전하게 되는데, 이 단계에서는 친구관계라는 사실만으로도 이유 없이 즐겁고 행복한 반면에 '소중한 친구관계에 금이 가지나 않을까?' 염려하고 조심스러워하는 단계이기도 합니다.

엄마와 함께 가기로 약속했던 바다여행이 취소되어 실망이 가득한 지아를 달래 주려고 베란다 화분에 피어 있는 봉숭아를 따서 곱게 찧어 지아의 손톱에 봉숭아물을 들여 주는 선. 선이 갖고 싶어 하던 비싼 색연필을 문방구에서 몰래 훔쳐 나오는 위험함도 서슴지 않는 지아. 뜨거웠던 여름만큼이나 강렬했던 선과 지아의 우정은 예상하지 못했던 환경요인으로 인해 친구관계가 서로 어긋나기 시작하면서 길고 어두운 터널 속으로 들어갑니다. 선과 선의 엄마의 사랑 가득한 모녀관계는 지아의 결핍을 자극하여 질투심으로 발전하게 만들고, 지아의 물질적 풍요는 선의 가난을 자극하여 열등감으로 발전하게 만듭니다. 이렇게 발전한 질투심과 열등감은 서로의 기대 정도가 다르다는 것을 인정할 새도 없이 갈등으로 치달아 상대적 우월감을 확보하려는 경쟁으로 악화되고 맙니다.

개학 후 갈등해결에 실패한 선과 지아는 접촉과 관심이 감소되고, 이해관계로 대립하며, 투자와 보상의 불균형이 발생하여 서로 실망한 나머지 친구관계가 해체에 이르게 되고, 결국 학교에서 몸싸움을 하는 상황에까지 다다르게 됩니다. 알량한 자존심을 지키고 싶은 마음은 친구에게 먼저 손을 내밀지 못하게 만들었고, '미안하다'고 솔직하게 사과하지 못하는 나약함과 비열함이 오해라는 작은 강을 건너지 못하게 둘 사이를 갈라놓았습니다. 오해에 가로막혀 생긴 마음의 강은 누구도 쉽게 건너지 못하는 것 같습니다.

영화 〈우리들〉에서 겪는 선과 지아의 친구관계에 얽힌 사건과 절실하고 간절한 감정들은 누구나 한 번쯤 겪었을 것입니다. 어떤 사람은 인기를 놓치고 싶지 않은 보라나 보라의 친구들과 같은 행동을 한 적도 있었을 것입니다. 지금 대한민국의 초등학생, 중학생, 고등학생, 대학생 그리고 어른세대에 걸쳐 친구관계의 덫에 걸려 아파하고 있을 수많은 선, 지아, 보라에게 위로를 건네고 싶습니다. 선과 지아는 내년 여름이 오면 손톱에 다시 봉숭아물을 들일 수 있겠지요?

영화 〈우리들〉은 모든 이들에게 '나도 그래'라는 공감을 살 만한 진솔한 순간을 담고 있기 때문에 친구관계에 익숙하지 못한 모든 사람들에게 따뜻한 위로와 치유가 될 수 있는 영화입니다.

# 상담 레시피

## ▷ 레시피 01: 관계 맺기

● 영화 감상

선과 지아가 교실복도에서 처음 만나는 장면부터 절친이 되기까지의 장면

● 다리 놓기 질문 및 활동

① 두 소녀가 친해지게 되는 계기는 무엇인가요?

② 내가 마음을 나눌 수 있는 친구는 누구인가요?

그 친구와는 어떻게 친해지게 되었나요?

③ 선, 지아, 보라 중 가장 마음에 드는 등장인물은 누구인가요? 마음에 드는 이유를 구체적으로 이야기해 보세요.

④ 선, 지아, 보라 중 가장 마음에 들지 않는 등장인물은 누구인가요? 마음에 들지 않는 이유를 구체적으로 이야기해 보세요.

## ▷ 레시피 02: 초대받지 못한 생일파티

● 영화 감상

선이 생일선물을 사들고 설레는 마음으로 지아의 집으로 찾아간 장면

● 다리 놓기 질문 및 활동

① 선이 지아의 생일을 축하해 주기 위해 준비한 상자에는 어떤 선물이 들어 있었을까요?

② 생일파티를 하지 않는다고 말하고는 보라와 친한 친구들하고 생일파티를 즐기는 지아를 본 선의 마음은 어땠을까요? 혹시 여러분도 이와 비슷한 경험을 한 적이 있나요?

③ 지금까지 참석한 친구의 생일파티 중에서 가장 마음이 불편했던 생일파티는 언제였나요?

# COUNSELING RECIPE

▷ 레시피 **03**: 비밀 지키기

● 영화 감상
보라가 선에게 들었다며 다른 친구들에게 지아의 흉을 보는 장면들

● 다리 놓기 질문 및 활동
① 선은 무엇을 얻으려고 지아가 숨기고 싶은 이야기를 보라에게 말했을까요?
② 친한 친구가 드러내고 싶지 않은 나의 비밀이야기를 다른 친구들에게 한다면
　어떤 기분이 들까요? 그리고 어떤 방법으로 대응할 수 있을까요?
③ 나는 친구의 비밀이야기를 잘 지켜 주는 사람인가요?

▷ 레시피 **04**: 다시 친해지기

● 영화 감상
영화 마지막 부분에서 피구경기 중 선이 지아의 편을 들어 주는 장면

● 다리 놓기 질문 및 활동
① 누구도 나서지 않는 상황에서 지아의 편을 들어 주는 선의 행동이 어떻게
　느껴졌나요?
② 아무도 나의 말을 믿어 주지 않을 때 누군가가 나타나서 내 편이 되어 준다면
　나의 마음은 어떨까요? 그런 경험이 있으면 이야기해 볼까요?
③ 선과 지아의 관계는 앞으로 어떻게 될까요? 둘은 다시 친해질 수 있을까요?

폭신폭신 구름 같은 친구,

# 유어 프렌즈(Your Friends)

## 영화 기본 정보

**제작국:** 일본, 2008

**감독:** 히로키 류이치

**주연:** 이시바시 안나(에미), 키타우라 아유(유카)

**장르:** 드라마

**상영 시간:** 114분

**관람 기준:** 전체 관람가

## 힐링시네마를 위한 이 영화의 키워드

친구관계/우정/취약함 수용/부모역할/줄넘기/경쟁/구름사진 영화를 보고 나면 자연스럽게 하늘을 바라보고 폭신폭신 구름을 닮은 미소를 찾아보게 만드는 영화 〈유어 프렌즈〉는 시게마츠 기요시의 소설 〈친구가 되기 5분 전〉을 영화화한 작품입니다. 이 영화는 어린 시절 갑작스러운 교통사고로 다리에 장애를 가지게 된 '에미', 몸이 아파 자주 병원 신세를 져야 했던 단짝 친구 '유카', 단짝인 시호에게 남친이 생긴 것을 질투하여 심리적 시력 장애가 생긴 '하나', 라이벌인 '후미'와 '모토', 친구들의 관심을 얻기 위해 우스운 행동을 하는 '호타', 열등감에 시달리는 '사토' 등 주인공 에미가 학창시절에 만났던 다양한 인물들의 이야기를 들려줍니다. 관객들에게 진정한 우정이란 무엇인가를 생각하게 하는 동시에 청소년들의 친구관계 맺기에서 일어날 수 있는 고민과 아픔을 다루고 있는 영화 〈유어 프렌즈〉는 민감하고 예민한 사춘기에 접어든 청소년들과 함께 관람하고 마음을 나눌 수 있는 성장영화입니다.

## 폭신폭신 구름

영화는 작가이면서 리포터 일을 하는 청년 '나카하라'가 정규학교를 그만두게 된 아이들의 이야기를 취재하기 위해 작은 마을에 있는 프리스쿨을 찾아가면서 시작합니다. 그곳에서 그는 다리가 불편함에도 불구하고 열심히 자원봉사활동을 하고 있는 대학생 '에미'를 만나게 되고 그녀에게 관심을 가지게 되는데, 그녀는 구름사진을 찍는 것을 좋아하고 상처받은 아이들을 돌보는 일에 정성을 쏟고 있습니다.

에미는 초등학교 시절 교통사고를 당해 불편해진 다리 때문에 학급 대항 단체 줄넘기 대회에서 다른 친구들과 섞여서 뛰지 못하고 가만히 서서 줄을 돌리는 역할을 맡을 수밖에 없습니다. 아픈 친구들의 마음을 전혀 배려하지 않은 채, 거의 일방적으로 흘러버린 학급 회의는 태어나면서부터 신장이 약해 뛰는 운동을 하지 못하는 '유카'를 에미와 함께 줄을 돌릴 친구로 결정을 합니다. 말

한번 나눈 적이 없었던 에미와 유카는 작은 일이지만 줄을 잘 돌리고 싶어 방과 후에 동네 공터에서 특별훈련을 하기로 약속합니다.

줄 돌리기 연습을 하던 첫날 에미는 달릴 수도 없고, 자전거도 못 타고, 수영장도 가기 싫게 만든 장애를 가지게 된 교통사고가 유카 때문에 일어났다고 원망을 쏟아냅니다. 그럼에도 불구하고 유카는 이튿날 큰 우산을 쓰고 에미의 집으로 마중을 가서 에미의 등굣길을 돕습니다. 목발을 짚어야 하기 때문에 비 오는 날 우산을 쓰고 걷는 것이 매우 불편한 에미를 생각한 유카의 따뜻한 배려입니다. 유카에게 마음에도 없는 심한 말을 해서 밤새도록 마음이 불편했던 에미는 사과를 하고, 이 일을 계기로 서로 마음이 통하는 단짝이 된 두 소녀는 4학년 이후 진솔한 우정을 나누는 친구가 되어 5년 동안 늘 함께 합니다.

초등학교 4학년　　　　　　　　　중학교 3학년

에미와 유카의 친구관계는 신체적인 장애로 줄넘기를 하지 못한다는 움직임에 대한 불편함에서 시작되었습니다. 에미는 보행하는 것이 불편하고, 유카의 병세는 나아지지 않고 계속 악화되었기 때문에 영화 〈유어 프렌즈〉는 생기 있고 발랄한 여학생들의 학창시절 이야기가 아닌 가슴 시리도록 아프고 슬픈 시한부 우정을 담아내고 있습니다. 하지만 폭신폭신 구름과 함께 떠다니는 소녀들의 우정이야기는 미래를 향해 나아가는 청소년기의 성장과정에서 아픔과 고난을 함께 나누는 친구 간의 우정이 얼마나 중요한 부분을 차지하고 있는지 잘 보여 주고 있습니다.

생일선물로 받는 유카의 폭신폭신 구름

유카가 누워 있던 천장에 붙어 있는 폭신폭신 구름

　병세가 악화되어 퇴원을 하지 못하고 병원에서 16세 생일을 맞이한 유카의 생일선물로 에미는 직접 그린 '폭신폭신 구름' 그림을 선물합니다. 에미와 유카, 두 소녀에게 폭신폭신 구름은 이들의 우정을 은유하고 있는 특별한 의미를 지니고 있습니다. 오랫동안 병원생활을 한 유카는 "병원 '친구의 방' 벽에 그려진 하늘에 떠 있는 폭신폭신 구름을 보면 나도 꼭 하늘에 있는 것 같아"라고 이야기합니다. 11살에 유카가 한 이야기를 기억하고 있던 에미는 유카의 마지막 생일이 될지도 모르는 16세 생일 선물로 폭신폭신 구름을 직접 그려 줍니다. 마치 마지막 생일이 될 것이라는 것을 알기라도 하는 것처럼.

　유카에게 폭신폭신 구름에 대한 이야기를 들은 에미의 카메라 렌즈는 자주 하늘을 향했고, 유카가 죽은 후에도 수많은 폭신폭신 구름이 카메라에 담겼습니다. 아마도 에미는 카메라에 폭신폭신 구름을 찍으면서 유카에 대한 그리운 마음을 고스란히 담았을 것 같습니다. 두 소녀가 나눈 폭신폭신 구름에 대한 이야기를 들으면서 우리에게도 있을 폭신폭신 구름 같은 친구를 떠올려 보지 않으시렵니까?

학급 대항 줄넘기 대회를 위해 줄 돌리기 연습을 마치고 사이좋게 걸어가는 에미와 유카.

잠시 하늘을 올려다보는 유카.

유카: 어?

에미: 왜 그래?

유카: 좀 닮은 것 같아.

에미: 뭐가?

유카: 구름 말이야. 병원 '친구의 방'에 폭신폭신 구름이 있었거든.

에미: 폭신폭신 구름?

유카: 벽에 하늘이 그려져 있는데, 비행기랑, 나비랑, 새가 날아다니고 무지개도 걸려 있어. 폭신폭신 구름은 위쪽에 있는데 나도 꼭 하늘에 있는 것 같아.

에미: 그렇구나.

유카: 폭신폭신 구름은 내가 붙인 거야.

에미: 친구의 방에 지금도 있어?

유카: 내가 초등학생이 됐을 때 다른 하늘로 바뀌었어. 구름은 있는데 그거랑은 달라. 난 폭신폭신 구름은 친구의 방에서 도망쳐서 진짜 하늘에 떠 있을 것 같아.

목발을 짚은 에미가 하늘을 오랫동안 응시한다.


## 친구가 된다는 것

친구가 되는 것은 '그 애와 항상 같이 있으려고 친구가 되는 것'이라고 생각하는 여학생 '하나'는 '시호'와의 우정을 잃어버릴까 봐 전전긍긍하는 소녀입니다. 하나와 항상 붙어 있던 단짝인 시호는 남자친구 '토가와'를 사귀기 시작하면서 하나와 함께 지내는 시간보다 토가와와 함께 보내는 시간이 많아집니다.

그러자 하나는 상대적인 외로움을 느끼기 시작하고 에미와 유카의 변함없는 친밀함을 부러워합니다. 그러던 어느 날 수업시간 중에 칠판의 글씨에 초점을 맞추기 힘들어지고 흐려지는 증상을 느낀 하나는 어지러움을 호소하고 보건실에 가던 도중 의식을 잃고 쓰러지는 사건이 발생합니다. 하나를 진료한 안과의사가 근시라는 진단을 내리고 안경을 처방하자 잘 보인다고 좋아하지만 하나가 쓴 안경렌즈는 교정시력이 전혀 적용되지 않은 것이었습니다.

사실 하나의 어지러움 증세는 '심리적 시력장애'였던 것입니다. 사람이 겪는 심리적 장애는 신체적인 형태로 나타나기도 하는데, 의학적으로 충분하게 설명하기 힘든 신체형 장애¹는 허위성 장애나 꾀병과는 달리 신체적 증상이 의도적이지 않기 때문에 '몸으로 앓는 우울증'이라고도 불립니다. 절친 시호와의 친밀했던 친구관계가 소원해지자 홀로 남겨진 것 같은 외로움이 시력장애로 나타나는 영화에서의 하나처럼 몸으로 앓는 우울증은 사회적, 직업적 또는 그 밖의 중요한 기능영역에서 심각한 고통이나 장애로 나타날 수도 있습니다.

신체형 장애는 애착과 관련이 깊습니다. 어린 시절의 외상적 경험이 원인이 될 수도 있고, 심리적 문제에 대처하는 여러 가지 책략 중의 하나로 아프다는 표현을 통해 주위 사람들에게 지지와 돌봄을 받게 되는 계기가 되어 갈등이 감소되는 경험과 관련이 있을 수 있습니다. 에미와 유카처럼 안정적인 애착을 형성한 사람일수록 높은 자기가치감과 사회적 자신감을 갖고 살아가고, 하나처럼 불안정한 애착유형을 가진 사람은 정서조절능력이 떨어지게 됩니다. 그러므로 감정기복이 심하고 관계 맺기에 예민한 청소년기에는 안정적인 양육환경과 의미 있는 타인에 의한 정서적인 지지와 돌봄이 충분히 지원되어야 할 것입니다.

## 우정은 열등감을 넘어

영화 〈유어 프렌즈〉는 프리스쿨을 취재하는 리포터 '나카하라'가 '에미'가 찍은 사진 속 인물에 관심을 가지고 초점을 맞추면서 그 사진 속 주인공들에게 얽히고설킨 과거의 사연이 전개되는 방식으로 이야기를 풀어 갑니다. 중학교 1학년인 에미의 남동생 '분'은 전교 1등을 하는 학업성적에 축구실력도 빼어난 학생이어서 전교생들에게 선망의 대상이고 모두들 그와 친해지기를 원합니다. 이렇게 잘나가는 분의 옆에는 가족들도 기대하지 않는 낮은 학업성적에 축구에도 특별한 재능을 보이지 못하는 '미요시'가 있습니다. 그는 모든 것을 다 잘해내는 분을 부러워하면서도 소꿉친구였던 분과의 친분을 자랑하고 싶지만 다른 급우들은 "옛날 이야기하지 말라"며 "이제는 레벨이 다르다"고 미요시를 조롱합니다.

초등학교 때부터 단짝이었던 분을 영원한 친구라고 생각했던 미요시의 우정은 '모토'라는 친구가 전학을 와서 분이 모토와 가까이 지내기 시작하면서부터 서서히 멀어지기 시작합니다. 지역대회 축구대표로 뽑혀 자신감에 넘쳐 있고 인기가 높아져 급우들에 둘러싸여 있던 분에게 다가가서 친한 척을 했다가 많은 친구들 앞에서 공개적으로 무시를 당한 미요시는 자존감에 상처를 입고 축구부 동아리 활동을 스스로 그만두게 되면서 점점 외톨이가 되어 갑니다.

미요시는 우연히 분이 "항상 상급생도 이길 수 있다"는 말을 했다는 말을 하게 되고, 이 말이 2학년 상급생들을 자극하게 됩니다. 자신이 어쩌다가 무심코 한 말이 원인이 되어 분이 상급생들에게 집단 폭행을 당할 위기에 처하게 되었다는 것을 깨달은 미요시는 상급생들 앞에서 지옥펀치(자신의 얼굴을 자신의 주먹으로 스스로 치는 행동)를 보임으로써 분을 위기에서 벗어나게 합니다. 이 사건을 계기로 분이 미요시를 다시 인정하게 되면서 둘은 예전의 친했던 관계로 돌아가고, 축구를 잘하는 모토와도 친구가 되었습니다.

친구라는 존재는 개인의 심리적 안정과 정서발달에 중요한 역할을 합니다. 특히 자기정체성을 만들어 가는 청소년기에 친구는 새로운 자기, 확장된 세계를 만드는 동일시 대상이 되고, 자기 이미지와 자신의 삶을 평가하는 비교 준거가 되기도 합니다. 친구관계는 체험을 공유하는 사람이면서 안정된 소속감을 제공해 줍니다. 하지만 영화 속 미요시와 분의 관계, 분과 모토의 관계, 미요시와 모토의 새로운 친구 맺음과 같이 청소년기에는 관계를 형성하고 해체하는 것이 자유롭고 쉽게 변화하는 특성을 보이기도 합니다.

IT기술과 친숙해져 있는 오늘날의 청소년들은 상대방의 이름을 컴퓨터 연락처에 추가하는 것만으로도 수백 명에서 심지어 수천 명의 소셜 네트워크 친구를 사귈 수 있습니다. 그리고 친구관계를 끊고 싶으면 같은 방법으로 커서를 움직여 친구목록에서 삭제버튼을 누르기만 하면 됩니다. 이런 이유로 요즘 청소년들이 '점점 친구의 의미를 가볍게 생각하고 소중함을 깨닫지 못하는 것은 아닐까?' 하는 염려를 해 봅니다. 인터넷과 게임기를 친구로 알고 살아가는 아이들, SNS에서 나누는 문자를 대화라고 여기는 아이들, 그래서 직접적으로 얼굴을 마주하고 마음을 주고받는 소통에 서툰 아이들에게 이제는 학교교육이 앞장서서 친구사귀기의 장을 마련해 주고, 가르치고 주선해 주어야 하는 때가 온 것은 아닐까요?

이런 청소년들에게 영화 〈유어 프렌즈〉를 감상하게 한 후 느낀 점을 나누고, 진정한 친구의 의미를 탐색하는 시간을 마련해 주고, 친구를 만들기 위해서는 자신을 있는 그대로 보여 주는 것이 가장 좋은 방법이라는 것을 알려 주는 것은 의미가 있습니다. 아이들에게 자신의 감정을 솔직히 표현하는 것이 필요하다는 것을 스스로 깨닫게 하는 시간을 만들어 주는 것은 어떨까요?

# 상담 레시피

## ▶ 레시피 01: 너의 우산이 되어 줄게

● 영화 감상

다리 장애를 가지게 된 교통사고가 '유카' 때문에 일어났다고 원망을 하는 '에미'. 하지만 이튿날 비가 내리자 유카가 큰 우산을 쓰고 에미의 집으로 마중을 가서 우산을 받쳐 들고 함께 등굣길을 걷는 장면

● 다리 놓기 질문 및 활동

① 앞에 놓인 감정카드 중에서 영화를 본 느낌을 가장 잘 표현할 수 있는 카드를 고르고 그 감정을 나누어 보세요.

② 나에게 생겼던 불행한 일을 친구의 탓으로 돌린 경험이 있었나요?

③ 영화를 보고 생각나는 친구의 이름을 적어 보세요. 그 친구와 나는 어떻게 친구가 되었나요?

④ 영화에서 유카는 자신에게 화를 쏟아 낸 '에미'에게 먼저 다가갑니다. 당신이 다가가 먼저 손을 내밀었던 친구가 있었나요?

## ▶ 레시피 02: 멀어지는 친구관계

● 영화 감상

단짝 '시호'에게 남자친구가 생겨 상대적인 결핍과 외로움을 견디지 못하고, 우정을 잃어버릴까 봐 전전긍긍한 나머지 '하나'에게 심리적 시력장애 증상이 나타나는 장면

● 다리 놓기 질문 및 활동

① 친하게 지내던 시호에게 남자친구가 생기자 갑자기 외로움을 느끼는 하나의 마음은 어땠을까요? 여러분에게도 그런 경험이 있나요?
있었다면 그때 혹시 하나처럼 몸에 생긴 이상증세는 없었나요?

# COUNSELING RECIPE

▷ 레시피 **03** : 우정은 열등감을 넘어

- 영화 감상

  '분'에게 다가가서 친한 척을 했다가 많은 친구들 앞에서 공개적으로 무시를 당한 '미요시'가 자존감에 상처를 입고, 자신감이 떨어져 축구부 동아리활동을 그만두고 점점 외톨이가 되어 가는 장면

- 다리 놓기 질문 및 활동

  ① 나보다 나은 면이 있는 친구를 두어서 괴로운 적이 있나요?

  ② 어깨가 처진 채로 그네에 앉아 있는 미요시에게 어떤 말을 해 주면 위로가 될까요?

▷ 레시피 **04** : 폭신폭신 구름 사진 촬영하기

- 영화 감상

  하늘나라로 간 '유카'가 그리워 투병생활을 하던 병실을 찾은 '에미'가 자신이 유카의 생일선물로 그려 준 '폭신폭신 구름' 그림이 병실 천장에 붙어 있는 것을 발견하고 오열하는 장면

- 다리 놓기 질문 및 활동

  ① 폭신폭신 구름을 보고 떠오르는 친구가 있나요? 그 친구는 당신에게 어떤 존재였나요?

  ② 지금 자신의 휴대폰을 들고 밖으로 나가 그 친구에게 보내 주고 싶은 구름 사진을 한 장 촬영해 오세요.

  자신이 촬영해 온 사진에 대한 느낌을 말해 보세요.

  이 사진은 그 친구의 어떤 면과 닮아 있나요? 이 사진을 받아 본 친구는 어떤 말을 할까요?

진실 말하기로 건강한 기억 만들기,

# 여중생A(Student A)

### 영화 기본 정보

**제작국:** 한국, 2018

**감독:** 이경섭

**주연:** 김환희(여중생A), 수호(재희), 정다빈(이백합)

**장르:** 드라마

**상영 시간:** 114분

**관람 기준:** 12세 관람가

### 힐링시네마를 위한 이 영화의 키워드

친구/우정/사랑/관계회복/왕따/치유/가정폭력/프리허그

영화 〈여중생A〉는 허5파6 작가가 성장기 청소년들이 겪는 다양한 고민과 문제, 갈등을 포털사이트에 연재한 동명의 웹툰을 원작으로 제작된 영화입니다. 하얀 가방을 맨 여학생이 전철역 신문가판대에서 집어 들어 펼쳐 든 신문 1면 기사의 제목은 이렇습니다. '여중생 A양 학교옥상에서 뛰어내려 2005년 10월 17일, 그날의 진실은....' 대체 무슨 일이 일어난 것일까요? 어떤 사연을 품고 있는 사건이기에 일간지 1면을 장식한 것일까요? 여중생A가 누구인지 궁금해지기 시작했습니다. 그녀가 학교옥상에서 뛰어내린 이유를 알아봐야겠습니다.

## 우리의 여중생A들

교실 맨 뒷자리에 한 소녀가 앉아 있습니다. 소녀가 앉아 있는 의자에는 하얀 분필 가루가 너저분하게 뿌려져 있지만 소녀는 대수롭지 않다는 표정으로 그 자리를 차지하고 앉아 공책에 무언가를 열심히 적어 내려갑니다. 이 소녀가 바로 여중생A, 진짜 이름은 장미래입니다. 말을 걸어 오는 친구도 없고 체육 시간에 같이 손잡고 운동할 짝도 없는 여중생A. 외톨이인 여중생A는 아무도 없는 도서관에서 혼자 컵라면으로 점심을 때우고, 어떤 때는 바깥으로 문이 잠긴 학교 화장실에 갇혀 친구들이 뿌려 대는 물세례를 온몸으로 받아 내야합니다. 학교에서 받는 따돌림을 견뎌 내기 버거워 죽고 싶은 충동을 자주 느끼는 여중생A. 이 소녀의 가정형편은 매우 가난해서 하고 싶은 일을 마음대로 할 수 있는 것이 거의 없습니다. 설상가상으로 술주정뱅이 폭군 아버지는 여중생A를 자주 때립니다. 아버지를 피해 옷장에 숨은 여중생A는 다가오는 아버지의 발자국 소리만으로도 공포에 질려 오줌을 지릴 정도입니다.

이런 여중생A에게 그나마 위로가 되어 주고 힘을 주는 것은 사람들과 편견 없이 이야기를 할 수 있는 롤플레잉 온라인 게임 '원더링 월드'에서 자신만의 세계를 구축하는 것과 학교 도서관 관리학생으로 지내면서 도서관에서 틈틈이 책을 읽고 근사한 글솜씨로 소설을 쓰는 것입니다. 그렇게 여중생A는 현실도 게임 같기를 바라면서 자신만의 시간을 보내고 있습니다. 하지만 인터넷 게임도 돈을 들여 높은 사양을 장착해야 참여할 수 있기 때문에 돈이 없는 여중생A는 서비스 종료를 고지하고 퇴장을 할 수밖에 없습니다. 자신만의 안전한 세계를 잃어버린 여중생A는 깊은 낙심을 하고 알량한 자존감마저 바닥을 치게 됩니다.

어느 날 여중생A는 온라인 게임 '원더링 월드'에서 길드원이라는 아이디로 접속해서 자신의 이야기를 들어 주던 사람을 찾아 나섭니다. 거리에서 커다란 각시탈을 쓰고 지나다니는 사람들에게 프리허그를 청하고 있는 길드원. 그 앞에 선 여중생A는 자신이 짝사랑하는 남학생 이야기, 생리대 살 돈조차 없는 가난한 이야기, 아버지의 무차별적인 폭력에 시달리는 이야기를 하기 시작하고 길드원은 그저 묵묵히 들어 줍니다. 여중생A는 이후에 고민이나 견디기 힘든 일이 생길 때마다 길드원을 찾아가서 상처받은 마음을 털어놓고, 길드원은 그런 여중생A의 이야기에 아무 해석을 달지 않고, 섣부른 충고를 하지도 않고 기꺼이 들어 줍니다. 마침내 여중생A에게도 가상현실이 아닌 실제현실 속 친구가 생긴 것입니다.

한편, 글쓰기 대회에서 여러 번 입상하여 재능을 인정받고 있는 같은 반 친구 '이백합'은 대학진학을 위해 필요한 스펙을 쌓고, 서울대에 가야 한다는 아빠의 강압적인 요구에 맞추기 위하여 전전긍긍하다가 여중생A의 소설 아이디어를 도용하여 청소년 문학공모전에 작품을 제출합니다. 반면 청소년 문학공모전에 작품을 낼까 말까 망설이던 여중생A는 길드원의 격려와 응원에 힘입어 출품을 하게 됩니다. 결국 여중생A와 이백합의 작품에 표절시비가 발생하고 글을 쓰는 공통점을 계기로 친해졌던 이백합은 뻔뻔스럽게 자신의 작품이라고 주장하고 나섭니다. 우정에 대한 배신감과 억울함, 자신의 작품이라는 것을 믿어 주지 않는 주위의 시선에 좌절을 느낀 여중생A는 "이제 죽는 것 말고는 방법이 없다"고 생각하기에 이르게 됩니다.

사회적 동물인 인간의 심리적 위험은 타인에게 따돌림받는 경우에 발생합니다. 사람들은 서로 모르는 사이였을 때는 서로 관심을 가지지도 않고 접근하지도 않기 때문에 상호 간 자극과 반응을 주고받을 일이 없어 심리적으로 위험하지 않습니다. 독서의 달 교내 독후감대회에서 둘이 나란히 입상하기 전까지 여중생A와 이백합은 그런 관계였습니다. 그런데 장려상을 받은 여중생A에게 최우수상을 받은 이백합이 다가와 함께 책을 읽자고 청하고, 은근한 따돌림을 당하던 체육시간에 짝이 되어 주면서 둘은 서로에게 영향을 주고받는 관계가 되었습니다.

인간은 타인으로부터 관심을 받고 공감을 받고 함께라는 소속감을 느끼게 되면 심리적인 안도감이 들지만, 관심을 가져 주는 사람이 없고 외톨이라는 느낌을 받는 경우에는 배신감, 서운함 같은 감정이 올라오면서 마음에 불편함이 생기게 됩니다. 그래서 사람들은 외롭지 않으려고 애를 쓰고, 따돌림을 받을 만한 상황을 만들지 않으려고 노력합니다. 특히 친구들과의 관계에 가장 민감한 소녀들에게 그런 경향이 더욱 짙게 나타납니다. 그러니까 말 걸어 주는 친구가 한 명도 없던 여중생A는 왕따를 당하던 자신에게 다가와 기꺼이 친구가 되어 준 이백합과의 관계가 멀어지는 것이 두려웠을 것입니다. 마찬가지로 이백합은 자신을 인정해 주는 부모와 학교, 친구들에게 배척당하는 것이 무척 두려웠을 것입니다.

영화 주인공 여중생A는 이 세상의 모든 소녀들을 의미하는 것 같습니다. 미래의 소설 속에 'A는 또다시 슬퍼졌어. 이름이 생겼지만 친구가 없자 다시 슬퍼졌어'라는 부분은 관심을 받고 공감을 받고 소속감을 느끼고 싶은 이 세상 모든 소녀들의 간절한 바람이 들어 있는 것 같습니다. 뒷담화, 남몰래 째려보기, 친구 고립시키기 같은 은밀한 관계적 공격은 모든 소녀들의 성장과정에서 노출되는 위협입니다. 소녀들이 이러한 은밀한 관계적 공격에서 자유로울 수 있으려면 가족과의 대화와 소통, 교사의 적극적인 관심과 개입, 학교폭력 문제를 공개적으로 다룰 수 있는 학교문화의 개선과 정착, 두려움 없이 갈등을 드러내고 진실을 말할 수 있는 제도적 장치가 마련되어야 합니다. 이렇게 외로운 누군가에게 다가가는 많은 순간이 모이면 세상의 모든 여중생A들이 비로소 따뜻하게 성장할 수 있지 않을까요? 그러나 가장 중요한 것은 모든 여중생A들 스스로의 적극성이라는 것을 잊지 말기 바랍니다.


## 진실 말하기의 힘

만나고 호감을 가지고 서로를 알아가는 과정에서는 다양한 자극과 반응이 오고 가기 때문에 자연스럽게 상대방의 심리를 건드리게 될 수 있습니다. 이것을 흔히 갈등이라고 하는데, 시간이 지나면서 갈등은 점차 표면화되고 결국에는 폭발하는 시간이 오게 됩니다. 이 시기가 심리적 위험이 가장 커지는 시기입니다. 그러므로 진정한 친밀관계의 진입은 이 단계를 슬기롭게 소화해 내야 들어갈 수 있습니다.

청소년 문학공모전 출품작 표절논란 이후 여중생A는 며칠 동안 등교를 하지 않았고, 여중생A와 이백합은 누가 먼저라고 할 것 없이 침묵을 하고 있습니다. 두 소녀 모두 자신이 원해서 침묵을 하는 것은 아닙니다. 그들에게 침묵은 선택이 아니라 자존감의 상실과 존재감의 하락으로 나약해진 자신을 더 이상 다치지 않게 보호하는 최후의 보루입니다. 경제적인 어려움과 따돌림을 당하는 학교생활의 억압에 시달리며 자신을 보호할 권리마저 박탈당한 여중생A의 침묵은 수위가 높은 위험스러운 상황을 초래할 가능성이 많습니다. 심리적 위험을 느낀 소녀들은 완전하게 갈라서는 것 또는 갈등을 해소하고 친밀해지는 것 중 하나를 선택하게 될 가능성이 농후합니다.

가만히 있어도 혼란스러운 청소년기에 가난과 폭력에 짓눌리고, 우정과 자존심까지 짓밟혀 삶의 의지마저 잃어버린 여중생A는 사는 것을 그만 두기로 결심합니다. 죽기 전에 인사를 해야 할 사람이 누굴까? 고민을 해 보지만 게임에서 만난 사람이 친구의 전부였던 여중생A는 길드원(프리허그하는 남자 '재희')을 찾아갑니다. 마지막 인사를 하러 왔다는 말에 허그하는 남자 재희는 비로소 쓰고 있던 인형탈을 벗고 자신의 얼굴을 드러내게 되는데, 탈을 벗은 재희는 목숨을 끊겠다는 여학생A를 말릴 생각이 없어 보입니다. 오히려 덤덤한 표정으로 "죽기 전에 하고 싶은 것들을 다 하라"며 태연하게 버킷리스트 작성을 권유합니다. 사실 재희는 이미 자살을 결심했고, 지금 자신의 마지막 버킷리스트를 실행하는 중이었으며 프리허그 또한 버킷리스트 중의 한 가지였습니다. 반듯해 보이는 멀쩡한 겉모습과는 다르게 속은 까맣게 타버린 것 같은 남자 재희와 삶을 밀어낼 수밖에 없었던 여중생A는 현실에서 둘만의 길드를 결성하고 죽기 전에 하고 싶은 것들을 실행하는 버킷리스트 여정을 함께 합니다.

관계 맺기 위기에 봉착해서 침묵을 하고 그만 살기를 결심한 여중생A를 치유할 수 있는 핵심은 '진실 말하기'에 있었습니다. 진실 말하기는 부정적인 감정을 인식하고 거리낌 없이 말하는 것입니다. 진실 말하기를 통해 스스로 자기감정을 가치 있게 대할 때 자기 자신을 가치 있게 받아들일 수 있고, 자기 내면의 목소리를 내야 살아남을 수 있습니다. 자신을 찾아와 "죽기로 결심했다"고 말하는 여중생A에게 길드원은 "죽기 전에 하고 싶은 것은 모두 해 보자"며 버킷리스트를 작성하여 혼자 할 수 없는 일은 함께 해 보자고 제안합니다. 엉겁결에 제안을 받아들인 여중생A는 길드원의 버킷리스트였던 '홍대에서 2인분부터 주문이 가능한 피자먹기', '치과에 가기'를 함께 해 줍니다. 그러던 어느 날, 여중생A는 길드원에게 남학생 교복을 입어 달라고 부탁을 하고는 자신이 쓴 대본을 주며 버킷리스트 중 하나로 다음과 같은 역할극을 해 줄 것을 요청합니다.

여중생A: 야! 이태양.
길드원: 미안해....
여중생A: 뭐가 미안한데?
길드원: 갑자기 백합이랑 사귀게 돼서.... 너한테 먼저 말하려고 했는데....
여중생A: 그럴거면 나한테 왜 잘해 줬어?
길드원: 그런 적 없는데….
여중생A: 굳이 안 나가고 왜 나랑 같이 영화 본거야?
　　　　난 다 봤던 거란 말이야.
길드원: 미안해.

등을 돌려 외면하며 반대쪽으로 돌아서 가는 여중생A

여중생A: 백합이를 좋아했으면 좋아한다고 진작 표현을 하든가.

　　　　왜 사람 헷갈리게 하냐고 너.... 그게 얼마나 나쁜 건지 모르지?

길드원: 나쁜 거라고 생각 못 했어.


천천히 뒤돌아서서 길드원을 마주보는 여중생A


여중생A: (울먹이며) 넌 날 친구라고 생각하긴 했니?

길드원: (고개를 두세 번 끄떡이며) 응.

여중생A: 아니. 넌 날 친구라고 생각한 적 없어. 친구면 내가 쓴 소설이란 걸 알면

　　　　서도 아무 말도 안 하진 않아. (흐느끼며) 나한텐 그거 하난데....

길드원: 그게.... 정말 미안해.

여중생A: 내가 죽으면 넌 슬퍼할까?


어리둥절한 표정으로 대본을 앞뒤로 뒤적이던 길드원이 대본에 없는 대사임을 눈치 채고 대본을 구기며 애드립을 한다.


길드원: 죽지마. 니가 사라지면 난 정말 슬플 거야.


천천히 다가가서 울고 있는 여중생A를 살짝 안아 준다.


여중생A: 이제 다 끝났어.


길드원에게서 떨어져 가방에서 버킷리스트 수첩을 꺼내 방금 한 목록을 지운다.


길드원: 이건 반칙이야. 이건 가짜잖아. 어차피 죽을 각오까지 했으면 진짜로 가

　　　　서 얘기해.


여중생A가 고개를 끄덕인다.

길드원과의 역할극에서 자신이 하고 싶었던 마음속 이야기를 토해 낸 다음 날, 여중생A는 발걸음을 떼기 두려워서 며칠 동안 무단결석을 했던 학교에 등교합니다. 여중생A의 등장에 의아해하는 친구들 사이를 헤집고 이백합 앞에 선 여중생A는 청소년 문학공모전의 진실을 밝힐 것을 요구하고, 자신의 글 공책을 들고 교무실에 찾아가서 자신이 원저자임을 담임 선생님께 당당하게 밝힙니다. 나중에 이백합의 고백으로 결국 진실이 밝혀져 자신에게 씌워졌던 표절누명을 벗은 여중생A는 오랜만에 날아갈 듯 홀가분한 휴일을 맞이하게 되고, 길드원과 함께 놀이공원에서 즐거운 시간을 보냅니다.

소녀들은 가까운 관계에서는 여중생A처럼 진실을 밝히지 않으려고 합니다. 이들이 진실을 묻어 두는 이유는 진실을 말하는 것이 두려운 것이 아니라, 친구가 필요하기 때문에 친구와의 관계가 멀어지고 단절되는 것을 두려워하기 때문입니다. 하지만 진실을 아무에게도 말하지 않고 자신에게 머무르게 하고, 부정적인 감정을 자신이 만들어 놓은 작은 병 속에 담아 두는 것은 장기간의 고립을 자초할 뿐이며 정서발달장애를 일으키는 심리적 위험에 무방비 상태로 노출되는 것입니다. 이때 필요한 것이 '진실 말하기'입니다.

진실 말하기를 통해 억울하고 화난 감정을 표현하는 것이 자신을 존중하는 일이며 행복으로 가는 지름길이라는 것을 깨달은 여중생A는 주위를 돌아볼 여유도 생겼습니다. 전교에 표절논란 소문이 돌자 이백합은 왕따를 당하게 됩니다. '장나래'로서의 자리를 찾기 시작한 여중생A는 왕따를 당하던 자신의 위치를 대물림하며 또 다른 여중생A가 되어 있는 이백합의 상황을 충분히 알고 있었습니다. 여중생A가 되어 왕따라는 혹독한 터널을 빠져나온 장나래는 이백합을 진심으로 위로해 주고, 기꺼이 그녀의 친구가 되어 줍니다.

한편, 친구들에게 괴롭힘을 당하고 있는 이백합의 마음을 돌보지 않고, 눈길 한번 주지 않는 담임 선생님을 이해할 수 없었던 여중생A는 담임 선생님이 자식처럼 애지중지 소중하게 키우고 돌보는 난(蘭)을 들고 옥상으로 뛰어

올라갑니다. 그리고 자신과 이백합 같은 많은 여중생A들의 마음을 등한시한 선생님, 학교 그리고 세상을 향하여 화분을 집어 던집니다. 이로써 여중생A는 친구들과 원만한 관계를 회복하고 선생님을 용서하고 소중한 친구를 얻고 밝게 웃습니다.

　영화 〈여중생A〉는 여중생A의 입을 빌려 세상의 수많은 소녀들이 겪었을, 또는 지금도 겪고 있을 따돌림에 대한 감정을 치유하고 부정적인 기억을 건강한 기억으로 만들어 가야 한다고 말하고 있습니다. 긍정적인 기억들은 현재의 삶을 풍요롭게 만드는 소중한 자산입니다.

# 상담 레시피

## ▷ 레시피 01: 관계 맺기

● 영화 감상

여중생A가 아빠에게 가정폭력을 당하는 장면들과 학교에서 학교폭력을 당하는 장면들

● 다리 놓기 질문 및 활동

① 여중생A는 가정폭력에 시달리면서도 자신의 목소리를 내지 못하고, 학교폭력을 당하면서도 학교폭력 신고를 하지 못합니다. 어떤 마음에서 신고를 하지 않는 것일까요?

② 만약 여러분이 여중생A라면 어떻게 행동했을까요?

## ▷ 레시피 02: 진실 말하기

● 영화 감상

여중생A가 재희에게 부탁하여 역할극을 하는 장면

● 다리 놓기 질문 및 활동

① 그동안 가슴에 꼭꼭 묻어 두고 말하지 못했던 진실을 이야기한 여중생A의 심정은 어땠을까요?

② 당신에게도 여중생A처럼 말하지 못해 전전긍긍했던 일이 있었나요? 그것은 무엇이고, 당신에게 어떤 영향을 주었나요?

③ 영화 속 여중생A처럼 역할극을 한다고 상상하고 역할극 대본을 만들어 보세요.

# COUNSELING RECIPE

▷ 레시피 **03**: 용서 구하기, 용서해 주기

● 영화 감상
프리허그하는 재희가 버킷리스트 중 마지막 과제를 수행하는 장면

● 다리 놓기 질문 및 활동
① 앞으로 나의 삶에서 단 2명에게만 용서를 구할 수 있다면 누구에게 용서를 구하고 싶은가요?
② 앞으로 나의 삶에서 단 2명만 용서해 줄 수 있다면 나에게 용서를 구해야 할 사람은 누구인가요?

# 가면 쓴 우울,
# 우아한 거짓말(Thread of Lies)

## 영화 기본 정보

**제작국:** 한국, 2013

**감독:** 이한

**주연:** 김향기(천지), 김희애(엄마), 고아성(만지), 김유정(화연)

**장르:** 드라마

**상영 시간:** 117분

**관람 기준:** 12세 관람가

## 힐링시네마를 위한 이 영화의 키워드

친구관계/따돌림/부모역할/교사역할/이별/오해/짜장면/거짓말

# 왕따놀이의 희생자

영화 〈우아한 거짓말〉은 소설가 김려령의 2009년 장편소설 〈우아한 거짓말〉을 이한 감독이 각색하여 영화로 만든 작품으로 여학생들 사이에서 흔히 일어나는 은따(은근한 따돌림), 왕따(왕따돌림) 문제를 심도 있게 그려 내고 있습니다. 따돌림을 당하는 것 때문에 고통을 받고 있는 주인공 '천지', 천지의 극단적인 선택을 눈치도 채지 못한 엄마와 언니 '만지', 천지를 가장 괴롭히는 '화연', 그리고 천지의 마음속 이야기를 가장 잘 들어 주는 '추상박'의 이야기가 조심스럽게 전개됩니다.

영화 〈우아한 거짓말〉은 친구를 사귀고, 관계를 유지하는 것에 엄청난 에너지를 쏟아야 하고, 친구관계에 틈이 생길까 두려워 끊임없이 불안을 느껴야 하는 소녀들의 심리를 세밀하게 묘사하고 있습니다. 최대한 많은 친구를 곁에 두기 위하여 물불을 가리지 않고 인기를 유지하려고 애쓰는 화연, 관계를 유지하고 싶은 욕구 때문에 학대를 우정이라고 생각하는 천지를 중심으로 영화는 친구들과의 관계에 필사적으로 매달리는 소녀들의 갈등과 은밀한 공격성을 다루고 있습니다.

예의바르고 교복을 직접 다림질하는 싹싹한 천지는 원래 웃음이 많은 발랄한 소녀였지만 중학교에 들어가면서부터 얼굴에서 웃음을 잃어버립니다. 마트에서 두부 판매를 하고 있는 엄마에게 걱정을 끼치고 싶지 않아 집에서는 애써 웃음을 지어 보이지만 학교에서는 은따를 당하고 있는 학교폭력의 피해자입니다. 이런 천지를 계속 은따 상황으로 몰고 가는 중심에 있는 화연은 초등학교 때부터 친구였지만 학업 성적이 상위권에 있는 천지에 대한 열등감에서 벗어나지 못해 친구들에게 돈을 쓰면서 자신의 영향력을 증명해 보이려 합니다. 그러면서 자신을 돋보이게 하려는 수단으로 마음 약한 천지를 이용하고 있는 것입니다. 생일파티 시간을 자신에게만 오후 3시로 알려 준 것이 친구 화연의 반복적인 술수와 계략인 것을 뻔히 알면서도 당해 주는 천지의 마음은 아마도 더 심한 고통을 당하기 싫어서였을지도 모릅니다.

천지는 은따 상황을 해결해 보기 위하여 혼자서 갖은 노력을 다해 보지만 따돌림을 당하는 고통에 우울증은 점점 더 심해집니다. 은밀했던 따돌림은 점점 공개적으로 벌어지고, 정도가 강해지자 마음을 다스리기 위하여 우울증 관련 서적을 읽어 보지만 실제적인 도움이 되지 않습니다. 가끔 자신의 상황과 마음을 집에서 간접적으로 드러내 보지만 생활고에 지친 엄마는 전혀 눈치를 채지 못하고, 남의 눈치를 보지 않는 성격을 가진 강한 언니는 시큰둥한 반응을 보일 뿐입니다.

유일하게 자신의 심정을 털어놓을 수 있었던 사람은 도서관에서 만났던 머리 긴 남자 추상박입니다. 추상박은 목부터 등까지 화상을 입었는데, 학창시절에 친구들에게 괴물이라며 놀림을 당하고 왕따를 당했다고 합니다. 추상박이라는 존재 자체가 천지에게 위안이 되었을 것이라고 짐작하지만 그마저도 진실을 말하기보다는 자신의 심경을 에둘러 표현하기 때문에 천지의 멍든 가슴을 위로해 주기에는 부족해 보입니다.

영화 속으로 잠깐 들어가 보겠습니다.

오늘은 화연의 생일이라 그녀는 자기 부모님이 운영하는 중국 음식점의 큰 방을 차지하고 마치 공주라도 된 것처럼 가운데 앉아 분위기를 좌지우지하고 있습니다. 사실 오늘은 화연의 진짜 생일이 아닙니다. 자기 편한대로 날짜를 당겨서 하는 생일입니다. 이미 2시에 모여 점심을 든든하게 먹은 소녀들이 왁자지껄 떠들고 있습니다.

화연의 생일. 열다섯 명 정도 아이들이 북적댄다.

유람: 천지두 오지?

화연: 어.

친구1: 너 무지하게 천지 챙겨. 그치?

화연: 천지 알고 보면 불쌍한 애야. 걔 어렸을 때 아빠 죽었거든. 자살루.

친구들: !!!

미라는 만두를 집다가 화연을 쳐다본다.

친구1: 부인하고 딸들이 있는데 무슨 자살이래. 그래서 천지가 음침하구나.
　　　　야... 우리 천지 천지 하지 말자. 뒤에서 욕하는 거 같애.

친구2: 비슷한 얘기 들은 거 같애. 초딩 때 니네 학교 애들한테.

화연: '울 언니'루 하자. 괜히 '천지아빠' 들으면... 벌 받을라.

친구2: (바로 '울 언니' 장난 시작하며) 울 언니가 그래서 음침했구나....


————— 중략 —————

그때, 문이 열리고 천지가 들어온다.

학생들 얼른 연예인 얘기로 화제 돌리면서 천지 온 것을 반긴다.

하지만 누구도 말을 걸지는 않는다. 시선도 주지 않고.

천지: (주섬주섬 들어온다) 3시 아니었어?

미라가 슬그머니 초대장을 펴서 시간을 확인한다. 2시로 적혀 있다.

화연: 2자를 쓴다는 게 3자를 썼네. 미안.

이때, 천지를 제외한 모든 학생들의 스마트폰에 카카오톡 단체 메시지가 전해진다.

진동소리와 카카오톡 메시지 도착 알람.

친구1의 스마트폰 – '쟤, 작년에도 3시에 오지 않았어?'


————— 생략 —————

아이들은 자기들만의 단톡방에서 천지에 대한 뒷담화를 하느라 여념이 없고, 화연은 천지에게 MP3를 생일선물로 요구하며 야릇한 미소를 짓고 천연덕스럽게 짜장면 한 그릇을 주문합니다. 더 이상 말을 걸어 오는 친구도 없는 천지는 수저통의 나무젓가락을 뽑아서 만지작거리다가 화연 엄마가 짜장면 한 그릇을 내어 주자 고개를 숙이고 짜장면을 먹기 시작합니다.

아이들은 이런 장면이 재미있다는 듯 단톡방에서 "어머 쟤 그걸 먹는다", "눈치 제로", "저러니 애들이 싫어하지"라며 문자로 천지를 따시키고, 어떤 아이는 먹는 모습을 찍어 단톡방에 올리기까지 하며 자기들끼리 히히덕거리며 놀리는 것을 즐깁니다. 천지는 이 모든 것을 알지만 묵묵히 짜장면을 먹을 뿐입니다. 이때 천지는 어떤 마음을 가지고 무슨 생각을 했을까요? 천지의 가녀린 마음을 조금이라도 헤아려 보고 싶습니다.

## 상처받은 영혼이 내는 상처는 더 깊다

마음 둘 곳 하나 없던 천지는 자신에게 먼저 다가와 말을 걸어 준 미라와 우정을 나누기 시작합니다. 사랑과 관심에 목이 말라 있던 두 소녀는 함께 뜨개질을 하고, 책을 읽고, 과자를 나누어 먹는 절친이 되지만, 두 소녀의 우정은 천지 엄마와 미라 아빠와의 연애관계 때문에 마치 한여름 밤의 꿈처럼 짧은 시간에 금이 가고 어긋나기 시작합니다.

잠깐 동안이었지만 그래도 천지가 우정다운 우정을 나눈 '미라'는 양아치같이 막가는 삶을 살아가는 아빠 때문에 가슴속에 큰 상처를 안고 있습니다. 연애를 하는 천지 엄마를 찾아가서 만나 달라고 사정을 하다가 자신의 뜻대로 되지 않자 때리려고 하는 행동을 보이는 미라 아빠는 아마도 죽은 아내에게 가정폭력을 휘둘렀던 사람이었던 것 같습니다. 이런 아빠가 미라에게 '폭력을 휘둘렀을 것'이라고 예측하는 것은 당연하겠지요? 아빠 보기를 냇가의 돌멩이 보듯 하는 미라는 '아빠 같은 사람은 남고, 엄마같이 엄한 사람만 죽는 것'이 억울한 모양입니다.

이렇게 가슴에 상처를 새기고 있는 아이들의 공격성은 자기보다 약한 사람을 향해 드러나게 됩니다. 천지 엄마에게 애걸복걸하는 아빠를 본 순간 미라는 엄마를 소중하게 대하지 않았던 아빠에 대한 분노가 치밀어 올라 왔을 것입니다. 이런 미라가 공격할 수 있는 대상은 자기보다 약한 천지뿐이었을 것입니다. 결국 아빠가 휘두르는 가정폭력을 치유해 내지 못한 미라의 따귀 맞은 영혼은 어렵사리 친구가 된 천지의 가슴에 회복하기 어려운 상처를 주었습니다. 다시 혼자가 되어 기댈 친구를 잃어버린 천지는 결국 빨간 실타래 속에 미라에게 보내는 쪽지를 남기고 세상을 등지는 극단적인 선택을 하게 됩니다.

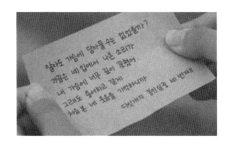

초등학교 시절부터 천지와 친구였던 중국 음식점 '보신각'의 외동딸 화연의 별명은 '공짜지갑'입니다. 친구들에게 매일 먹을 것을 사 주고, 노래방비를 내 주고, 영화관에 가면 친구들에게 팝콘을 돌리기 때문에 붙여진 별명이라는데, 화연은 부모님 덕분에 경제적인 풍요를 누리며 살아가고 있습니다. 돈을 버느라 여유가 없는 화연의 부모는 화연의 학교생활과 친구관계에 관심을 기울일 시간이 없어 제대로 주지 못하는 부모의 사랑과 관심을 돈으로 채워 주고, 화연은 자연스럽게 친구들에게 돈을 쓰는 것으로 인기를 얻는 방법을 배웠습니다. 부모로부터 따뜻한 정서적 지지와 사랑을 받지 못하는 환경에서 자란 화연은 친구들 위에 군림하고 괴롭히는 행동을 통해 우정을 소유하려는 경향을 보이는 학생입니다.

천지의 죽음에 대한 원인 제공자라는 비난의 눈초리가 자신에게 쏠리고, 아이들의 시선이 차가워지자 화연은 학교에 가지도 못하고 거리를 배회하며 죄책감에 방황을 합니다. 그런데 담임 선생님이 화연이 학교에 등교하지 않았다고 전화를 걸지만, 그런 사실의 자초지종을 알지 못하는 화연의 엄마는 '화연이 아파서 학교를 보내지 못한다'는 거짓말을 하며 상황을 얼버무리고 둘러대기에 바쁩니다. 형제자매가 없는 외동딸 화연은 돈벌이로 바쁜 부모의 정서적 지지와 사랑을 충분하게 받지 못했습니다. 그래서인지 화연은 다른 친구들을 돌아볼 마음의 여유가 없고, 친구들에게 베풀어 줄 마음의 밭이 넉넉하지 못합니다.

왕따놀이에서 벗어나려고 애를 쓰던 천지가 수행평가 시간에 '당신은 혹시 예비살인자가 아닌가?'라는 작문을 발표하며 왕따당하는 괴로운 마음을 표현하지만 화연은 더욱 가식적으로 행동을 합니다. 화연의 이런 뻔뻔한 행동은 결과적으로 천지가 자살하게 만드는 원인을 제공하게 됩니다. 지속적으로 천지를 따돌리고 괴롭히는 데 앞장섰던 화연은 천지가 죽고 나서야 자신이 얼마나 끔찍한 일을 저질렀는지 깨닫게 되고 후회합니다. 하지만 때는 이미 늦었고,

씻을 수 없는 괴롭힘을 당한 천지가 화연에게 선물한 빨간 털실뭉치 안에 남긴 마지막 쪽지만이 애타는 메아리가 되어 남아 있을 뿐입니다.

> 그래도 용서는 하고 갈게
> 나는 가도 너는 남을 테니까
> 이제 다시는 그러지 말기를
> 이제는 너도 힘들어하지 않기를

*다섯 개의 봉인실 중 세 번째*

## 너무 늦었잖아요 ㅠㅠ

어느 날 아침식사를 하던 천지는 갑자기 엄마에게 생일선물을 몇 달이나 앞당겨서 MP3를 사 달라고 합니다. '다른 애들이 모두 가지고 있기 때문'이라는데, 이유가 납득이 되지 않는 엄마는 "무슨 이유가 그래?" 하면서 "전세금을 올려 줘야 하니 이번 달은 넘겨서 사자"고 달랩니다. 그리고는 "그냥 핸드폰으로 들으면 되지. 요즘에 누가 MP3로 듣냐?"라며 시크하게 참견하는 언니, 만지와 함께 서둘러 출근을 합니다. 하지만 이 아침식사 시간이 천지와 나눈 마지막 식사가 될 줄 누가 알았겠습니까?

천지를 보내고 난 후에야 만지와 엄마는 천지의 행동이 평소와 달랐다는 것을 알아차립니다. 잠자리에서 '친구 사귀기가 힘들다'는 고민을 털어놓았던 일, '속이 안 좋다'며 학교에 안 가면 안 되냐고 사정을 하던 일, 매일 '체육복'을 잃어버렸다고 둘러대던 일, 직장에서 돌아온 엄마가 저녁으로 짜장면을 배달해 먹자고 하자 갑자기 '짜장면 때문에 죽을 거'라며 울먹이던 일 등 되돌아 생각해 보니 이상했던 일이 한두 가지가 아니었던 것입니다.

"있을 때 신경 좀 써 주지 그랬어? 천지 힘들어할 때 엄마랑 나 신경도 안 썼잖아?" 동생을 보낸 만지가 아침밥을 먹다가 엄마에게 불쑥 내뱉은 말입니다. 백 번 천 번 맞는 말입니다. 소중한 사람에게는 곁에 있을 때 잘해야 합니다. 그런데 세상 살아가다 보면 이런저런 이유로 가족조차 챙기지 못하고 살아갈 때가 자주 있습니다. 가족은 소수의 사람을 주요한 구성원으로 해서 서로 깊은 정서적 끈으로 연결되어 있지만 같은 핏줄이기 때문에 취약성이 함께 내재되어 있기도 합니다.

가족은 옆에 있어 주는 것만으로도 사랑스럽고 감사하는 마음을 갖게 합니다. 하지만 소중한 것만큼 잘해 주지 못하는 미안함, 때로는 사무치는 그리움과 왠지 모르는 뭉클한 마음을 전해 주기도 합니다. 왜냐하면 부모, 형제자매, 배우자, 자녀들로 이루어진 가족이라는 혈연집단에는 여러 가지 울림을 일으키는 그들만의 특별한 이야기보따리가 들어 있기 때문입니다. 그러므로 가족의 정서적 결합은 매우 중요하며 가족구성원들이 가지고 있는 각각의 자원은 서로에게 많은 영향을 끼치곤 합니다.

겉으로 드러나는 갈등이 없기 때문에 기능적인 가족이라고 생각하는 순간 정체를 숨기고 있던 역기능은 가족들이 방심하는 틈을 놓치지 않습니다. 엄마와 언니가 무심코 흘려듣는 사이에 반듯한 옷을 차려입고 가겠다고 아침 내내 교복을 다림질하던 천지는 극단적인 선택을 하였습니다. 빨간 실타래 속에 자기의 마음을 꼭꼭 숨겨 놓은 채로….

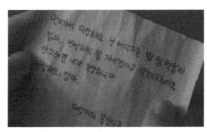

# 가면 쓴 우울

동생이 자살한 이유를 알고 싶어 하던 만지는 천지가 자주 다니던 도서관을 찾아갑니다. 천지의 대출 도서목록을 보고 나서야 힘들었던 상황을 오랫동안 혼자 버텨 내고 있었다는 사실을 알고 동생에게 무관심했던 자신을 책망하며 죄책감을 느끼게 됩니다. 천지가 빌려 보았던 책은 『체호프 단편집』, 『함께하는 즐거움』, 『두려움의 열 가지 얼굴』, 『계단의 집』, 『우울증은 치료된다』, 『우울증 심리학』, 『링컨의 우울증』, 『우울증 거듭나기』, 『우울의 심리학』, 『왜 나는 우울한 걸까?』, 『병든 아이』, 『내가 죽었다고 생각해 줘』, 『침묵의 추구』, 『파란 아이』, 『우울증 극복하기』와 같이 모두 인간관계 고민에 대한 질문과 우울증을 다스리고 극복하는 방법에 관련된 책들이었기 때문입니다.

우울증은 '마음의 감기'라고 합니다. 감기처럼 흔한 마음의 병이라는 의미지만 우울증을 얕잡아 보면 안 됩니다. 특히 청소년들은 자신이 우울증에 걸려 있는지도 모른 채, 마치 가면 뒤에 꼭꼭 숨어 있듯 내면 깊숙이 틀어박혀 있는 경우가 많습니다. 그러다가 천의 얼굴로 변신해 표출되는 우울증을 이기지 못해 품행장애를 일으키거나 자살을 감행하기도 합니다. 그래서 청소년기 우울증을 '가면 우울증(Masked depression)'이라고 부르는데 우울한 기분이 마치 가면을 쓰고 있는 것처럼 겉으로는 잘 드러나지 않는 우울증이기 때문입니다. 그러므로 감정표현을 잘 하지 않는 청소년들을 "사춘기 때는 다 그래"라고 일반화시키면서 가볍게 넘기지 말고 따뜻한 이해와 관심을 기울여야 하며, 증상이 장기화되거나 심한 경우 반드시 전문가의 도움을 받아야 합니다.

천지가 죽기 전에 남긴 마지막 다섯 번째 쪽지가 담긴 빨간 털실뭉치는 자신이 자주 다니던 도서관 열람실의 『긍정의 심리학』, 『우울증 극복하기』, 『모두 다 괜찮아』, 『얼굴의 심리학』 책 뒤편 빈 공간에 놓여 있었습니다. 아마도 천지는 따돌림 때문에 자신처럼 힘들어하고 있는 다른 사람도 자신이 관심을 가지고 읽었던 책을 찾을 것이라고 예측했던 것 같습니다.

지나고 보면 아무것도 아니라고 자신을 위로하고 싶었던 천지, 힘듦에도 불구하고 잘 견뎌 주는 자기 자신에게 고맙다는 격려를 하고 싶었던 천지는 세상을 떠나는 순간에도 자신과 같은 우울한 사람들을 염려하고 위로하는 마음을 가진  참 따뜻한 소녀입니다.

잘 지내고 있지?
지나고 보니 아무것도 아니지?
고마워 잘 견뎌 줘서

*다섯 개의 봉인실 중 다섯 번째*

# 상담 레시피

## ▷ 레시피 01: 생일파티

● 영화 감상

'화연'의 생일파티 장면

● 다리 놓기 질문 및 활동

① 화연의 생일파티를 본 느낌은?

② 여러분은 자신의 생일파티를 어떻게 하나요?

③ 내가 초대한 친구는 누구인가요?

혹시 초대하지 않았거나, 초대하지 못한 친구가 있나요?

## ▷ 레시피 02: 등교하기 싫은 날

● 영화 감상

'천지'가 아프다며 학교에 가기 싫다고 엄마에게 사정하는 장면

● 다리 놓기 질문 및 활동

① 학교에 가기 싫었던 날이 있었나요? 그 이유는 무엇인가요?

학교에 가기 싫다고 했을 때 부모님의 반응은 어땠나요?

② 부모로서의 당신은 학교에 가기 싫다는 자녀에게 어떻게 행동했나요?

# COUNSELING RECIPE

▷ 레시피 **03**: 멀어지는 친구

- 영화 감상

  천지와 친해지기 시작한 '미라'가 갑자기 싸늘해지며 거리를 두는 장면

- 다리 놓기 질문 및 활동

  ① 당신이 함께 이야기하며 장난치고 어울리는 친구는 누구인가요?

  ② 영화 속 미라처럼 친한 친구가 갑자기 거리를 두고 있다고 느낀 적이 있나요?

   있다면 어떤 사연이 있었나요?

# 우정은 먼저 손을 내민다, 날아라 허동구(Bunt)

**영화 기본 정보**

**제작국:** 한국, 2007

**감독:** 박규태

**주연:** 최우혁(동구), 정진영(동구의 아빠), 윤찬(준태)

**장르:** 가족, 코미디, 드라마

**상영 시간:** 96분

**관람 기준:** 전체 관람가

**힐링시네마를 위한 이 영화의 키워드**

친구 사귀기/지적장애/부모역할/교사역할/야구/통닭

# 친구 길들이기

프랑스의 비행사이자 작가인 앙투안 드 생텍쥐페리가 1943년 발표한 소설 〈어린왕자〉에서 어린왕자는 여우를 처음 만나 이런 이야기를 건넵니다.

"넌 누구야?…. 참 예쁘구나?" 어린왕자가 말했다.
"난 여우야…."
"이리 와서 나랑 놀아줘. 난 정말 슬퍼…." 어린왕자가 말했다.
"난 너와 놀 수 없어." 여우가 말했다. "나는 길들여지지 않았으니까."

세상에서 가장 순수한 영혼 어린왕자가 여우에게 친구관계를 맺고 같이 놀자고 하자 여우는 어린왕자에게 관계를 맺는다는 것은 서로 길들여지는 것인데 나는 너에게 길들여지지 않았으므로 같이 놀 수 없다고 합니다. 여우의 대답은 매우 단순한 이야기처럼 들리지만 관계를 맺는 의미에 대해 많은 것을 생각하게 합니다. 관계를 만들기 전에는 많은 다른 소년들과 다를 바 없는 한 소년이어서 너를 필요로 하지 않지만, 나를 길들인다면 서로를 필요로 하게 된다고 여우가 말한 것처럼 사람은 언제 어디에서든 친구를 찾고, 친구를 만드는 일에 많은 노력을 기울이게 되는 것 같습니다. 그것도 서로 길들여진 친구를 말입니다. 그러므로 삶에서 누군가와 관계를 맺는다는 것은 인간에게 다가오는 필연적인 숙명이지만 쉽지 않은 일인 것 같습니다.

영화 〈날아라 허동구〉에서는 마치 소설 〈어린왕자〉와 같은 순수하고 맑은 영혼을 가진 주인공 동구를 만날 수 있습니다. 학교에서 집까지 오는 길을 익히는 데 3년이나 걸린 동구, 공부는 안중에도 없고 시험 치르는 날이면 반 평균을 깎아먹지 않기 위해서 결석을 해 줘야 합니다. 하지만 학교가 너무 좋은 IQ 60의 초등학교 4학년 동구. 어떤 아이도 동구와 짝을 하려고 하지 않지만 물 반장 동구는 학교에 가는 것이 마냥 즐겁습니다.

　자신들과의 다름을 인정하지 않는 반 아이들이 길들이기를 거부하기 때문에 함께 놀 친구가 없는 동구를 어린왕자라고 한다면, 동구의 짝인 준태는 자기 스스로 길들여지기를 거부하여 친구가 없는 여우입니다. 준태는 어쩔 수 없이 짝이 된 동구가 마음에 들지 않고, 동구가 따라 주는 주전자의 물을 거부하며, 주전자에 몰래 개구리를 넣어 동구를 특수학교로 강제 전학을 가게 되는 위기에 처하게 만듭니다.

　그러나 오래달리기 능력을 측정하는 체육 시간, 심장이 약해서 뛸 수 없는 자기를 위하는 마음으로 한 바퀴를 더 달리는 동구의 진솔하고 순수한 마음에 감동을 받은 준태는 동구를 길들이기로 마음을 고쳐먹고, 자신 또한 동구에게 길들여지기 시작합니다. 동구를 자신의 집으로 초대하여 컴퓨터 게임을 함께 하고, 못된 친구들의 짓궂은 놀림과 무시로부터 동구를 지켜 주기도 하고, 동구의 눈높이에 맞추어 야구 규칙을 설명해 줍니다.

　복잡한 야구 규칙을 이해하지 못하는 동구는 야구부에서 제명당할 위기에 처합니다. 야구부를 그만두라는 야단을 맞고 운동장에 주저앉아 엎어진 물주전자를 붙들고 울고 있는 동구를 본 준태는 동구가 애지중지하는 물주전자와 컵을 이용해 야구 규칙을 쉽게 설명해 줍니다. 듣고 있던 동구가 "짝, 아웃이 뭐야?"라고 묻자 "아웃은 죽는 거야. 너 야구부 못 하게 되는 게 아웃이야. 학교에서 쫓겨나는 게 아웃이야. 치고 싶어도 못 치는 너, 달리고 싶어도 달리지 못하는 나, 이런 게 아웃이야."

　그렇게 동구와 준태는 서로 길들이고 길들여지는 시간을 보내게 되는데, 무엇보다 공부를 잘하지만 심장이 약해서 달리기를 하지 못하는 준태의 열등감은 누구보다 달리기를 잘하지만 지적능력이 부족한 동구에게 길들여지면서 각자 잘하는 것이 다를 뿐이라는 '차이'로 바뀌게 됩니다. 결국 준태는 동구와의 길들이기를 통해 사람은 결코 혼자 살아갈 수 없고, 함께 어우러져 살아가기 위해서는 상대방과의 차이를 인정하고 다름을 받아들이고 상대방의 입장에서 이해하며 살아가야 한다는 것을 깨달은 것입니다.

## 소년들의 '거칠게 대하기'

소년들은 소녀들과 다르게 친구에게 쉽게 욕을 하고 흔하게 폭력을 행사합니다. 점심을 먹는 것도 잊어버리고 물 주전자를 들고 친구들에게 일일이 물을 따라 주는 동구의 발을 일부러 걸어 넘어뜨리는 악동들, 짝이라고 챙겨 주려 따라다니는 동구의 관심과 호의를 "꺼져, 자식아"라는 말 한마디로 단번에 묵살해 버리는 준태의 행동은 소년들의 관계 맺기에서 가장 두드러지게 나타나는 '거칠게 대하기'입니다. 이것은 때로 친밀감을 미숙하게 표현하는 방식으로 사용되기도 하지만 자신의 영향력과 통제 범위를 확인하기 위해 시도하는 것이기도 합니다.

남자는 말을 많이 하지 않고, 감정을 표현하지 않으며, 말보다는 행동을 우선해야 한다와 같이 사회적으로 학습되거나 강요된 남자다움의 잘못된 가치(예를 들면 남자는 태어나서 세 번만 울어야 한다)가 친구관계를 맺는 것에도 그대로 적용이 되는 것입니다. 이러한 소년들의 거칠게 대하기 특징은 성인이 되어서도 크게 달라지지 않습니다. 통닭집을 운영하고 있는 동구 아빠와 절친인 상철의 대화는 성숙하지 못한 사람들처럼 어수룩하고 어색하기 이를 데 없을 정도로 거칠기 짝이 없습니다. 이렇듯 소년들이 친구들을 거칠게 대하는 것에는 소녀들이 생각하는 감정을 공유하고 이해하는 친구라는 대상을 넘어서 적당하게 용인된 남자다움의 상징적 의미가 포함되어 있을 수 있습니다.

시대와 상황은 다르지만 동구처럼 달리기를 잘하는 미국의 소년이 있습니다. 주인공 포레스트를 연기한 '톰 행크스'를 미국 아카데미 남우주연상 수상자로 만들어 준 영화 〈포레스트 검프, 1994〉의 주인공 '포레스트'는 선천적 척추기형으로 인해 보조기구를 장착해야 걸을 수 있고, 지능이 낮아 특수학교로 진학을 해야 하지만 어머니의 남다른 교육열과 헌신적인 노력으로 일반학교에 진학을 하게 됩니다. 우여곡절 끝에 학교에 등교하던 첫날 포레스트가 스쿨버스에 올라서 앉을 자리를 찾아 두리번거리지만 학생들은 포레스트를 경계하면서 자리를 내어 주지 않습니다. 자리가 없어 안절부절하는 포레스트에게 '제니'는 선뜻 자리를 내어 주고 둘은 그렇게 친구가 됩니다. 소년들은 '동물의 왕국' 먹이사슬처럼 포레스트를 거칠게 대하고 서열을 지으려고 괴롭혔지만 소녀는 따뜻한 감성으로 감싸 주었습니다.

어느 날 돌을 던지고 자전거를 타고 쫓아오면서 자신을 괴롭히는 친구들을 피하기 위해 달리던 포레스트는 바람처럼 달릴 수 있는 소질을 발견하게 되고, 덕분에 미식축구 선수로 대학에 진학하여 졸업을 할 수 있게 됩니다. 바람처럼 달릴 수 있는 포레스트의 달리기 소질계발은 괴롭히는 악동들에게 잡히지 않기 위하여 무조건 뛰어야 하는 생존에 대한 강한 본능에 제니와의 익숙함이 자극제가 되어 가능한 것이었습니다. 포레스트가 소년들에게 괴롭힘을 당하는 상황에는 언제나 "달려 포레스트, 달려"라고 외치는 익숙한 제니의 외침이 있었습니다. 베트남 전쟁터로 떠나는 포레스트에게 한 말도 만약에 문제가 생기면 용감한 척 하지 말고 그냥 무조건 달리라는 당부였습니다. 전쟁터에서 포레스트는 제니가 말해 준 대로 달리고 달려 많은 전우들을 구해 내고 전쟁 영웅이 되어 살아 돌아올 수 있었습니다.

뛰어, 포레스트!

공립학교에 입학할 수 있는 최저 기준인 IQ 80에도 미치지 못하는 지적능력을 가지고 있고, 몸까지 불편하여 뛰는 것은 고사하고 걷는 것만으로도 불편한 포레스트 검프. 엄마를 제외한 누구도 반겨 주지 않고, 편견과 선입견 속에서 차별을 받지만, 제니는 포레스트에게 자신의 옆자리를 내어주고 길들여지는 것을 허락한 그런 의미 있는 친구이자 첫사랑이었습니다. 오직 제니만을 바라보았고, 제니를 위하는 일이라면 어떤 일이든 서슴없이 하는 포레스트는 제니에게 철저하게 길들여지고, 제니를 아름답게 길들인 그런 친구였습니다.

5살에 어머니를 여의고 어릴 때부터 아버지에게 받고 있는 학대에서 벗어나고 싶어 옥수수 밭에 숨어 "훨훨 나는 새가 되게 해 주세요"라고 하나님께 기도하는 제니는 순수한 눈으로 세상을 바라보는 때 묻지 않은 포레스트에게 받은 무조건적인 사랑에 힘입어 외롭고 힘들 때마다 위로와 지지를 받을 수 있었습니다. 만나고 헤어지는 세월을 돌고 돌아 한참 후에야 다시 포레스트 곁에 머무르게 된 제니는 방탕한 생활 때문에 치료할 수 없는 바이러스에 걸린 병든 몸과 세상의 모진 풍파에 지친 영혼을 이미 길들여져서 익숙해진 포레스트에게 맡깁니다.

## 원만한 관계 맺기가 소년들에게 주는 힘

사람들은 혼자 있으면 외롭고 누군가와 함께 있으면 신경이 쓰입니다. 관계 맺기란 그런 것 같습니다. 누군가를 길들이고, 누군가에게 길들여진다는 것은 사회적 동물인 인간에게 필연적인 일인 것 같습니다. 살면서 외로워질 때 누구라도 내 마음을 알아주고 다가와 주기를 바라는 때가 있습니다. 그럴 때 나에게 손을 내밀어 주는 누군가가 나타난다면 참 행복할 것입니다. 사람의 마음을 얻는다는 것이 쉬운 일이 아니지만, 특별한 위로가 아니더라도 내 감정을 알아주고 외롭고 힘든 마음에 공감이라는 느낌표 하나 받는 것만으로도 새로운 힘이 솟아날 것입니다. 마치 영화 〈날아라 허동구〉의 동구와 준태의 주전자 우정, 〈포레스트 검프〉의 포레스트와 제니의 달리기 사랑처럼 말입니다.

영화 〈날아라 허동구〉에서 동구는 바보라고 놀림을 받고, 학력시험을 보는 날 등교를 못하는 등 은근히 무시를 당하지만 체력측정 시간에 심장이 약한 짝에게 주려고 운동장을 한 바퀴 더 돌고 난 후 서서히 인정을 받게 되고, 물 주전자를 나르는 역할이지만 학교 야구부에 들어가 유니폼을 입은 후에 어깨를 당당하게 펴고 등교하게 됩니다.

영화 〈포레스트 검프〉에서 포레스트는 학교에 들어가는 순간부터 다른 남자아이들의 공격성을 드러낼 수 있는 좋은 사냥감이 되어 아무 이유 없이 폭력을 당하고, 쫓기어 도망치게 됩니다. 고등학생이 된 후에도 자동차를 탄 패거리들에게 쫓기지만 누구보다 빠르게 달리는 능력을 우연히 인정받게 되어 미식축구 선수로 스카우트된 후에야 사냥의 지옥에서 벗어날 수 있었습니다.

이처럼 소년들은 친구관계에서 자신의 남성성을 드러내어 존재를 확인받아야 허약한 약자를 벗어나는 악순환을 계속하고 있습니다. 하지만 소년들도 폭력적이지 않고 배타적이지 않은 인간적인 신뢰를 바탕으로 은밀한 감정을 공유하는 친구를 갈망합니다. 자신의 육체적인 힘을 과시하여 남성적인 지지와 호응으로 관계를 맺는 방식에서 벗어나 합리적이고 비폭력적인 관계 맺기 방법을 익혀 따뜻한 마음으로 서로를 보듬는 친구를 만들어 보는 것은 어떨까요?

# 상담 레시피

▷ 레시피 **01**: 관계 맺기

● 영화 감상
짝을 바꾸는 장면

● 다리 놓기 질문 및 활동
① 학급에서 짝을 바꾸는 장면을 상상해 보세요. 어떤 느낌이 밀려오나요?
② 어떤 방법으로 짝을 바꾸는 것이 좋을까요?
③ 짝이 되기를 바라던 친구가 있었나요? 그 친구는 누구인가요?

▷ 레시피 **02**: 친구를 위하여 1

● 영화 감상
체력측정 시간 동구가 선생님의 만류에도 불구하고 운동장을 두 바퀴 달리는 장면

● 다리 놓기 질문 및 활동
동구는 체력측정 시간에 심장이 약한 짝꿍 준태가 뛸 수 없는 것을 알고, 준태 몫까지 운동장을 한 바퀴 더 달립니다.
① 학급에서 동구처럼 다른 친구를 위해 무언가 나누었던 경험이 있나요?
② 나를 싫어하거나 또는 별로 친하지 않았던 친구에게 내 마음을 전해 본 적이 있나요? 있다면 어떤 방법으로 전달을 했나요?
③ 마음을 전한 이후 그 친구와의 관계에는 어떤 변화가 있었나요?
④ 만약 전하지 못했다면 전하지 못했을 때의 마음은 어땠나요?

# COUNSELING RECIPE

▷ 레시피 **03**: 친구를 위하여 2

● 영화 감상

야구 규칙을 가지고 동구를 놀리는 친구들에게 준태가 용기 있게 맞서 틀린 부분을 당당히 바로잡아 주는 장면

● 다리 놓기 질문 및 활동

① 학급에서 동구처럼 놀림을 당했던 경험이 있었나요?

② 그때 나를 도와줬던 친구가 있었나요? 있었다면 어떤 감정을 느꼈나요?

준태가 동구를 도와준 것처럼 놀림을 당하는 친구를 도와준 경험이 있었나요?

# 지켜내지 못한 우정, 파수꾼(Bleak Night)

## 영화 기본 정보

**제작국:** 한국, 2010
**감독:** 윤성현
**주연:** 이제훈(기태), 서준영(동윤), 박정민(희준)
**장르:** 드라마
**상영 시간:** 117분
**관람 기준:** 15세 관람가

## 힐링시네마를 위한 이 영화의 키워드

친구관계/오해와 갈등/학교폭력/서열/자존감/소년들의 공격성/풋사랑

갑자기 아들(기태)이 자살을 했습니다. 평소 아들에게 따뜻한 사랑과 관심을 주지 못했던 아버지는 갑작스런 아들의 죽음에 대한 죄책감으로 아들 죽음의 뒤안길을 쫓아가기 시작합니다. '기태'의 책상 서랍 안에 소중하게 보관되어 있던 사진 속에는 '동윤'과 '희준'이 있지만 동윤은 장례식장에 오지도 않았고, 희준은 다른 학교로 전학을 갔습니다. 기태의 책상을 정리하다가 발견한 사진을 들고 시간을 거슬러 올라가던 아버지는 자살을 선택할 수밖에 없었던 아들의 마음을 서서히 알아가며 이해하게 됩니다.

영화 〈파수꾼〉은 대한민국 남자 고등학생들의 우정에 대한 평범하지만 결코 평범하지 않은 소재를 다룬 영화입니다. 성장과정에서 자연스럽게 겪는 우정, 사랑, 자존감, 서열 그리고 공격성에 대한 이야기를 방황하는 기태와 절친이었던 동윤, 학교폭력의 피해자가 된 희준의 시선을 빌려 덤덤하게 풀어 갑니다.

## 애정결핍 콤플렉스

엄마의 따뜻한 손길을 받지 못하고 자란 기태는 '엄마 콤플렉스'를 가지고 있습니다. 무심한 아버지에게조차 사랑을 받지 못했으니 따뜻한 돌봄을 박탈당한 환경에서 성장한 것입니다. 이런 환경에서 성장한 청소년들은 학교 부적응 행동과 반사회적인 성향을 나타낼 가능성이 상대적으로 높고, 정서적 결핍에 대해서 매우 민감하게 반응하기 때문에 좌절을 견뎌 내는 힘이 약할 수밖에 없습니다.

영화 속에서 기태와 희준의 갈등은 희준이 짝사랑하는 여학생 '보경'을 도화선으로 두고 있지만 불을 붙인 건 엄마와 관계된 이야기입니다. 기태는 급우들과 교실에 모여 엄마들의 간섭과 잔소리에 대해 이야기를 나누던 도중 옆에 있는 급우와 귓속말을 하는 백희를 발견하고는 감정이 매우 상합니다. 자신의 엄마가 없다는 것을 자기들끼리 비아냥거렸다 생각했기 때문인데, 이것이 비극의 씨앗이 될 줄은 어느 누구도 몰랐을 것입니다.

짐작을 사실로 믿은 기태는 집으로 돌아가는 길에 잔뜩 언짢은 표정으로 희준에게 "내가 한 가지만 얘기할게, 백희. 넌 집에 가면 엄마가 밥해 주고 공부하라고 얘기해 주지? 난 집에 가면 내가 밥해 먹어. 잠깐 아버지 얼굴 보면 인사하고 아침에 눈떠 보면 학교 지각이라서 왜 안 깨웠냐고 막 화내거든? 근데 안 계시잖아. 엄마가. 아무도 없어.... 그 정도야. 그 정도가 내가 얘기할 수 있는 우리집 관련된 얘기야. 됐지? 됐냐고?"라고 일방적으로 이야기를 맺으며 야구하러 가자는 동연의 제안을 거절한 채 돌아서서 먼저 휑하니 사라집니다.

기태는 이 이야기를 하면서 자신의 콤플렉스를 건드린 것에 대해 희준에게 사과를 받고 엄마가 없는 상황과 아픔을 위로받고 싶었을 것입니다. 하지만 희준은 "왜 그래?"라는 말만, 동윤은 "야구하러 가자니까"라는 말만 반복할 뿐이었습니다. 엄마의 사랑과 보살핌 없이 성장한 청소년들은 대체로 엄마를 향한 양가감정(그리움과 미움)을 가지고 있고, 수동적인 대인관계 패턴으로 사회적 접촉이 제한적입니다. 또한 정서적 결핍에 대해 체질적으로 매우 민감하고 학교생활에 적응하지 못하고 반사회적 행동을 할 가능성이 높습니다.

영화 속 기태처럼 화를 내다가도 슬픔에 빠지고 그리워하다가도 절망하여 포기하기를 반복하는 악순환의 고리는 엄마를 향한 미움으로 끝나는 경우가 대부분이기 때문에 대인관계에서 거리감을 두고, 감정을 거칠게 만드는 경우가 많습니다. 결국 그들의 유일한 선택은 사랑의 감정을 막아버리고 살아남기 위해 안 그런 척하는 가면을 쓰는 것입니다. 그들이 만들어 놓은 가짜 성격 뒤에 무엇이 숨어 있는지 알기는 쉽지 않습니다. 이런 상황에 놓인 청소년들은 분노하고 걱정하며, 무엇보다도 불신에 가득 찬 관계밖에 배운 것이 없으므로 타인에 대한 믿음을 잃고 타인들의 필요에 피상적으로 부응해 주는 행동을 합니다.

기태는 친구들에게 미안하다는 말을 입 밖으로 꺼내지 못합니다. 미안하지 않아서가 아니라 사과하는 방법을 모르기 때문입니다. 더욱이 그에게 있어 '미안하다'고 하는 말은 '살려 달라'는 말과도 같은 의미이기 때문에 미안하다는 말은 '자존감'이 완전히 무너진 후에야 꺼낼 수 있는 말입니다. 그러므로 사과할 수 있는 시간을 놓쳐버린 기태는 동윤과 희준이 떠나간 뒤에야 미안하다는 말을 했던 것입니다. 그리고 자신의 결핍된 애정을 채워 주고, 외로움을 달래 주던 소중한 우정을 잃어버린 기태는 더 이상 살아가야 할 의미를 잃어버렸던 것입니다.

## 미성숙한 소통이 빚은 갈등과 비극

폐허가 된 기차역에서 야구를 하고 있는 교복차림의 고등학교 2학년 친구 세 명, 풀숲으로 들어가 감쪽같이 사라진 기태의 야구공을 찾기 위해 이리저리 헤매는 그들의 소박하고 진솔한 우정은 변하지 않을 것 같이 아름답습니다. 적어도 기태와 희준 사이에 균열이 생기기 전까지는 그랬습니다. 사소한 오해로 기태와 희준의 관계가 어긋나고 거기에서 시작된 갈등은 우정이 학교폭력으로 바뀌게 되는 불길로 변하여 걷잡을 수 없이 번지게 됩니다. 외로움에 억눌려 방황하는 기태가 보여 주는 폭력성은 점점 더 구체성을 보이고, 친구인 자신에게 힘의 논리를 적용하면서 졸개처럼 대하는 기태의 태도에 거부감을 가지고 있었던 희준은 절친에게 당한 폭력이 가슴에 비수가 되어 꽂혔을 것입니다.

청소년은 급격한 신체적 발달과 성격변화로 인해 긴장과 불안을 지니고 있고, 자의식이 발달하면서 가치관과 정체성에 혼란을 겪게 되기 때문에 정서는 순수한 반면 불안정하고 충동성이 강해 행동이 앞선다는 특징을 가지고 있습니다. 그러므로 감정기복이 심하고 예민하여 타인을 지나치게 의식하는 경향이 있고 수줍음이 많고 호기심과 모방성이 강합니다.

기태는 친구 동윤과의 대화에서 폭력서클의 우두머리인 자신을 '미친 개'로 표현하며 "야 내가 뭐 애들 앞에서 허세부리고 그런 게 좋은 건 줄 아냐? 이렇게 주목받은 적이 없으니까...."라고 마음을 털어놓습니다. 자존감과 소속감은 청소년기의 원만한 성장을 위한 필수 영양소인데, 엄마가 없고 아빠가 무관심해서 혼자 밥을 먹는 날이 많은 기태는 폭력서클의 우두머리만이 누릴 수 있는 우월감을 통해 애정욕구를 보상받고 싶었던 것입니다.

희준과의 오해가 풀리지 않은 기태는 학교 화장실에서 담배를 피우면서 희준에게 망을 보라고 하고 이것을 탐탁하게 여기지 않는 희준을 많은 친구들이 보는 앞에서 뺨을 때리는 실수를 저지릅니다. 사건이 있은 후부터 희준이 기태를 회피하고 무시하며 대화조차 거부하자, 기태 또한 자신의 아픔을 이해해 주지 않고 사과를 받아 주지 않는 것이 서운하고 자신에게 굴복하지 않는 희준이 못마땅해졌습니다. 이미 친구로서 넘지 말아야 할 선을 넘어버린 기태는 자신을 계속 외면하는 희준을 그들만의 공간으로 유인해서 무리지어 폭행을 가합니다.

다음 날 희준의 얼굴상처를 보고 자초지종을 알게 된 동윤은 흥분해서 기태에게 욕을 합니다. 결국 동윤과 기태 사이에 미묘한 힘의 경쟁관계가 형성되고, 기태는 특별한 친구라고 생각했던 동윤이 희준의 편을 든다는 것에 강한 서운함을 느낍니다. 결국 동윤과의 우정에도 균열이 생기면서 절친했던 친구 삼총사의 관계는 완전히 해체가 됩니다.

기태의 패거리들에게 집단 폭행을 당해 몸과 마음에 감당하기 힘든 상처를 입은 희준은 다른 학교로 전학가기로 결정을 합니다. 기태가 화해를 청해 오지만 더 이상의 사과는 필요하지 않다며 "저 새끼들 다 마찬가지야. 너 친구라고 생각해서 니 옆에 있는 거 아냐. 착각하지마. 너랑 학교 다니면 편하니까. 좆도 뭐나 좀 되는 거 같으니까. 그러니까 너랑 붙어 있는 거지. 니 친구 아무도 없어. 알아?"라고 치명적인 말을 거침없이 건넵니다.

기태는 희준이 전학을 가고 난 후 동윤을 찾아가서도 마음과 다른 표현을 해서 동윤에게 돌이킬 수 없는 상처를 남깁니다. 그리고는 서툰 화해를 청하면서 "어디에서부터 잘못된 걸까?"라는 기태의 말에 동윤은 "잘못된 건 없어. 처음부터 너만 없었으면 돼"라고 비정하게 말을 하며 돌아누워 버립니다. 대부분의 소년들은 미묘한 감정이 얽히는 상황에 대한 이해가 느리고 부당한 상황에도 호소를 하지 못합니다. 마음이 입에서 막혔을 때 소년들이 가장 많이 내뱉는 말은 그저 "씨발, 새끼"밖에 없습니다.

## 나만의 소통은 통하지 않는다

기태, 동윤, 희준은 각자 나름대로의 방법으로 갈등을 해소하고 싶었고 노력을 했던 것 같습니다. 스스로 선택한 방법을 통하여 갈등을 원만하게 해결했더라면 더욱 친밀한 친구관계가 될 수 있었을 것입니다. 그런데 갈등해결을 위하여 시도한 방법이 정작 친구의 마음에 닿지 않았기 때문에 마음의 문을 더욱 굳게 걸어 잠그게 만들고, 등을 돌려 상처를 더 깊게 건드리고, 결국 스스로의 성장을 멈추게 만들었던 것입니다.

기태는 사소한 오해와 지레짐작으로 생긴 감정의 갈등을 폭력을 사용하여 해결하려고 시도합니다. 희준을 힘으로 굴복시킴으로써 갈등을 해결하려고 하였지만 여러 친구들 앞에서 당한 폭력으로 자존심에 커다란 구멍이 뚫린 희준은 굴복당하는 대신 다른 학교로 전학을 가는 강한 관계단절을 선택함으로써 보란 듯이 기태에게 복수를 합니다. 기태가 힘의 논리에 기대지 않고, 희준의 기분 나쁜 이유를 물어 주고, 재호와 시선을 주고받은 것이 자신의 민감한 엄마 콤플렉스를 자극해서 기분이 상했다고 솔직하게 고백하고, 자신의 폭력 행동에 대하여 진정성을 담아 사과했다면 갈등 상황을 원만하게 풀 수 있는 시간이 찾아오지 않았을까요?

기태와는 중학교 시절부터, 희준은 고등학교에 와서 친구로 맺어진 관계지만 동윤에게 기태와 희준은 모두 소중한 친구입니다. 그러기에 기태와 희준 사이의 갈등과 폭력사건을 대하는 동윤의 분노가 어땠을지는 충분히 이해가 갑니다. 그러나 제3자의 객관적인 입장에서 기울지 않은 중재를 할 수 있었던 사람은 동윤밖에 없는데, 마음에 여유가 없었던 동윤은 의도한 것은 아니지만 기태를 비난하고 희준을 감싸는 편들기 행동을 하게 됩니다. 이런 편들기를 기태의 관점에서 보면 친구로 맺은 기간이 오래된 자신보다 희준을 더 위해 주는 것 같이 느껴졌을 것입니다. 애정결핍 콤플렉스를 가지고 있는 기태는 동윤이 보여 주는 우정의 주인공을 희준에게 내어주고 싶지 않았을 것입니다.

중재는 갈등의 당사자들에게 각자의 생각과 감정을 충분히 표현할 수 있는 기회를 제공하는 것을 목표로 해야 합니다. 마음표현을 통해 갈등감정을 완화하고 오해를 직접 풀 수 있는 시간을 마련해 주는 일이 중재자의 역할입니다. 동윤은 기태와 희준의 체면을 살려 주고 대화를 통해 스스로 해결할 수 있도록 공개되지 않은 공간에서 중재할 수는 없었을까요?

희준은 학교폭력의 가장 큰 피해자로 평생 마음의 상처를 안고 살아갈 것입니다. 일방적으로 당할 수밖에 없었던 희준의 상황과 처지를 이해하려고 하면 할수록 오해를 풀고 자신의 생각을 전달하려는 노력을 못 하고 기태와의 관계를 회피해 버린 것이 매우 아쉽게 느껴집니다. 희준은 기태의 사과를 건성으로 받아들이는 모습을 보이며 오해를 풀어 보려고 노력하는 기태를 외면해 버림으로써 체면을 구긴 기태가 갈등을 폭력으로 해결하는 것을 정당화시켜 주는 빌미를 제공하게 됩니다. 희준이 기태를 회피하거나 전학을 가 버리는 선택 대신에 자신의 자리에 찾아와 사과하는 기태에게 "나 이제 다음 주면 전학 가. 너 덕분에.... 그래서 별로 사과받고 싶지 않아. 전학 안 갔으면 괴롭힘 당하기 싫으니까 받아 줬겠지만 앞으로 볼 사이도 아닌데 뭣하러 받아 줘" 라고 받아친 것처럼 갈등이 더 커지기 전에 문제를 정면으로 마주하고 해결했었다면 어땠을까요?

## 내 인생의 파수꾼은 바로 나

대부분의 청소년 영화는 갈등을 겪고 아픔을 극복해 나가고 성장하여 성숙의 길로 들어서서 지나온 과거를 위로하는 주인공의 모습으로 마무리를 짓습니다. 하지만 영화 〈파수꾼〉에 나오는 주인공들은 안타깝게도 성장을 멈추어 버린 채로 영화가 끝이 납니다. 희준은 학교폭력의 피해자가 되어 스스로 전학을 선택하고 물리적으로 멀어짐으로써 관계를 끊어버렸고, 동윤은 기태의 자살 이후 학교를 자퇴함으로써 학업적 성장을 스스로 멈추었으며, 기태는 자신의 서툰 행동으로 인해서 망가져버린 친구관계를 해결하지 못하다가 스스로를 버렸습니다.

기태, 동윤의 방문 쪽으로 걸어가 문 앞에 선다.
잠시 주저하더니 문을 열고 들어가는 기태.
동윤, 침대 위에 쭈그리고 앉아 있다. 얼굴은 피멍들어 있다.

기태: 어이, 몸 많이 나았어?

대꾸도 안하는 동윤. 텔레비전을 보고 있다.
방 안으로 들어와 방문을 닫고는 책상에서 의자를 당겨 와 동윤 앞에 앉는다.

기태: (TV를 끈다) 친구 왔으면 좀 반가운 척이라도 해 줘라.
동윤: ....
기태: 몸은 많이 좋아졌네...?
동윤: ....
기태: 학교 안 가니까 심심하지...? 나도 너 입원한 날 이후로 계속 안 가고 있어....
동윤: ....
기태: 병원 밥 맛 없었을 텐데 그래도 퇴원하니까 괜찮지...? 그래도 혼자 있으
면 심심하겠다.
동윤: 용건이 뭐야?
기태: ....

동윤은 차갑게 기태를 바라본다.

기태: 그냥... 그냥 너 보려고 온 거야.
동윤: 그냥 가.
기태: ....
동윤: 가라고....
기태: 동윤아, 정말 미안해....
동윤: ....

기태: 부탁이니까 이러지마.

동윤: ....

기태: 너까지 나한테 이러지마.... 응? 부탁이야.

동윤: ....

기태: 내가 어떻게 해야 돼? 어?

동윤: 그냥 나가라고....

기태: ....

동윤: ....

기태: 나 정말 모르겠어.... 정말 미치기 직전이야. 근데 너까지 이러면 안돼....

동윤: 이상한 소리 하지 말고... 나가....

기태: ....

동윤: 나가라고, 시발....

기태: 동윤아, 넌 나한테 이러면 안돼. 너만큼은....

동윤: ... 나만큼?

기태: ....

동윤: 나만큼이라니? 내가 뭔데? 어?

기태: ....

동윤: 착각하지 마.

기태: ....

동윤: 착각하지 말라고... 시발. 너한테 감정 상해서 이러는 거 아니니까 똑바로 들어.

기태: ....

동윤: 나도 얄팍한 이유 때문에 네 옆에 있었던 거밖에는 없어. 너가 나한테 진정한 친구다, 이해해 줄 사람은 나뿐이라고 지껄일 때 속으로 얼마나 웃었는지 아냐? 어?

기태: ....

동윤: 내가 한번이라도 너하고 친했다는 착각은 하지마. 그렇게 생각하는 거 자체도 역겨우니까....

기태: ... 진심이야?

동윤: 네 자신이 제일 잘 알거야....

무표정하게 동윤을 바라보는 기태.

동윤: 너 입버릇같이 가식적인 새끼들 싫어한다고 그랬잖아. 근데 웃긴 건 너가 제일 가식적이야. 모르겠어? 어떻게 말은 똑바로 하면서 행동은 반대냐? 그래서 애들이 널 좆같이 생각하는 거 아니야....

기태: ....

동윤: 너가 역겨우니까 네 주변 애들이 다 떠나지. 네 옆에 있으면 구토가 나거든.... 알어?

아무 말도 못한 채 고개를 숙이는 기태.

기태: 그거야... 그게 내 모습이야?

동윤: 그게 네 모습이야.

기태: (혼잣말 하듯) 뭐가 어떻게 잘못된 거지? 응? 어디서부터 뭐가....

동윤: 잘못된 건 없어.

기태: ....

동윤: 잘못된 건 너지.... 그냥 너만 없었으면 됐어.

동윤은 창 쪽을 바라본다.
기태, 무표정하게 동윤을 한참 동안 바라본다.
일어나는 기태. 말없이 문 쪽으로 가 방문을 연다.


기태, 희준, 동윤 사이의 사소한 오해는 마음에 깊은 상처를 남기게 되고, 그들의 미성숙한 소통은 안타깝게도 돌아올 수 없는 강을 건너게 됩니다. 절친이었던 기태, 동윤, 희준은 각자 서로에게 상처를 입히며 학교에서 사라졌고,

성장은 멈추어버렸습니다. 스스로를 지켜 내지 못한 주인공들은 그렇게 성장하지 못한 어린아이로 남아 있는 것입니다.

파수꾼은 경계하여 지키는 일을 하는 사람을 말하며, 또한 그런 일을 성실하게 수행하는 사람을 비유적으로 이르는 말입니다. 영화 속 주인공 기태, 동윤, 희준에게 파수꾼은 자기 자신입니다. 자살을 택한 기태도, 전학을 간 희준도, 자퇴를 한 동윤도 스스로에게 파수꾼이 되지 못했습니다. 그렇지만 기태, 희준, 동윤은 갈등의 소용돌이 속에서도 예전으로 돌아가서 소중했던 것들을 되돌리고 멈추어버린 성장단추를 누르고 싶었을 것입니다.

지금 이 시간에도 소년들 간의 우정으로 고민하고, 소통을 하지 못해 갈등하고 있을 대한민국의 수많은 기태, 동윤, 희준에게 바랍니다. 제발 마음에 짐을 지우지 말고, 자기 인생의 파수꾼 책무를 버리지 말고, 스스로의 성장을 멈추지 않기를....

# 상담 레시피

▷ 레시피 **01** : 오해와 진실

● 영화 감상
여자 친구들과 함께 차이나타운, 월미도에서 소풍을 즐기는 장면 & '동윤'의 집에 모여서 게임을 하며 노는 장면 & 교실에서 기태가 '재호'와 '희준'이 귓속말을 주고받는 것을 바라보는 장면

● 다리 놓기 질문 및 활동
① 기태와 재호가 귓속말로 나눈 이야기는 무엇이었을까요?
② 누군가가 귓속말을 나누는 것을 보고 기분이 상했던 적이 있나요?
③ 기태와 희준처럼 마음으로 좋아하면서 표현하지 못한 상대가 있었나요?
④ 기태와 희준, 보경처럼 삼각관계에 빠진다면 어떻게 하시겠어요?
⑤ 기태와 희준이 오해를 풀 수 있는 좋은 방법은 무엇일까요?

▷ 레시피 **02** : 우정과 폭력 사이

● 영화 감상
기태가 희준을 때리고 폭력을 행사하는 장면들 모음

● 다리 놓기 질문 및 활동
① 친구끼리 폭력을 휘두르고 당하고 있는 장면을 보면 어떤 마음이 드나요?
올라오는 감정은 무엇인가요?
② 폭력을 휘두르는 기태에게 해 주고 싶은 말은 무엇인가요?
③ 폭력을 당하고 있는 희준에게 해 주고 싶은 말은 무엇인가요?

# COUNSELING RECIPE

▷ 레시피 **03**: 친구여!

- 영화 감상
  기태와 동윤이 서로의 고민을 터놓고 우정을 나누는 장면

- 다리 놓기 질문 및 활동
  ① 당신의 마음을 터놓고 이야기할 수 있는 친구는 누구인가요?
  ② 마음속에 있는 사연을 풀어내고 난 후 당신의 마음은 어땠나요?

▷ 레시피 **04**: 친구와의 이별

- 영화 감상
  기태에게 전학을 간다고 통보하는 희준 & 소중하게 아끼는 야구공을 이별 선물
  로 건네는 기태 & 자퇴하는 동윤

- 다리 놓기 질문 및 활동
  ① 세 명의 친구가 뿔뿔이 흩어지는 장면을 본 느낌은?
  ② 기태, 희준, 동윤을 만난다면 해 주고 싶은 말은 무엇인가요?
  ③ 세 명의 친구가 다시 행복하게 우정을 나눌 수 있는 방법을 구체적으로 제
     시해 보세요.

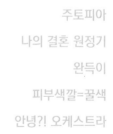

# 영화, 편견에 도전하다

# 평화로운 사회를 묻다

여러분은 평화로운 사회를 상상해 본 적이 있으신가요?

평화로운 사회에 대한 상상은 다양합니다. 『성경』에는 평화로운 나라를 '사자 굴에 어린이가 손 넣고, 장난쳐도 물지 않는, 사랑과 기쁨의 나라'로 묘사하고 있습니다. 기계 문명이 발달한 미래를 그린 올더스 헉슬리의 『멋진 신세계』는 '소마'라는 약을 삼켜 안정을 유지하는 질서정연한 사회를 만들어 냅니다. 그 신세계는 34층의 나지막한 회색 건물에 붙은 방패 모양의 현판에 적힌 '공유·균등·안정'이라는 세계 국가의 표어[2]를 통해 평화로운 나라의 모습을 그려 냅니다. 그런가 하면 토마스 모어는 이 세상에는 존재하지 않는 이상향을 『유토피아 Utopia』에서 그려 냅니다.

**〈더 기버 : 기억전달자 (The Giver)〉**
SF, 드라마
미국/97분/12세 관람가

영화 역시 다양한 방식으로 상상하며 평화로운 사회를 창조해 냈습니다. 영화의 상상력은 우리가 마주하는 현실을 빗대어 다른 사회를 만들기도 하고, 현실에 물음표를 던지고 상식이라고 믿는 것들에 정면으로 도전하며 새로운 유토피아를 창조해 내기도 합니다. 예를 들면 인간의 선함을 사회의 기본 가치로 삼으며 빈부격차의 문제를 완전히 해결한 사회를 그린 영화 〈더 기버 : 기억전달자(The Giver, 2014)〉는 전쟁, 차별, 가난, 고통 없이 모두가 행복한 시스템 '커뮤니티'를 만들고, 다른 사람들과 똑같이 행복한 삶을 사는 미래 인간의 모습을 유토피아로 그립니다. 그 사회에서는 모든 사람이 흰 옷을 입고, 같은 것을 먹으며 공동체 안에서 혈연보다는 철저하게 사회 계약에 의해 움직이는 '완벽한 평등'을 지향합니다. 그 사회는 개별적 삶보단 전체의 일부분으로 개성을 잃은 개인들이 존재합니다. 그런가 하면 유전자를 인간 마음대로 조작할 수 있을 정도로 발달한 과학기술을 가진 사회를 그린 영화 〈가타카(Gattaca, 1997)〉에서는 아이의 유전자 중 좋은 유전자(강한 체력, 좋은 외모, 뛰어난 능력 등)만 남기고 나쁜 유전자(질병 유전자, 열성 유전자 등)는 모두 제거해 버린 완벽한 사람들이 살아가는 사회의 모습을 보여 줍니다. 유전자를 마음대로 조작할 수 있는 인간의 선택은 자본과 권력보다 완벽한 유전인자를 통한 평등의 실현이었습니다. 영화 〈월·E(WALL-E, 2008)〉에서는 심각한 환경문제로 지구를 탈출한 우주선 속 인간의 모습을 그립니다. 환경이 완벽하게 파괴되어 더 이상 쓸모없는 지구를 버린 미래의 인간들은 우주선 속에서 누구나 똑같습니다. 기계의 힘을 빌려 편안한 모습으로 묘사된 인간의 모습은 누가 누구인지 분간할 수 없을 정도로 동등하게 소유하며 '평등'의 가치를 실현하고 있습니다. 그러나 그 모습이 행복해 보이지는 않습니다. 팔과 다리가 짧아져 몸을 기계에 의존하는 인간은 사고할 필요가 없어 무능해 보이기까지 합니다.

〈가타카(Gattaca)〉
SF, 드라마, 스릴러
미국/106분/15세 관람가

〈월·E(WALL-E)〉
애니메이션, SF, 가족,
코미디, 멜로/로맨스, 모험
미국/104분/전체 관람가

이처럼 모습은 다르지만 평화로운 사회에 대한 인간의 이상은 영화에서 다양한 모습으로 현실화시켜 보여 줍니다. 그러나 다양성을 잃어버린 인간의 모습에는 다분히 디스토피아적[3] 암울이 드리워져 있습니다. 인간의 암울함을 완벽히 제거한 유토피아는 오히려 다양성과 앞날을 예측할 수 없는 불확실성을 전제하는 현실보다 더 아름답고 평화롭다고 할 수 없습니다.

우리도 알고 있듯 현실의 암울한 모습은 수없이 많습니다. 수없이 많은 편견들은 상상하지도 못할 차별을 만들어 내고 어두운 그림자를 깊게 드리웁니다. 하지만 급진적 변화도 영화에서와 같이 현실의 암울함을 완벽히 걷어 내진 못합니다. 그럼에도 불구하고 이상향을 향한 상상은 필요합니다. 현실의 암울함을 걷어 내며 다양성과 자연스러움이 공존하는 평화로운 사회를 상상하고 실현하기 위해 영화가 주는 물음에 답해 보는 것은 어떨까요?

# 동물계의 유토피아, 주토피아(Zootopia)

## 영화 기본 정보

**제작국:** 미국, 2016

**감독:** 바이론 하워드, 리치 무어

**주연:** 지니퍼 굿윈(주디 홉스 목소리),
제이슨 베이트먼(닉 와일드 목소리)

**장르:** 애니메이션, 액션, 모험, 코미디, 가족

**상영 시간:** 108분

**관람 기준:** 전체 관람가

## 힐링시네마를 위한 이 영화의 키워드

유토피아/평화/편견/폭력/꿈/진로

동물계에도 평화로운 사회가 있습니다. 동물세계의 '유토피아', 바로 주토피아입니다.

주토피아는 육식동물과 초식동물이 사이좋게 어울려 사는 사회, 약육강식이라는 힘의 논리가 지배하지 않는 사회입니다. 이곳에선 육식, 초식 동물 모두가 하나가 되어 평화롭게 살아갑니다. 주토피아에서는 모든 동물이 생김 그대로 존중받습니다. 존재 자체로 존중받는 모습은 영화에서 다양한 장면으로 묘사되는데 대표적으로 기차의 문이 동물의 몸의 형태를 고려해 그대로 통과할 수 있도록 크기가 다양할 뿐만 아니라 에스컬레이터를 타는 하마는 물을 통해 이동하고, 자동분사 된 바람은 젖은 옷을 말려 주기까지 합니다. 다양한 동물의 특징을 배려한 생활 구역들은 '툰드라', '밀림', '햄스터' 구역 등 환경별로 나뉘어 있습니다. 이곳은 인간의 사회를 축소해 놓은 듯 보이지만, 동물의 본능을 넘어 평화를 추구하고 화합을 지향하며 살아가는 세계를 존중받고 각자 생김의 모습을 존중받습니다. 여기가 동물계의 유토피아, 주토피아(Zootopia)입니다.

출입문의 크기가 다른 기차

동물의 특성에 어울리는 다양한 에스컬레이터

# 나약한 초식동물, '주디'

주토피아에서는 초식동물과 육식동물이 조화를 이루고 살아가는 것처럼 보입니다. 그러나 완벽할 것 같은 사회에도 문제들은 늘 존재합니다.

주인공 '주디'는 토끼입니다. 어린 주디에게 토끼의 눈으로 보는 주토피아는 완벽해 보이지만 실제 마주한 현실세계는 불완전한 편견들의 집합입니다. 친구들과 연극을 하며 경찰이 되겠다고 마음먹은 어린 토끼 주디가 처음 마주한 현실은 나약한 토끼 자신의 모습이었습니다. 초식동물인 주디는 친구의 폭력에 무력하기까지 합니다. 성인이 되어 정의를 구현하기 위해 경찰이 되는 꿈을 실현하기에도 토끼가 마주한 현실은 누구보다 많은 노력이 필요했습니다. 수많은 편견과도 싸워야 했습니다. 육식과 초식동물이 어울려 사는 주토피아에서도 경찰관이 된 후 여전히 주차 딱지만 발행하는 일을 해야 하는 한없이 약한 동물 취급을 받았습니다. 그래서 주디는 늘 자신의 한계를 증명해 보이고 인정을 받아야 했습니다.

주토피아

서장에게 주차 단속 임무를 받는 주디

이런 사회의 편견을 누구보다 잘 알았던 현실순응형 주디의 부모는 '토끼는 약한 존재'라는 사실을 끊임없이 알려 줍니다. 당근을 키워 대대로 먹고 사는 것이 가장 안전하다고 알려 주며 딸의 꿈을 당근 농사로 낮추기만 합니다. 토끼는 힘든 일을 하기엔 부적합한 동물이라고 주의를 줍니다. 그런가 하면 우수한 성적으로 경찰이 된 이후에도 딸의 실력을 인정하기보단 여우는 교활하고 난폭하다는 것을 주의하라며 여우퇴치 물품을 선물하며 안전을 당부합니다.

부모와는 달리 편견 속에서 편견을 뛰어넘기 위해 애쓰던 주디 역시 사회의 편견을 그대로 전수받은 모습을 보입니다. 평화로운 사회, 주토피아의 구성원이 되어 여우 '닉'과 가까워진 이후에도 한동안 여우 스프레이를 버리지 못했던 것을 보면 마음 한구석 여우에 대한 편견을 완전히 지우지 못했던 것을 알 수 있죠. 잠재된 편견은 이후 사건 해결 과정에서 '흉악한 범죄자들은 곧 육식동물'이라는 규정을 짓는 원인이 됩니다. 주디는 그런 자신의 모습에 실망합니다.

## 교활한 여우, '닉'

반대로 여우 '닉'은 교활한 여우의 낙인을 이용합니다. 닉은 다른 이들의 편견에 순응하며 다른 이들의 왜곡된 시선에 맞서 굳이 다르게 보이려 애쓰지 말아야겠다는 결심을 합니다. 그는 적당히 맞춰 살고, 적당히 속이고, 적당한 방식으로 사회의 일원이 되어 살아갑니다. 그런 닉에게 주디가 다가오지 않았더라면 닉은 여전히 다른 동물들의 시선대로 교활하고 영악한 여우로 살았겠지요.

> "타고난 천성은 못 바꿔. 여우는 교활하고, 토끼는 멍청해."
> "여우는 진화했지만, 내면에는 나쁜 본능이 숨어 있어."
> "그러니 세상에 굳이 다르게 보이지 말자. 편견에 맞서지 말자."

어린 시절 상처를 이야기하는 닉                                닉의 스카우트 선서식

(닉은 주디에게 어린 시절 받은 상처에 대해 이야기한다.)

주디: 상처 받아봤어?
닉: 지금은 아니지만 나도 너처럼 작고 울컥할 때가 아주 많았지.
8살인가 9살 때 난 레인저 스카우트 되는 게 소원이었어. 그래서 엄마가 없는
형편에 돈을 마련해서 새 유니폼을 사 주셨지. 난 거기서 유일한 맹수였어. 유
일한 여우로 무리의 일원이 되려고 애썼지. 정말 자랑스러웠어.

(충실하고 믿음직스러운 단원이 되겠다는 여우 닉에게 친구들은 재갈을 채우고
우는 닉을 멍청하다고 비웃는다.)

닉: 그날 두 가지를 깨달았어. 첫째, 상처받은 걸 절대 남에게 보이지 말자.
둘째, 세상이 여우를 믿지 못할 교활한 짐승으로 본다면 굳이 다르게 보이려
고 애쓰지 말자.
주디: 닉, 넌 교활하고 못된 여우가 아니야.

## 보이지 않는 '우리'라는 구분선

영화에서 주디의 상처가 나약함과 맞닿아 있다면, 닉의 상처는 여우를 흉포한 동물로 몰아가면서 구분 짓는 또 다른 구분선에서 비롯됨을 알 수 있습니다. 평화로운 사회 주토피아에서도 초식동물은 할 수 있는 일에 제약을 받으며 나약함, 무시와 싸우고 있고, 육식동물은 내면에 흉포함을 가진 잠재적 범죄자로 인식돼 구분되어 살아가고 있는 것이죠. 이런 구분은 이후 누구나 약초를 먹으면 난폭해질 수 있음에도 육식동물들이 가진 본래 모습이라 생각하며 보이지 않는 '우리'라는 울타리 밖으로 육식동물들을 몰아냅니다. 고개 숙인 사자 시장의 모습처럼 우리의 연대감을 높이는 행위는 서로에게 상처를 남기지요. 이런 주토피아의 모습은 현실의 우리 모습과 다르지 않습니다. 우리 사회도 다문화사회로 접어들면서 인종, 민족, 성, 언어, 종교 등 '다름'의 요건을 가진 사람들이 늘어나고 있음에도 나와는 '다른 사람', 또는 정상적이라고 믿는 한국인들이 붙인 '비정상'이라는 딱지는 대상을 너무 쉽게 자기와 다른 사람들을 '타자화'시킵니다. 나와 다른 타자에 대한 시선은 점점 더 배타적으로 변해 가고 있습니다. 교육현장도 예외는 아닙니다. 다문화, 탈북, 장애, 한부모 가정 등의 딱지들은 학생들이 선택하지도 않았는데 이미 붙여진 채로 현장에서 '다른' 학생들과 구분되곤 합니다.

주토피아의 핵심 사건으로 등장하는 '밤의 울음꽃' 문제도 육식동물들에게 편견을 갖고 있던 초식동물들로부터 시작된 사건입니다. 육식동물들에게 '맹수'라는 프레임을 씌우고 평화를 지향하던 육식동물들을 여전히 '맹수'라는 편견에 다시 가둡니다. 평화라는 이름으로 '우리'와 '그들'로 나눈 구분선은 또 다른 폭력을 가져옵니다. 초식동물과 육식동물의 주류가 뒤바뀐 주토피아에서조차 '우리'와 '그들'의 구분선이 점점 명확해지고 '그들'을 소외시키면서 '차별'을 서슴지 않습니다. 그런 사회에서는 '우리'가 되지 않고는 꿈을 꾸기도, 그 꿈을 실현하기도, 평화롭기도, 조화롭기도 어렵습니다. 주류가 바뀌어도 평화와 조화의 가치를 실현해 내는 것은 그런 가치를 사랑하는 본성의 문제이지 사회의 주도권을 가진 주류와 비주류의 문제는 아니기 때문입니다.

지금 우리가 고민해 봐야 할 것은 우리가 살고 있는 세계가 정말 주토피아와는 질적으로 다른 세계인가의 문제입니다. 실제로 우리가 인식하고 있는 뿌리 깊은 편견은 우리도 모르는 사이 다양한 방식으로 대물림되며 고정관념으로 굳어집니다. 그래서 '우리'와 '그들'을 구분하고 주류 무리에 섞이려는 행위는 거의 본능적으로 우리의 무의식을 점령합니다. 우린 너무 쉽게 우리와 남을 구분하고, 무리 짓고, 편 가르는 행위를 합니다.

영화 주토피아는 사회에 만연한 '편견'에 대한 질문을 던집니다. 그리고 '우리'를 지속하기 위해 만든 편견이 만드는 보이지 않는 폭력이 어떤 결과를 가져오게 되는가에 대해서도 묻습니다. 겉으로만 평화를 지향하며 내면에선 편견을 갖고 서로를 본다면, 그 사회는 절대 조화롭다고 할 수 없을 것입니다. 오래전부터 전수된 인식, 육식동물이 흉악하고, 포악하고 또는 초식동물을 약하다는 생각을 지속한다면 주토피아라는 지상의 낙원, 조화롭게 살아가는 도시는 없어지고 편견을 기저에 깊숙하게 가진 이중성을 가진 환상으로 존재하게 되겠지요. 만약 우리가 평화와 조화를 지향한다면 가장 먼저 우리 마음 기저에 있는 편견이 무엇인지 마주하는 것부터 시작해야 할 것입니다. 주토피아가 마주한 현실, 우리도 모르는 사이 우리 주변을 잠식한 편견이 무엇인지 따져 봐야 할 것입니다.

# 상담 레시피

▷ 레시피 **01** : 현실과 이상 사이, 나의 꿈

● 영화 감상

경찰의 꿈을 꾸는 주디와 꿈을 포기한 부모

● 다리 놓기 질문 및 활동

① 주디는 경찰이 되기 위한 꿈을 현실로 만듭니다. 여러분의 꿈은 무엇인가요?
어린 시절 무엇이 되고 싶었나요?

② 주디가 꿈을 이루는 데 어려움이 있었다면 그것은 무엇인가요? 주디는 그것
을 어떻게 극복했나요?

③ 자신을 둘러싼 환경 중 꿈을 이루기 어렵게 만드는 것은 무엇인가요? 그것을
어떻게 이름 붙일 수 있을까요?

그 요인 중 내가 선택할 수 있는 것과 선택할 수 없는 것은 무엇인가요?

# COUNSELING RECIPE

▷ 레시피 **02**: 상처 마주하기, 편견 마주하기

● 영화 감상

보이스카웃이 되려는 '닉'에게 친구들이 '입마개'를 씌우는 장면

● 다리 놓기 질문 및 활동

① 영상을 본 느낌을 이야기해 보세요. 가장 기억에 남는 장면은 무엇인가요?

② '닉'의 상처는 무엇에서 비롯된 것일까요?

   '닉'의 '입마개'가 의미하는 것은 무엇일까요?

   '닉'과 비슷한 경험이 있었나요?

③ 자신의 의도와는 다르게 주변 사람들에게 진심이 통하지 않았던 경험이 있었
나요? 그 이유는 무엇이었나요?

# 편견과 다문화 시민사회

## 용광로에 들어간 다문화

인구총조사를 살펴보면, 우리 사회는 혼인과 출생률이 감소하고 있는 상황에도 다문화가구의 내국인 출생률이 지속적으로 증가하고 있는 것을 발견할 수 있습니다.[4] 이와 같은 추세는 귀화, 결혼이민자 통계에서도 유사하게 나타나고 있습니다. 학령 인구도 학생 수도 감소 추세지만 다양한 배경을 가진 학습자는 꾸준히 늘어나고 있는데, 국내에서 출생한 다문화학생 증가가 가장 큰 요인입니다. 교육통계상 다문화학생은 세 집단으로 나누는데 첫 번째 집단은 국내 체류외국인의 자녀들 중에서 한국인과 결혼이민자 사이에서 출생한 국내출생의 자녀로 볼 수 있고, 두 번째 집단은 결혼이민자가 한국인과 재혼하고 이민자의 모국에서 온 중도입국 자녀, 세 번째 집단은 외국인들 사이에서 태어난 외국인 자녀 등으로 구분합니다.[5] 통계상 국제결혼이 최고조에 이른 2005년 결혼 부부의 출생 자녀들은 이미 2013-2015년 학교에 입학했으며, 적어도 2030-2040년이 되면 결혼 적령기에 이를 것으로 예상됩니다. 그러므로 다문화 시민사회로의 진입은 이미 진행되었다고 할 수 있습니다.

다문화사회로의 진입과 그에 따른 다양한 배경을 가진 학습자의 증가는 교육 현장에 다양한 변화를 가져왔습니다. 이에 따라 다문화교육도 다양성을 인정하고, 평등을 추구하는 교육으로 '차이에 대한 동등한 인정'이라는 가급적 포괄적 정의를 강조하고 있습니다.[6] 인종, 언어, 문화, 종교, 성 등의 차이를 존중하고, 차이가 결점이 아닌 장점으로 그리고 경쟁력으로 인정될 수 있도록 지원하며 '다름'을 수용하고 존중하며 궁극적으로 인간의 자유, 평등, 존엄 등이 실현되는 사회를 만들기 위한 적극적 노력으로 변화하고 있습니다. 그렇지만 처음부터 다문화가정과 그 아동의 배경에 대한 깊은 이해를 바탕으로 한 '수용'과 '존중'이라는 가치가 환영받았던 것은 아닙니다.

사실 오랜 기간 다문화교육은 '다문화주의'와 '동화주의' 사이에 있었습니다. 동화주의는 폐쇄적이고 배타적인 민족주의 프레임으로 문화가 다른 '그들'을 '우리'의 문화에 편입시키기 위해 그들의 행동을 바꿔야 할 존재, 이해해야 할 존재로 인식하는 프레임입니다. 그 프레임은 보이지 않는 상처를 드러내기도 했습니다. 지금은 해밀학교를 세워 다문화교육에 힘쓰고 많은 다문화학생들을 보듬고 있는 가수 인순이 씨 인터뷰만 보아도 외국인과 외국문화에 대한 배타적 태도로 겪은 다양한 상처들을 쉽게 접할 수 있습니다. 소위 '튀기'라고 부르는 무시와 편견, 인종차별에 둔감했던 한국사회의 단면으로 인한 아픔은 노래 '아버지'에서도 가슴 절절하게 드러나고 있지요. 이와 같은 단면만 보아도 한국사회가 얼마나 타 문화, 타 인종에 대한 배타주의와 폐쇄적 입장을 취했는지 알 수 있습니다. '단일민족'이라는 한국적 사고방식과 문화 역시 우리 내면을 적셔 한국사회의 이방인이라는 새로운 계층을 만들어 분리하고, 오늘날 다문화가정을 이방인으로 손쉽게 구분시켰습니다. 이는 '우리'라는 울타리에 들어오도록 다양한 '동화주의' 정책을 만들었고, '그들'에게 우리의 문화를 당연하게 받아들이도록 강요했으며, 급기야 '그들'의 변화를 당당하게 요구했습니다. 외국인 이주민에게 한국어를 가르치며 소통과 사회 적응을 돕고, 우리 전통문화와 한국문화를 알려 주는 것만으로 마치 용광로에서 녹이듯 문화도 우리 사회에 녹여 흡수되고 동화될 수 있는 모든 지원이라고 믿은 것입니다. 그러나 현실에서는 모든 문화가 동등하지 않았고, 결국 흡수되고 동화되지 못해 주류문화가 소수 비주류를 용해시켜 아래로 머무르는 현상을 불러왔습니다.[7] 그래서 우린, 어쩌면 차별을 당연시하고 그들의 인권 문제에 관해서는 무관심한 입장을 취했는지도 모릅니다.

# 드러내기 싫은 배경, 그러나 드러나는 명확한 구분선

교육도 별반 다르지 않았습니다. 동화주의 프레임은 주류사회의 유지와 통합을 위해 다문화배경을 가진 소수자를 대상으로 한국문화와 언어를 교육하고 생활 적응을 지원하는 정책으로 이어졌습니다. 이런 과정에서 의도하지 않게 '우리'와 '그들'의 구분은 좀 더 명확해지고 또 다른 차별과 편견을 가져오기도 했는데, 다문화와 관련된 차이점을 부각할수록 없애려는 차이점이 오히려 강화되는 '인정의 역설'과 마주하게 되었습니다. 다시 말해 인정을 통해 개별 민족들의 차이점, 상이점이 고정됨으로 타자는 민족적으로 또는 문화적으로 완전히 다른 것으로 인식되는 결과가 생겨나는 것입니다. 다른 민족문화들의 엉킴과 뒤섞임을 통해 소수자와 다수자의 융합과 통합에 기여한 것이 아니라 각각의 문화들이 자기 완결적 동질성을 유지해 기껏해야 서로 간의 이해와 관용 그리고 갈등 회피에만 매달리게 한다는 것입니다. 그 결과 애초의 의도와는 달리 이민자사회 내부에서는 역설적으로 민족적 단일성과 동질성을 고수하는 '원격지 민족주의자'를 양성하는 가능성을 내포하고 있다는 비판도 제기되었습니다.[8] 때문에 다문화배경을 가진 부모들은 입학부터 가족의 출신 관련 배경을 숨기기까지 하는 기이한 현상을 만들어 내기도 했습니다.

학부모만 그런 입장을 취하고 있는 것은 아닙니다. 2017 다문화청소년 패널조사에 따르면 학교 친구들에게 다문화가족 자녀임을 직접 알리지 않은 청소년이 28.2%나 된다는 사실을 알 수 있습니다. 또한 그들 중 9.8%는 '앞으로도 친구들이 모르게 할 것'이라고 응답했습니다. 다문화가정의 부모 역시 '지원을 한다면 다문화가족 자녀임이 드러나지 않도록 지원했으면 좋겠다'가 무려 69.4%나 됩니다. 이들 중 어머니가 한국인이며 아버지가 외국인인 가정의 경우, 그 비율은 무려 81%나 됩니다.[9] '우리'와 '그들'의 명확한 구분선, 그리고 그들에 대한 충분한 이해가 있기도 전 '다문화', '탈북', '장애'와 같은 용어들은 출신배경에 대한 고정관념을 고착화시키는 원인으로 작용합니다. 개인이 선택하지도 않은 출신배경을 구분 짓는 일반화된 용어들은 한 인간을 이해하는 충분한 단서가 될 수 없습니다. 그럼에도 이미 '다양한 문제를 내재한 존재'로 일반화된 이와 같은 구분은 또 다른 상처가 되기도 합니다. 과연 이것은 정당한 것일까요?

편견의 재생산,

# 나의 결혼 원정기(Wedding Campaign)

### 영화 기본 정보

**제작국:** 한국, 2005

**감독:** 황병국

**주연:** 정재영(만택, 수줍은 농촌 노총각, 38세)

유준상(희철, 택시운전사, 바람둥이, 38세)

수애(라라, 탈북자 처녀, 우즈베키스탄 한국어 통역)

**장르:** 드라마, 멜로/로맨스, 코미디

**상영 시간:** 108분

**관람 기준:** 12세 관람가

### 힐링시네마를 위한 이 영화의 키워드

다문화/결혼이주자/차별/편견/국제결혼

# 농촌청년 장가보내기

영화 〈나의 결혼 원정기〉는 2005년 개봉한 영화로 1990년대 중후반부터 농촌청년 장가보내기 운동으로 결혼이주민 여성이 증가했던 현상을 잘 보여 주는 영화입니다. 이 영화는 농촌총각이 장가가기 어려운 현실을 반영해 한국사회의 국제결혼 실태와 그 시절 국제결혼 방법, 다문화가정의 증가 현상을 보여 주는데, 특히 우리 사회에 만연한 '다문화'에 대한 편견을 여과 없이 보여 주는 동시에 결혼이주자 여성에 대한 한국인의 선입견과 차별을 웃음코드로 거침없이 드러냅니다. 하지만 영화 곳곳에서 웃음보다는 다문화가정에 대한 부정적인 인식, 부정적 인식을 갖고 있는 기성세대, 인종, 연령, 국적에 내재되어 있는 편견으로 이내 마음이 불편해짐을 느낄 수 있습니다. 결혼을 이유로 여성을 상품화하고, '우리'와 '그들'을 구분하는 차별과 편견을 드러내는 가족문화도 엿볼 수 있습니다.

이 영화의 주인공 '만택'과 '희철'은 죽마고우입니다. 그들은 농촌에 살고 있으며, 둘 다 38세가 되도록 장가를 가지 못했습니다. 희철은 택시운전사입니다. 만택의 아버지는 돌아가셨고 어머니가 홀로 시아버지를 모시며 집에서 농사일을 하며 생계를 유지합니다. 이들에겐 장가를 가지 못한 아들(만택)이 큰 걱정입니다.

어느 날 우즈베키스탄에서 온 며느리가 사는 옆집을 방문한 만택의 할아버지는 며느리를 찬찬히 살펴보다 만택을 떠올립니다. 그리고 어디에 있는지도 모를 나라, 우즈베키스탄으로 처녀를 구하러 가라고 손주에게 권합니다. 그러면서 두 친구의 결혼 원정기가 시작됩니다.

# 쌀과 마늘과 여자는 수입품인가?

우즈베키스탄으로 가기로 마음먹은 두 친구는 마주 앉아 처음으로 우즈베키스탄을 지도에서 찾아봅니다. "우주베키스트는 어디여?"라는 대화를 통해서도 나라 이름도 제대로 모르고 어딘지 알지 못했다는 것을 알 수 있습니다. 만택과 희철의 대화를 잠깐 살펴볼까요?

만택: 쌀도 수입하고 마늘도 수입해서 속이 뒤비지는데 내보고 여자를 수입하라꼬?

희철: 부족하면 사 와야지.

만택: 내는 남양 홍씨 장손이다! 니는 노란머리 애 낳고 싶나?

희철: 요새는 우리나라 아들도 다 노래!

**지도를 찾아보는 두 친구**

이들의 대화에는 쌀과 마늘 등 농산물을 수입하면서 어려워지는 농촌의 팍팍한 생활이 드러납니다. 만택과 희철에게 결혼은 인생의 무거운 과업처럼 느껴집니다. 결혼이 오죽 절실하면 그랬을까도 싶고, 결혼정보회사에 돈을 내고 어디에 있는지도 모르는 처음 보는 나라에서 남편을 잘 섬기고, 아이들을 잘 챙길 여성을 찾아 떠나는 두 친구의 모습을 보니 이내 안쓰러운 마음도 생깁니다. 그러나 쌀과 마늘과 동급으로 여자를 수입한다는 표현을 쓰는 남양 홍씨 장손인 만택에게 해외에서 결혼할 여성을 구하는 것은 여간 불편한 일이 아닐 수 없습니다. 반면 희철에겐 이미 결혼의 제일 조건이 사랑은 아닙니다. 쌀과 마늘을 수입하듯, 해외에서 아내를 구해 오는 일은 '수입'하는 일일 뿐입니다.

이들의 대화에는 결혼이주 여성에 대한 편견이 만연합니다. 그리고 그 편견은 대화를 통해 수면 위로 거침없이 드러납니다. 이렇듯 영화 곳곳에는 결혼하지 못한 농촌총각들의 절박함 이면에 숨은 자본에 의해 변질된 결혼에 대한 편견을 자주 발견할 수 있습니다.

영화는 우리에게 결혼의 본질이 무엇인가에 대한 고민을 던집니다. 정말 남자와 여자가 만나기만 하면 결혼할 수 있는 것일까요?

**우즈베키스탄에 도착해 결의를 다지는 '결혼 원정대'**

두 친구는 노란머리 여인을 찾아 우즈베키스탄에 도착합니다. 빠른 시간 결혼상대를 결정해야 하는 두 친구는 여러 번의 맞선을 통해 적당한 여성을 찾기 위해 노력합니다. 결혼정보회사에 적지 않은 돈을 주고 해외로 원정을 떠났기에 필사적으로 결혼할 여성을 찾습니다. 성격이 활발한 희철은 이내 자신을 따뜻하게 감싸 줄 사람을 찾지만, 수줍음이 많아 번번이 실패한 만택은 여인을 찾지 못하고 이내 포기하는 대조적인 모습을 보입니다. 영화에서 이들이 아내를 찾는 과정은 흡사 시장에서 물건 고르는 것과 비슷합니다. 그곳에는 비용이라는 자본이 있고, 마음에 들 때까지 맞선이 가능한 여인이라는 상품이 있고, 심지어 흥정도 가능합니다. 그래서 영화 제목도 정복의 의미를 가진 결혼 원정기입니다.

영화는 결혼정보회사를 통한 국제결혼의 모습과 그에 따라 필요한 유무형의 자본을 보여 줍니다. 그 과정은 결혼이주 여성이 한국에 온 이후 겪게 되는 불합리한 모습의 근원을 유추할 수 있는 연결고리를 제공합니다. 시장에서 물건을 고르듯 골라 온 여성의 상품화된 이미지와 모국의 경제적 약소국 이미지는 결혼이주 여성 역시 낮은 경제력으로 인한 하위 이미지를 갖게 됨으로 벗어 내기 힘든 갈등의 소지를 결혼 시작부터 갖게 되는 것이지요. 물론 모두 다 그런 것은 아닙니다. 그러나 영화와 같은 과정으로 국제결혼을 택한 가정이라면 불평등의 여지를 처음부터 갖고 가정이 시작된다고 할 수 있습니다. 그래서 결혼이민자를 동화의 대상으로 보는 시각을 영화에서 '우즈베키스탄으로 떠난 결혼 원정대'를 통해 마주하게 되는 것이지요. 마치 그들은 이렇게 외치고 있는 것만 같습니다.

"대한민국은 단일민족이야, 단일민족이 아니면 의미가 없다고! 그런데 결혼하기 힘드니 여자를 수입해서라도 나는 결혼을 하고 말겠어. 돈을 들였으니, 경제적 약소국에서 왔으니 한국사람에게 맞는 현 모양처가 되도록 노력하는 것은 당연하다고! 그러니 우리 문화에 어서 빨리 적응해야 해! 언어? 알아서 해결하고, 불편함도 알아서 적응하면 좋겠어!"

이 이야기가 우즈베키스탄으로 떠난 두 친구만의 모습일까요? 어쩌면 결혼이주 여성을 보는 편견에 사로잡힌 우리의 모습이기도 할 것입니다.

# '꾸물거리다'는 '새참'보다 우선인가?

**속상함을 토로하는 며느리**

시어머니는 임신으로 몸이 무거운 우즈베키스탄 며느리에게 새참을 들려 밭으로 심부름을 보냅니다. 그 며느리가 밭으로 심부름을 다녀와 한참을 투덜거립니다. 새참을 가져다주면서 언어를 몰라 겪은 일을 시어머니께 토로하는 것이지요. 도대체 '등다리'의 뜻이 무엇이냐는 것입니다. 남편에게는 임신으로 힘든 아내의 힘든 상황보다 새참을 늦게 가져오며 아내가 하는 '꾸물거리는' 행동이 참기 힘든 것이었습니다. 우주베키스탄에서 온 아내는 '뱃가죽이 등에 붙다'의 뜻도 모르지만 그 상황을 이해할 수 없습니다. 우리가 주목할 점은 의사소통에서 겪는 어려움도 안타깝지만 임신을 하고서도 언어를 몰라 가족에게 배려받지 못하는 며느리의 딱한 사정입니다.

다문화가정은 크게 결혼이민자와 이주노동자로 구분되는데 그들은 한국에서 살아가면서 다양한 어려움을 겪게 됩니다. 구체적으로 결혼이민자 가정은 부부 문제, 가족 간 문제, 의사소통, 피부색 차별, 경제 문제, 국적 문제, 자녀교육 문제(놀림) 등의 문제로, 한국에 온 이주노동자들은 임금 체불, 인종 간 차별, 편견, 무관심, 폭력, 의사소통, 미등록외국인 단속 등으로 어려움을 겪는다고 합니다. 이런 어려움 중에는 개인이 해결할 수 없는 집단의 이해관계가 복잡하게 얽힌 문제들도 많습니다.

영화의 마지막 즈음 결혼 중매 통역을 담당한 '라라'는 따뜻한 가족의 울타리에서 가능한 공감의 방법을 알려 줍니다. 라라는 북한을 탈출해 러시아를 건너 우즈베키스탄까지 온 북한이탈주민입니다. 언제 북송될지 몰라 조마조마하지만 라라는 통역을 해 주며 제3국으로 가기 위한 가짜 여권을 얻기 위해 열심히 돈을 법니다. 그녀의 역할은 맞선의 전 과정을 조율하면서 중매를 해주는 역할입니다. 그런 그녀는 의사소통의 어려움을 겪는 참가자들에게 진심으로 조언합니다. 우즈베키스탄에서 의사소통의 어려움을 겪어 답답했던 것처럼 당신들의 아내 역시 한국으로 가면 더 많이 이해하고 더 챙겨 줘야 할 여인이라고 이야기해 줍니다. 낯선 땅 한국에서 유일하게 믿을 사람은 남편뿐이니까요. 마음을 연결하는 것은 언어보단 입장 바꿔 한 번만이라도 생각해 보는 역지사지의 마음일 것입니다. 이후 그녀는 망명을 신청해 자유를 얻고, 만택과 라라는 서로의 단점을 보듬어 주는 부부의 인연으로 만나게 됩니다. 이렇게 만택과 희철은 평생을 함께 할 반려자를 만나게 됩니다. 서로의 마음을 보듬는 소통의 방법을 익힌 결과입니다.

## 유연한 다문화사회

다문화사회는 더욱 유연하고 포용적이며 창조적인 사회입니다. 그러나 우리의 시선은 이주노동자는 '우리'와 다른 '그들', 즉 '배제의 대상'으로, 결혼이주 여성은 폐쇄적이고 배타적인 민족주의에 희생된 '동화의 대상'에서 머물며 '배제'의 프레임을 벗어나지 못했습니다.

교육현장도 다르지 않습니다. 여전히 다문화배경을 가진 학생들에 대한 편견이 존재하며, 다문화사회의 정체성을 부정하는 현상들도 발생하고 있습니다. 언어, 교우관계, 학업, 문화 차이 등으로 학교생활에 어려움 겪는 다문화·탈북 학생들이 많고, 이들은 일반학생에 비해 학업중단율도 높습니다.[10] 이 문제들은 단순히 학생의 문제라기보다 영화 〈나의 결혼 원정기〉에서 보여주듯 우리 사회가 오랜 시간 동안 지니고 있던 배타적 문화에서 비롯된 측면이 더 강하다고 할 수 있습니다. 이것을 해결하기 위해 그동안 교육정책이 다양한 방식으로 다문화학생 지원을 강화해 왔으나 법적 기반이 취약하고 대부분의 지원 사업은 하향식으로 설계되어, 현장에서 필요한 사업을 할 수 없거나 다수의 사업집행으로 학교현장의 부담이 발생하는 것이 현실입니다. 특히 다문화학생 밀집 학교를 교원들이 기피하여 전근을 꺼리거나 일반학생들이 다문화학생 비율이 낮은 학교로 역이탈하는 현상은 '우리'와 '그들'의 구분을 좀 더 명확하게 만드는 우리 사회의 기현상이라 할 수 있습니다.

다문화교육은 앞서 설명한 바와 같이 단순히 같은 공간에서 생활하는 것, 단순히 섞이는 것, 단순히 같은 공간에 존재하는 것으로만 보는 동화주의로는 실효성을 거두기 힘듭니다. 사실 다문화교육은 '그들'에게만 필요한 교육이 아니라 각자의 정체성을 이해하고 존중하며 배려하는 것, 조화라는 측면에서 이해해야 할 '모두'를 위한 교육이 되어야 하는 충분한 이유가 있는 것이죠.

자 이제 우리의 모습을 돌아봅시다. 혹시 우리도 어설픈 이해라는 얇은 탈을 쓰고 또 다른 편견을 재생산하고 있지는 않은가요? 〈나의 결혼 원정기〉처럼, 우리 사회의 여전히 낮은 다문화수용도처럼[11], 이 사회 문화에 젖어 비판적 대화를 포기한 것은 아닌지 또는 그들의 대화에 참여하며 공감하는 것을 거부하고 있지는 않은지 그리고 이 문제에서만큼은 이해라는 어설픈 이중성을 드러내고 있지는 않은지 돌아봐야 할 것입니다.

# 상담 레시피

▷ 레시피 **01** : 편견 마주하기

● 영화 감상

세계지도를 찾아보는 만택과 희철의 대화, 며느리와 시어머니의 대화 장면

———

● 다리 놓기 질문 및 활동

① 영화에서 가장 마음이 불편한 장면은 무엇인가요? 그 이유는 구체적으로
무엇인가요?

② 희철, 만택, 며느리, 시어머니의 행동이 어떤 점에서 불편하며 당신이라면
어떤 행동을 취했을 것인지 말해 봅시다. 나도 비슷한 상황에 놓였던 경험
이 있었나요?

# COUNSELING RECIPE

## ▷ 레시피 02 : '국제결혼' 편견 깨기

● 영화 감상

우즈베키스탄으로 떠난 두 친구가 맞선을 보는 장면

**우즈베키스탄어를 한글로 적어 맞선을 준비하는 만택**

● 다리 놓기 질문 및 활동

① 내가 생각하는 '국제결혼'이라는 단어로 아이디어 맵을 그려 봅시다. 어떤 단
   어들의 그룹이 생성되나요?

② 특별히 '결혼'과 관련하여 어떤 단어가 연결되어 있나요?
   그것은 긍정적 언어인가요, 부정성을 내포한 언어인가요?

③ 우리의 평소 모습 중 편견을 내포한 행위나 언어들을 점검해 보고 다른 관점
   을 갖기 위해 어떻게 바꿀 수 있는지 이야기 나눠 봅시다.

# 이방인, 완득이(Punch)

## 영화 기본 정보

**제작국:** 한국, 2011

**감독:** 이한

**주연:** 김윤석(동주), 유아인(완득)

**장르:** 드라마

**상영 시간:** 107분

**관람 기준:** 12세 관람가

## 힐링시네마를 위한 이 영화의 키워드

가족/장애부모/가난/편견/다문화가정

# 본명 도완득, 호는 얌마

　김려령의 소설『완득이』를 원작으로 다문화가정, 이주노동자를 비롯해 빈부격차, 장애, 교육 등 무거운 사회적 주제를 다루지만 유머를 잃지 않고 풀어나가는 따뜻한 영화 〈완득이〉의 주인공은 고등학교 1학년, 얌마 '도완득'입니다. '얌마'라는 호는 완득이의 담임 선생님 '똥주'가 붙여 준 별명입니다. 물론 똥주는 완득이가 담임 선생님을 부르는 이름입니다. 완득이는 학교에서 맨 뒷자리에 앉아 딴짓은 기본, 자든가 땡땡이를 치든가, 수업에 집중하지 않습니다. 게다가 욱하면 주먹이 먼저 나가고 반 아이들과도 어울리지 않습니다. 그래서 하고 싶은 일도 없고, 딱히 해야 할 일도 없는 그의 모습은 때때로 무기력해 보이기까지 합니다.

**〈완득이의 가족 사진〉**
**필리핀 어머니가 가운데 크게 자리 잡고 있다.**
**완득이가 어머니를 가족으로 받아들이기까진 많은 시간이 필요했다.**

　완득이에게도 가족은 있습니다. 아버지는 식당 아주머니 말처럼 요즘에는 보기 힘든 '꼽추'라는 장애를 갖고 있습니다. 친삼촌은 아니지만 카바레 앞에서 장미를 팔다 아버지에게 춤을 배우며 어느 날 갑자기 나타나 일을 도와주는 삼촌 역시 장애를 갖고 있습니다. 삼촌은 정신발달이 늦어진 채 어른이 된 사람입니다. 그래서 완득이는 가족을 세상에 당당하게 소개하지 못합니다. 한 번도 자신의 입으로 장애인 아버지와 삼촌을 둔 것을 말한 적이 없습니다. 그런 완득이의 심리, 차별하는 세상을 향해 외치는 독백은 소설 『완득이』[12]에 자세히 나타납니다.

그래. 나는 한 번도 내 입으로 아버지에 대해 말한 적이 없다. 내가 커밍아웃을 하면 그 놀림이 내가 아니라 아버지를 향하게 되리라는 걸 너무 잘 아니까. 이 세상이 나만 당당하면 돼, 해서 정말 당당해지는 세상인가? 남이 무슨 상관이냐고? 남이 바글바글한 세상이니까! 호킹 박사처럼 세상에 몇 안 되는 모델을 두고 그런 사람도 있다고 한다면, 나는 그저 웃을 수밖에 없다. 1등만이 특별한, 나머지는 1등의 언저리로 밀려나 있어야 하는…. 내 아버지는 호킹 박사 같은 1등 대접을 원하는 게 아니라, 높기만 한 지하철 손잡이를 마음 편하게 잡고 싶을 뿐이다. 떳떳한 요구조차 떳떳하지 못하게 요구해야 하는 사람이 내 아버지다. 그걸 굳이 아들인 내가 확인 사살해 줘야 하나? 자기들은, 내 아버지는 비장애인입니다, 하고 다니나?

『완득이』, p.121

완득이도 장애인인 아버지를 세상에 드러내지 못하지만, 아버지 역시 장애인으로서 당연한 요구조차 떳떳하게 하지 못합니다. 그래서인지 남들의 시선을 늘 마음에 두고 사는 완득이는 세상을 따뜻하게 바라볼 수 없습니다.

완득이는 고등학생이 될 때까지 어머니의 존재를 모르고 자랐습니다. 그러던 어느 날 어렸을 때 집을 나간 어머니의 행방이 드러납니다. 어머니는 한국 이름 이숙희, 필리핀 사람입니다. 처음 완득이가 어머니의 존재를 알게 되었을 때, 게

다가 어머니가 필리핀 사람이라는 것을 알게 된 날 완득이는 자신의 처지를 한탄합니다. 그런 완득이의 심리가 소설 『완득이』[13]에 자세히 드러나 있습니다. 결혼을 위해 장애를 숨긴 아버지, 그리고 돈을 벌기 위해 사기를 친 결혼정보회사, 가난한 나라에 대한 편견을 숨김없이 드러내는 대한민국으로 시집 온 어머니가 죽도록 일만하다 선택하는 탈출에 대해 완득이는 세상을 향한 비난을 퍼붓습니다.

**어머니의 비밀을 알려 주는 선생님**

똥주는 성남 어느 식당에 내 어머니가 있다고 했다. 그리고 내가 몰라서 그렇지, 우리 집 같은 가정이 생각보다 많다고. 좀 더 나은 삶을 위해 어린 나이에 남편 얼굴도 안 보고 먼 나라까지 시집왔는데, 남편이 장애인이거나 곧 죽을 것 같은 환자인 경우도 있다고. 말만 부인이지 오지 마을이나 농촌, 섬 같은 곳에서 죽도록 일만 하는 경우도 있단다. 그러다 보니 아이 하나 낳고 자신에게 관심이 좀 소원해졌을 때 가슴 아픈 탈출을 하기도 한다고. 남편 입장에서는 부인이 도망간 것이겠지만 부인 입장에서는 국제 사기결혼이라나.

장애인에 대한 편견이 넉넉한 나라에서, 꼴 같지 않게 제3세계니 뭐니 해 가며 가난한 나라 사람들을 아낌없이 무시해 주는 나라에서, 어머니가 무척 힘들었을 거라고. 그럼 그 조건에 +1해서, 어머니 없이 사는 나는 뭔가. 똥주가 위로랍시고 하는 말이, 아버지는 장애를 숨기지 않고 서류에 썼는데, 가운데서 브로커가 그 부분을 싹 지우고 결혼을 진행시켰단다. 그러니까 아버지는 어머니를 신부로 맞기 위해 사기를 친 나쁜 사람은 아니라는 것이다.

『완득이』, p.42

## 차별하는 마음의 구조

완득이의 독백은 다양성을 포용하지 못하는 사회가 가진 편견을 여과 없이 드러냅니다.

**"장애인에 대한 편견이 넉넉한 나라에서, 꼴 같지 않게 제3세계니 뭐니 해 가며 가난한 나라 사람들을 아낌없이 무시해 주는 나라"**

이것이 우리의 '인권 현주소'라고 할 수 있겠지요.

완득이는 다문화가정에서 자라고 있습니다. 보통 한국에서 다문화란 말은 동남아시아에서 온 사람에 한정해 말할 때가 많습니다. 미국이나 유럽 출신의 영어권, 백인과 결혼한 사람에게는 다문화가정이라는 말을 쓰는 대신 국제결혼이라는 표현을 사용하지만 동남아시아나 피부색이 검은 사람과 결혼한 가정에는 다문화가정이라고 '특별한 관심'을 갖기 시작합니다. 게다가 같은 국제결혼도 다문화라는 말은 '불법체류'라는 단어와 맥락을 같이하며 특정 출신지를 가진 사람들과 연계해 부정적 이미지와 연결됩니다. 완득이 역시 어머니를 찾은 기쁨보단 무시하는 사회의 차별이 더 두렵습니다. 완득이의 생활은 가난을 벗어나지 못했고, 장애를 둔 아버지는 완득이를 잘 돌보지 못하고, 어머니는 결혼이주 여성으로 식당에서 일하며 힘겹게 살아갑니다. 완득이에게 탈출구는 없어 보입니다. 그런 완득이가 무기력해진 것, 미술시간 밀레의 '만종'을 감상하면서도 작품의 숨은 의도를 '싸움을 하기 위해 자세를 낮춘 외국인 노동자'라고 대답하는 것도 전혀 이상하지 않습니다. 어쩌면 완득이가 사회에 만연한 편견에 대한 방어적 태도를 갖는 것은 당연한 것인지도 모르겠습니다.

『국어시간에 영화 읽기』를 쓴 김지운 선생님은 이 영화를 활용해 수업시간

다음과 같은 질문을 학생들에게 던졌다고 합니다.[14]

　"발달장애를 갖고 있는 아버지와 필리핀 출신 이주 여성 어머니, 자신을 좋아하는지 아닌지 헷갈리게 만드는 여자 친구 정윤하, 그리고 자신의 처지를 남들 앞에 보란 듯 까발리는 선생 이동주, 이 중 완득이를 가장 힘들게 하는 사람은 누구일까?"

　이 질문에 학생들은 다양한 답변을 냈지만 어떤 학생들은 "완득이를 힘들게 하는 것은 사람들이 아니라 완득이네 가족을 바라보는 다른 사람들의 시선"이라는 답을 내놨다고 합니다. 완득이를 '우리'에 편승시키지 못하고 주류에서 벗어난 사람, '그들'로 구분하는 보이지 않는 차별적 시선이 완득이를 가장 힘들게 했을지도 모릅니다. 생각해 보면 완득이네 가족만 차별을 감수하는 것은 당연하지 않습니다. 오히려 이상하다 비판받아야 할 것은 차이에 따라 배제되고 등급을 나누는 학교, 공정하지 못한 평가, 출신에 따라 나뉘는 진학에 대한 차별, 일류대학과 그렇지 않은 대학, 취업이 잘되는 학과와 그렇지 못한 학과로 등급을 매기는 현실, 대학을 나와서도 잘나가는 대기업과 그렇지 못한 직장에 대한 차별, 여성에 대한 차별, 외모에 대한 차별, 수도권과 지방, 사는 동네와 아파트에 따라 다른 우리 주변의 다양한 차별적 시선들입니다. 차별하는 마음의 구조를 바꾸어야 하는 것은 완득이네 가족이 아니라 우리 모두, 누구에게나 필요한 일일 것입니다.

## 완득이의 든든한 지지자, '똥주'와 '윤하'

　학교교육에서 다문화교육은 다양한 문화적, 인종적, 경제적 배경을 가진 학생들의 교육 형평성 제고를 가장 큰 목표로 삼고 있습니다. 이를 위해 주류집단과 소수집단 모두의 다문화능력을 배양해 사회정의 실현과 평등교육을 위한 다양한 교육적 방법을 시도합니다. 소수의 학생이 아니라 모든 학생에게 인지적, 사회적, 인격적 측면에서 본인의 잠재력을 최대한 발휘할 수 있도록 동등한 학습 기회를 제공하는 것도 그 노력의 일환입니다.[15] 다문화교육이 소수의 특수한 대상을 중심으로 한국문화와 언어 및 생활 적응에 치중하던 교육에서 모두에게 필요한 교양교육으로서 지위를 갖게 된 것이죠. 소수를 위한 '그들'을 교육하던 프레임에서 '모두를 위한 교육'이라는 변화가 참 다행스럽습니다. 감수성과 공감능력을 키우는 모두를 위한 교육, 모두가 타 문화 감수성을 받아들이고, 증진하고, 차별을 낮추기 위한 교육으로 변하고 있다는 사실은 우리 모두가 평등의 의미를 다시 정립할 것을 요구합니다.

영화에서는 완득이를 특별할 것이 없는 친구로, 학생으로 동등하게 대하는 두 명의 인물이 등장합니다. 바로 완득이의 담임 선생님 '동주'와 완득이의 친구 '윤하'입니다. '똥주'로 불리는 사회 선생님은 이주자를 바라보는 문제의식이 명확한 선생님입니다. 그는 동정과 연민으로 그들을 바라보지 않았으며 가십거리로 삼지도 않았고, 완득이가 학교생활을 잘 하고 사회에 잘 적응할 수 있도록 실질적인 도움을 주는 숨은 조력자입니다. 동주 선생님의 역할은 참 다양합니다. 완득이의 학교이탈을 예방하고, 학교적응을 잘 할 수 있도록 도움을 주고, 어머니의 나라에 대한 자부심을 키우도록 도울 뿐만 아니라, 킥복싱 선수의 꿈을 갖도록 용기도 주고, 완득이의 가정을 건강하고 온전하게 재건시켜 주는 등 보이지 않는 다양한 역할을 합니다. 완득이 친구 윤하는 반에서 1등을 하는 공부를 잘하는 학생입니다. 그런 윤하에게도 아픔과 상처가 있습니다. 윤하는 남자 친구의 그림에서 야한 주인공으로 묘사되고 그 그림을 학급 친구들이 돌려 보게 되면서 오해로 왕따를 당하게 됩니다. 완득이 눈에 윤하는 자신과는 다르게 모든 것을 갖고 태어나 보이지만 실제는 아무와도 어울리지 않는 외톨이입니다. 그런 두 친구가 서로의 공통점을 발견하고 이해하며 친구가 됩니다. 윤하 역시 완득이를 특별할 것이 없는 평범한 친구로 대하는데, 이런 윤하와 담임 선생님의 따뜻한 배려로 완득이는 나름의 행복을 찾습니다. 학급의 일원이 되었고, 소중한 가족도 찾았으며, 무엇보다 킥복싱 선수로 꿈을 갖고 세상으로 나오게 되었지요.

완득이의 담임 선생님, 동주　　　　　완득이의 친구, 윤하

이처럼 다문화교육에서 교사에게 기대하는 역할은 학급이라는 생태계 속에 학생들이 일원이 될 수 있도록 돕는 일일 것입니다. 그것은 소속감을 가질 수 있도록 돕는 다양한 배려들이 포함됩니다. 놀리거나 차별하는 친구들에 대항하는 자기보호 능력을 갖도록 돕는 일, 학급의 일원으로 존중과 수용해 주는 일, 우호적인 또래관계를 형성할 수 있도록 돕는 일, 꿈을 찾아 자신의 길을 갈 수 있도록 지지해 주는 것, 객관적 태도로 부모의 나라를 볼 수 있도록 돕는 일, 문화적 차이를 통합적으로 수용하고 균형을 갖춘 성인으로 성장할 수 있도록 돕는 일 등 건강한 자아정체성을 가진 한 개인의 성장을 위한 다양한 배려들입니다. 이런 지원은 〈완득이〉에서와 같이 종종 학급이라는 작은 테두리를 벗어나 가정의 문제에 개입하고, 소외된 사회적 불평등의 문제에 정면으로 도전하며 사회라는 넓은 범위로 확장되기도 합니다.

〈완득이〉는 다문화학생의 지도가 세상을 향한 역량 개발을 지원하는 것과 더불어 반드시 긍정적 자아정체성 형성과 부모 나라의 언어, 문화 프로그램

교육을 통해 한국사회의 구성원으로 잘 살아갈 수 있는 적응 지원을 병행해야 한다는 것을 보여 줍니다. 그러나 그것은 완득이 같은 다문화배경을 가진 학생만을 대상으로 할 교육문제는 아닙니다. 앞서 말했듯 일반학생을 대상으로 모두를 위한 교육이 필요할 것입니다. 그리고 다문화교육을 국제이해교육으로, 다양성교육으로 확장시키며 특화된 외국어교육 및 국제화 프로그램을 개발하고 운영하는 일[16] 못지않게 중요한 것은 차별하는 마음의 구조를 돌아보고 모두를 위한 교육을 고민하는 것이 필요하다는 것을 기억해야 할 것입니다.

# 상담 레시피

▷ 레시피 01 : 완득이의 학교생활, '똥주'와 '윤하'

● 영화 감상
완득이를 챙기는 선생님과 친구 윤하의 모습을 모은 클립

● 다리 놓기 질문 및 활동
① 영화에서처럼 나를 챙겨 주는 선생님이 있나요? 또는 내 인생을 변화시킨
선생님이 있었는지 돌아보고, 어떤 영향을 주었는지 이야기를 나눠 봅시다.
② (교사라면) 마음을 담아 챙겼던 제자가 있었나요? 교직생활 중 가장 기억에
남는 제자가 있다면 누구였나요? 무엇이 가장 기억에 남나요?
③ 영화에서처럼 나를 챙겨 주는 친구가 있나요? 그 친구는 나에게 어떤 영향
을 주었나요?

▷ 레시피 02 : 차별과 편견

● 영화 감상
완득이의 가족 소개 장면, 완득이가 어머니의 존재를 알게 된 장면

● 다리 놓기 질문 및 활동
① 영화에서 완득이를 가장 힘들게 하는 것은 무엇일까요?
② 완득이에게 해 주고 싶은 말이 있다면 무엇인가요?
③ 완득이와 같이 편견과 차별을 경험했던 경험이 있었나요? 또는 차별을 목격
한 경험이 있나요?

# COUNSELING RECIPE

▷ 레시피 03: 선물

● 영화 감상

완득이가 어머니의 존재를 알게 되고, 어머니께 구두를 사 드리는 장면

● 다리 놓기 질문 및 활동

① 구두를 선물하는 완득이는 어떤 마음이 들었을까요?

② 내가 다른 사람에게 선물한 것 중 가장 마음을 담았던 선물이 있다면 무엇이었나요?

③ 내가 받은 선물 중 완득이 엄마가 받은 것과 같이 소중한 느낌을 주는 선물이 있었나요?

# 어디에서도 이방인, 피부색깔=꿀색

## (Couleur de peau: Miel)

### 영화 기본 정보

**제작국:** 프랑스, 벨기에, 2012
**감독:** 로랑 브왈로, 융 헤넨(전정식)
**주연:** 융 헤넨(본인), 데이빗 머기아(세드릭 17세 목소리)
**장르:** 애니메이션, 다큐멘터리
**상영 시간:** 75분
**관람 기준:** 12세 관람가

### 힐링시네마를 위한 이 영화의 키워드

입양/차별/극복/이방인/다문화/가족

최근 미디어 기술이 발달하면서 '미디어 환경 안에서 원활하게 읽고 쓰고 소통할 수 있는 개인적·사회적 능력' 혹은 '미디어를 비판적으로 읽고 창의적으로 만들어 낼 수 있는 능력'으로서 '미디어 리터러시(media literacy)'가 중요하게 거론됩니다. 미국의 미디어교육전국연합회(NAMLE)는 미디어 리터러시를 '모든 종류의 의사소통 수단을 기반으로 접근, 분석, 평가, 창조 그리고 행동하는 능력'이라고 규정합니다.[17] 영화치료 역시 치료자의 미디어 리터러시가 중요한 능력이라 할 수 있습니다. 다양한 영화를 알고 있는 것도 중요하지만 목적에 따라 영화를 읽어 내고 재조직하는 능력도 무엇보다 필요한 것이죠. 미디어 리터러시가 중요하게 부각되면서 다양한 영상매체가 교육용 텍스트로 들어오고, 영화 역시 교과서에서 많이 찾아볼 수 있습니다.

다문화교육과 관련해 2015개정 교육과정 초등학교 6학년 교과서에서 새롭게 소개된 영화가 있습니다. 바로 〈피부색깔＝꿀색〉이란 영화입니다. 이 영화는 1970년대 초 벨기에로 입양된 한국인, '융 헤넨(전정식)'의 자서전적 영화입니다. 당시 5살이었던 소년의 입양 서류에는 피부색 표기란에 흔한 노란색이나 황색이라는 표현 대신 '꿀색'이라고 적힙니다. 그래서 아이는 자신이 '특별한' 존재라고 믿게 되었지만 그 특별함이 서양인들 사이에 존재하는 동양인이라는 소외와 혼란스러운 정체성의 근원이 됩니다. 그는 이로 인한 고통에서 벗어나기 위해 발버둥 치며 고약한 반항을 내지르지만 그 반항에 어울리는 부정적 단어 역시 〈피부색깔＝꿀색〉이란 표현이었고, 이것은 이방인이라는 소년의 정체성을 드러내는 단어가 됩니다.

**〈벨기에 양부모 집에 처음 온 날〉**
**가족은 정식의 행동을 보고 "많이 가르쳐야겠어"라고 말한다.**

감독의 자서전적인 이야기를 담은 〈피부색깔 = 꿀색〉은 다양한 방식으로 자신의 유년기를 보여 줍니다. '융'은 입양아입니다. 그 사실은 성장과정에서 많은 정체성혼란을 가져옵니다. 성장하면서 끊임없는 말썽과 반항을 일으켜 입양 어머니에게 '썩은 사과'로 불리기도 했고, 약소국인 한국인인 것이 싫어 일본문화에 심취하고 자신을 일본인으로 소개하기도 했으며, 급기야 양부모의 집을 나오기도 합니다. 누구와도 소통하지 않고 홀로 그림을 그리면서 내면으로 숨기도 합니다. 양부모의 따뜻한 보살핌에도 소년은 계속 엇나가기만 합니다. 결국 타바스코 소스의 매운맛에 집착하다 위장병을 얻는 자학의 지경까지 이르러서야 자신을 돌본 부모의 따뜻함을 알아차리고 다시 가정 안으로 들어옵니다. 스스로를 무너뜨리면서까지 혼란과 혼돈의 시간을 버텨 내는 소년의 성장과정에는 어디에도 속하지 못한 이방인의 서러움이 가득 담겨 있습니다.

그는 그런 자신을 영화에서 '어디서도 나는 이방인, 누구와도 다른 어른아이, 국적 벨기에, 서양인 양부모 밑에서 자란 한국인, 부모의 관심을 잃고 자신의 존재가 잊혀질까 두려웠던 소년, 버림받은 아이'로 소개합니다.

| 벨기에, 전정식, 8015번 | 이름, 생일, 입소 날짜, 피부색깔 = 꿀색 |

〈전정식의 입양 서류〉

    사실 이 영화는 표면적으로는 해외입양에 대한 문제를 드러냅니다. 그러나 이 영화에 몰입하다 보면 한국사회의 골 깊은 편견과 아집을 마주하게 됩니다. 한국전쟁 당시 굶주림에 버려진 많은 아이들, 사생아를 좋게 보지 않던 풍토에서 미군이나 유럽군과의 혼혈 아이들 중 일부는 해외입양의 길로 접어들었습니다. 약자를 보호하지 못한 사회에서 해외입양이 어쩔 수 없었던 선택이었다 해도 여자가 이혼하면 갖지 못했던 양육권, 가문의 수치로 여기며 혼외자를 보던 불편한 시선, 가부장적 사회와 미혼모에 대한 부정적 시선에서 가난한 미혼모에게서 버려지는 아이들은 두 개의 조국 사이 틈새에서 태어나고 자라게 됩니다. 융은 그렇게 벨기에와 대한민국 두 개의 조국을 가진 꿀색 피부색을 가진 이방인으로 성장합니다.

    이제 그 소년은 성공한 만화작가와 감독이 되었습니다. 그러나 중년의 나이에 찾은 대한민국에서 그는 '전정식'이 아닌 여전히 '융'인 자신을 발견합니다. 언어와 문화가 다른 그는 여전히 이방인입니다. 소년시절에도 주류문화에 편입되지 못한 채 벨기에에서 자라며 그는 이방인 전정식으로 살아왔습니다. 조국 대한민국에서도 여전히 어디에도 속하지 못했음을 발견한 그는 자신의 정체성을 슬픈 눈으로 '두 개의 조국을 가진 이방인'이라고 소개합니다. 그러나 감독은 이방인인 자신의 삶을 딛고 일어섭니다. 그래서 영화 〈피부색깔 = 꿀색〉을 '자기 회복의 기적'을 담은 감독의 이야기라고 소개하기도 합니다. 어두운 과거를 이야기하는 것이 어렵고 불편하지 않았냐는 질문에 감독은 '회복력'에 대해 다음과 같이 설명합니다.

'삶이 누군가에 의해 침해당했을 때 스스로를 어떻게 재건할 것인가? 이것은 회복력에 관한 질문이며 결국 극복하고 성장하는 개인적인 자질의 문제이다. 하지만 어려울지언정 자가 복구는 가능하며 그것은 진실한 공유를 동반한다. 나의 솔직한 이야기를 통해 그것을 증명하고 싶었다.'

- 전정식 인터뷰 中

〈피부색깔 = 꿀색〉에는 융의 성장과 회복이 녹아 있습니다. 그러나 영화는 융의 이야기만을 전하지 않습니다. 융은 영화를 통해 자신이 마주한 세계에서 이방인으로 살아가던 입양된 다른 한국 친구들의 소식을 전합니다. 적응하지 못했던 누군가는 자살을 택하고 약에 취해 정신병원에 갔으며, 자신의 동생 발레리 '이성숙'도 25살에 이유를 모른 채 죽게 되는 슬픈 이야기를 전합니다. 그는 자신의 힘으로 과거를 인정하면서 스스로의 삶을 변화시키며 회복시키는 기적을 만들었지만 다른 누군가는 그런 기적을 만들어 내지 못한 것이죠.

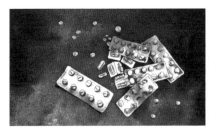 

〈입양의 어두운 그림자〉

〈피부색깔 = 꿀색〉은 영화 〈완득이〉, 〈안녕?! 오케스트라〉와 다르게 타국에서 살아가는 이방인을 우리 자신이 되게 하는 신비한 힘을 갖고 있는 영화입니다. 여타의 영화들이 우리 사회에서 살아가는 다문화배경을 가진 이방인들을 그리며 여전히 그들을 이방인의 위치에 놓고 서사를 풀어 가지만, 〈피부색깔 = 꿀색〉은 우리를 주인공 융의 입장에서 이방인이 되게 하지요. 우리 사회에도 다양한 문화적 배경을 가진 수많은 이들이 이방인으로 살아갑니다. 이들을 보는 우리의 시선을 온도로 표현한다면 몇 도일까요? 이런 지수를 다문화수용성으로 표현합니다. 성공한 감독 '융'과 같이 주류사회와는 다른 문화적, 종족적 배경을 지닌 소수자로 살아가는 개인의 적극적인 적응 노력도 중요하지만, 다문화수용성이 높은 사회는 주류집단으로 대변되는 사회 전반의 문화 간 상호작용과 공동체 간 공동작업이나 활동도 함께 중요하게 강조되는 사회입니다. 이는 주류집단이라고 불리는 우리 사회 대부분 사람들의 인식과 태도가 다문화사회의 전개에 적합한 방향으로 형성되어 있을 때에 비로소 가능한 것이라 할 수 있습니다. 이러한 점에서 보면, 한국사회의 다문화양상을 다룬 연구에서 주목하고 있는 종족적, 문화적 동질성에 대한 강한 신념을 유지해 온 한국인들의 태도 변화가 현재 다문화사회의 전개과정에서 직면한 가장 도전적인 과제라는 사실은 전혀 이상하지 않습니다.

상대편과 처지를 바꾸어 생각하라는 사자성어 '역지사지'는 상대편의 처지나 형편에서 생각해 보고 이해하라는 뜻을 갖고 있습니다. 《맹자(孟子)》〈이루(離婁)〉에 나오는 '역지즉개연(易地則皆然)'에서 유래한 말로 역지즉개연은 처지나 경우를 바꾼다 해도 하는 것이 서로 같다는 말입니다. 정확하게는 상대가 자신의 의견을 경청하듯이 자신도 상대의 의견을 경청하라는 의미입니다.[18] 인종·종족 차별문제에 대처하고 종족적 다양성, 문화적 차이에 대해 개방적인 사회 분위기를 조성하기 위해 법과 정책계획을 마련하는 것도 중요합니다. 또한 다양한 문화를 홍보하는 요리, 놀이, 춤, 음악, 젠더문화, 노동문제, 환경

문제 등 다양한 영역에서 비교문화적 이해(cross-cultural understanding)를 높이기 위한 축제를 열고 다문화 이해교육을 실시하는 것도 중요합니다. 이주민에 대한 긍정적 태도를 형성할 수 있도록 각종 교육, 활동 기회를 제공하는 것도 중요합니다. 그러나 이 모든 것의 중심에는 다양한 출신배경, 출신문화에 대한 우리의 태도를 긍정적이고 수용적인 방향으로 이끄는 차별에 대한 민감성을 높이기 위한 노력이 있어야 할 것입니다. 〈피부색깔 = 꿀색〉의 주인공 융과 그의 주변에서 같은 처지로 힘들어하던 사람들의 고통에 관심을 갖고 따뜻한 시선으로 바라볼 수 있도록 우리의 태도를 바꾸어 보는 것은 어떨까요? 진정한 역지사지는 자신을 성찰하고 남을 배려하는 데 의미가 있기 때문입니다. 입양아 융이 다른 문화에서 겪었던 처지를 한국인인 우리의 입장으로 적용시켜 보는 것도 역지사지의 의미를 가슴으로 느끼는 일이 될 것입니다.

다시 미디어리터러시로 돌아와 교육적 차원에서 영화를 보는 과정에서 가장 먼저 해야 할 일은 목표의 명확한 설정과 더불어 좋은 콘텐츠를 선정하는 일입니다. 그래서 영화를 활용한 수업이나 상담에서 좋은 영화를 선정하고, 다양한 관점을 수용할 수 있도록 과정을 설계하는 것은 무엇보다 중요한 일이 될 것입니다. 아이들과 함께 영화를 즐기는 방법을 『영화가 부모에게 답하다』의 저자 최하진은 다음과 같이 설명합니다.[19]

아이들과 함께 영화를 즐기는 방법

1. **영화 선정은 신중하게**  아이들과 영화를 볼 때는 반드시 어른이 먼저 보고 아이들에게 적합한지 따져 본 뒤 함께 봐야 한다.
2. **이야기를 나눌 만한 소재**  아이들과 영화를 보고 나서 뭔가 생각할 것이 있었다는 여운을 주는 영화를 봐야 한다.
3. **대답을 강요하지 않는 질문**  대답을 강요하는 질문을 피하고 아이가 먼저 영화에 대해 말을 걸 때까지 기다리는 것도 좋은 방법이다.
4. **추천의 홍수 속에서**  많은 추천 가운데에서 아이들에게 적합한지 먼저 확인한다.
5. **가장 가치 있는 것은 함께하는 것**  같이 영화를 본다는 것 자체가 추억이 되어 가치가 있다.

무수히 많은 영화 추천의 홍수 속에서 가치 있는 것을 찾아 함께 추억을 공유하는 것. 여기에 긴 여운을 더한다면 더할 나위 없이 좋은 수업이 되겠지요.

영화를 보고 질문을 만들어 보여 마음을 나누는 것도 좋은 활동이 될 것입니다. 질문은 주어진 자료 또는 상황에서 답을 찾을 수 있는 사실적 질문과 자료 또는 상황에서 주어진 단서로 답을 재구성하는 추론적 질문, 자료 또는 상황을 비판적·감상적으로 해석하고 자신의 배경지식이나 경험을 활용해 답을 구성하는 감상적 질문이 있습니다. 영화를 보고 상담자나 교사가 의도된 질문을 하는 것도 좋지만, 질문을 스스로 만들고 그 질문에 스스로 답하게 하고, 경험을 공유하는 것도 마음을 보듬는 좋은 활동이 될 것입니다.

# 상담 레시피

▷ 레시피

● 영화 감상
&lt;피부색깔 = 꿀색&gt; 전체 감상

● 다리 놓기 질문 및 활동
① &lt;피부색깔 = 꿀색&gt; 소개하기, 활동을 해 봅시다.
② 이 영화를 보며 질문을 만들고 답해 봅시다.

**제목 :**

영화 소개 :

인상 깊은 대사 :

# COUNSELING RECIPE

〈나의 질문 목록 만들기〉

영화 내용을
확인하는
질문 만들기

✔ 주인공의 이름은 무엇인가요? (예시)
✔
✔
✔

영화 내용을
추론하는
질문 만들기

✔ 주인공이 _____ 을 경험했을 때 어떤 마음이 들었을까요? (예시)
✔
✔
✔

친구들
생각을
알고 싶은
질문 만들기

✔ 주인공을 만난다면 어떤 말을 해 주고 싶나요? (예시)
✔
✔
✔

우리 사회의 스승, 어른으로 살아가기,

# 안녕?! 오케스트라(Hello?! Orchestra)

## 영화 기본 정보

**제작국:** 대한민국, 2013

**감독:** 이철하

**주연:** 리처드 용재 오닐

**장르:** 다큐멘터리

**상영 시간:** 85분

**관람 기준:** 전체 관람가

### 힐링시네마를 위한 이 영화의 키워드

입양/다문화/오케스트라/음악의 힘/차별

# ?물음표가 !느낌표로 되는 순간

살다 보면 물음표가 느낌표가 되는 순간을 맞을 때가 있습니다. 〈안녕?! 오케스트라, 2013〉는 영화의 엔딩크레딧이 올라가는 순간 각각의 물음표들이 저마다의 느낌표가 되는 그런 영화입니다. 이 영화에는 다문화사회, 다인종, 다문화교육, 다문화가정, 다문화학생, 다문화정책 등 '다문화'로 시작된 무수히 많은 단어들이 담겨 있습니다. 저는 여러 해 교육현장에 있으면서 다양한 다문화정책을 만났고, 다문화배경을 가진 여러 학생과 학부모들을 만났습니다. 그러나 때때로 그 단어들을 이해하는 방식에선 물음표 상태인 것들이 많았다는 점을 고백하지 않을 수 없습니다. 사람에 대해, 삶에 대한 이해 없이 정책으로 마주한 건조한 언어들은 삶이 우선되어야 하는 교육현장에서 마음을 공감하기보단 정책의 실행이 우선되기도 했습니다. 이러한 건조한 이해에서 시작된 행위는 아무리 좋은 교육적 의도를 가졌다고 하더라도 여전히 물음표를 느낌표로 만들기에 역부족이었습니다. 다문화학생들을 만나는 다양한 상황에서 매뉴얼화된 정교함이 있을지는 몰라도 진심으로 마음을 담아 보지 못했던 마음의 상태는 늘 물음표가 더 많았을 것입니다. 그러므로 이 영화가 주는 선명한 메시지는 다문화교육에서만큼은 진심을 담은 마음의 공감이 먼저라는 사실일 것입니다.

다른 사람의 삶을 이해한다는 건 그 사람의 삶에 자신을 던진다는 의미이기도합니다. 다른 사람의 마음을 공감한다는 것은 타인의 마음이란 바다에 부분적으로 또는 그 자신 전체를 던져 이해하며 마음과 마음으로 만나는 행위를 수반하지 않고서는 삶에 다가갈 수 없음을 의미합니다. 따라서 변화를 이끌어 내고 치유의 힘을 발휘하기 위해 공감은 필수적 요소라 할 수 있습니다.

영화가 주는 장점이 있다면 문서로 전해지지 못한 다양한 삶의 실제를 보여 줌과 동시에 통찰을 주는 것입니다. 특히 최소한의 각색과 여과를 거친 다큐 형식의 〈안녕?! 오케스트라〉와 같은 영화에는 더더욱 진실성에 가산점을 부여할 수밖에 없습니다. 이 영화는 다문화교육에서 개인을 넘어 가정과 사회 전체가 가져야 할 공감과 책임의 힘을 세밀하게 보여 줍니다. 오케스트라 프로젝트가 진행되면서 영화는 정책이 해결하지 못하는 수많은 물음표를 느낌표로 만들어 냅니다. 영화의 제목 '안녕?!'도 물음표가 느낌표가 되었듯이요.

'리처드 용재 오닐'을 만났던 아이들도 영화를 통해 관객들과 인사를 건넵니다. "안녕?" 그 인사는 곧 궁금함의 의미 "안녕?"으로, 그리고 어느새 알아차림의 의미 "안녕!", 익숙함의 의미 "안녕!", "너로구나!", "너였구나!"의 "안녕!"으로 바뀌어 갑니다.

아빠가 그리운 '준마리', 모자를 벗지 못하는 '선욱', 친구를 만들지 못하고 상상 속의 친구와 대화하는 '원태'. 이들 24명 모두 모습과 배경이 다른 친구들이었지만 오케스트라를 통해 세상과 마주하게 되었습니다.

안녕?
·
·
·
·
안녕!

마음을 위로하는 용재 오닐

아이들에게 비올라를 가르치고 있다.

# 하모니는 커뮤니티로부터 형성된다

영화에는 자세히 설명하지 않지만 이 영화의 주된 배경인 오케스트라 프로젝트는 2012년, 미국 다문화가정에서 자란 비올리스트 리처드 용재 오닐이 팝페라 가수인 카이와 한국 다문화가정의 어린이들을 대상으로 오케스트라를 만든 MBC 2012년 대기획, '안녕?! 오케스트라'의 실제 이야기입니다.

24명의 다문화가정의 배경을 가진 아이들이 오디션을 거쳐 오케스트라의 단원이 되었습니다. 놀라운 사실은 이 아이들이 오케스트라를 모른다는 사실입니다. 바이올린을 일주일만 배운 아이, 계이름을 읽지 못하는 아이, 연주해본 악기는 리코더가 전부인 아이들로 오케스트라의 단원이 채워졌습니다. 반면 이들의 선생은 세계적인 비올리스트 리처드 용재 오닐과 최고의 재능기부 교사 10인이었습니다. 교사들은 무엇보다 음악이 차이를 극복할 것이라 믿었고, 음악은 듣는 상대의 마음의 상태를 재단할 필요가 없는 설명도, 묘사도 필요 없는 완전성을 갖고 있다는 점을 믿었습니다. 오케스트라를 이끌어야 하는 용재 오닐은 한국어를 잘하지 못해 아이들과 소통하는 방법을 잘 알지 못했지만 그럼에도 불구하고 같은 아픔을 공유하고 서로를 이해하면서 마침내 공동체를 만들고 하모니를 만들어 냅니다.

이들의 유일한 공통점은 다문화가정을 배경으로 가진 것입니다. 용재 오닐은 한국에서 태어나 미국으로 입양된 장애를 가진 어머니에게서 태어났습니다. 오케스트라의 단원들 모두는 다문화배경을 가진 가정의 자녀들입니다. 그들 중 누구는 나이 많은 아빠가 돌아가셨고, 그들 중 누구는 부모가 결혼 후 바로 이혼했으며, 양육자가 조부모인 아이들도 있었으며, 부모의 존재가 없기도 했습니다. 어디에도 소속되지 못한 '반쪽 사람'들은 때때로 놀림의 대상이 되었는데 아이들의 상처는 혼잣말을 중얼거리는 행동으로, 벗지 않는 모자로, 겉도는 모습으로, 무표정으로 드러났습니다. 다문화배경을 갖고 미국에서 자란 용재 오닐은 그런 아이들의 마음을 누구보다도 잘 알고 있었습니다. 자신도 어린 시절 미국에서 자라면서 수없이 많은 차별과 싸워야 했기 때문입니다. 믿었던 형들에게 '병신자식아'라고 놀림받고, 어느 날 갑자기 버림받고, 힘겹게 보낸 날들도 많았습니다. 때문에 용재 오닐은 '너희들에겐 잘못이 없다. 선택이 아닌 것들, 바꿀 수 없는 유전자는 너희들이 선택한 것이 아니다!'라고 아이들에게 단호히 말해 줍니다. 이제 아이들은 음악으로 치유되기 시작합니다.

"제게 일어났던 모든 안 좋은 과거를 지울 수 있다고 하더라도, 전 그러지 않을 겁니다. 안 지울 겁니다. 아이들이 겪은 고난을 들여다 보면 모두 부정적인 것들이에요. 하지만 부정적인 일들을 긍정적인 것으로 바꿀 수 있습니다. 그게 음악이 할 수 있는 일입니다. 그것이 음악의 힘입니다."

- 리처드 용재 오닐 인터뷰 中

용재 오닐의 말처럼 준마리가 겪었던 힘든 시간들은 음악을 통해 긍정적인 것으로 변화하기 시작했다. 준마리에게 '자장가'는 그동안 제대로 소통하지 못했던 엄마에게 건네는 화해의 메시지이자 위로의 노래이며 희망의 음악이다. 한국에 온 이후 한 번도 편안한 잠을 자지 못했던 고단한 엄마의 삶을 따뜻하게 어루만지는 힘찬 포옹이고 사랑의 고백이다.[20]

『안녕?! 오케스트라』, p.147

우리가 살아가는 세상은 때때로 직업, 가정, 부모, 경제, 남녀의 성별에 따른 차이가 다양한 차별을 만들어 내기도 합니다. 이런 차별 중 일부는 개인의 선택에 의한 것일지도 모르지만 대부분은 개인이 선택하지 않은 것들입니다. 그중 다문화라는 배경만큼은 아이들이 한 선택이 아닙니다. 부모를 선택하는 자식도 없지만 이 세상에 태어나고 싶어 태어난 사람, 즉 태어남을 선택하는 사람은 누구도 없기 때문입니다. 용재 오닐은 차별로 주눅 들어 있던 아이들에게 소속감을 주었고, 믿음을 주었고, 인생이 가진 불공평함이 아이들이 선택한 것이 아니라는 점을 알려 주었습니다. 그리고 주변으로부터 받은 미움을 미움으로 풀지 않고 사랑으로 풀어내는 자신의 모습을 보여 주었습니다. 그러자 아이들도 어느새 공동체의 일원이 되었습니다.

## 느낌표는 다시 물음표로

'한 아이를 키우려면 온 마을이 필요하다'는 아프리카의 속담이 있습니다. 온 마을을 요구하는 것은 한 아이의 성장에 필요한 다양한 지원에 대한 요구이기도 합니다. 그 요구에서 학교의 역할은 얼마나 될 수 있을까요? 영화는 학교를 넘어서는 사회적 도움에 대한 필요성을 이야기하며 기존의 공교육으로 대표되는 학교 시스템이 개인의 삶을 준비시키는 곳인지, 엄밀하게 학교만이 삶을 준비할 수 있는지, 반드시 학교를 통해야만 삶을 살아갈 힘을 가진 인간으로 거듭날 수 있을지에 대한 물음을 던집니다.

학교는 그동안 다수의 사용자를 위해 평균적 시스템에 맞춰진 평균적 교육 과정을 제공하는 기능을 담당했습니다. 그러나 4차 산업혁명으로 대두된 미래교육 논의에는 그동안 평균적 교육을 제공하던 교육 시스템은 더 이상 그 빛을 잃었으며, 기존의 평균에 맞춰진 교육적 요구도 찾아보기 힘듭니다. 사람들은 다양한 배경의 아이들이 다니는 학교가 평균에 모든 사람을 맞춰 교육할 수 없다는 것을 이미 알고 있습니다. 동일한 교육을 통해 평균적으로 비슷한 사람으로 키울 수 있다고 믿는 그릇된 믿음이 '평균의 허상'에서 비롯된 맹신이라 꼬집기도 합니다. 특별한 개개인의 다양성을 존중하면서 개인이 가진 잠재력을 최대로 이끌어 내기 위한 교육, 한 아이의 재능을 키우기 위한 한 아이만의 특별한 교육, 즉 맞춤형, 개별화 교육의 중요성을 누구나 이야기하는 시대가 되었습니다. 때문에 학교는 더더욱 개인의 선택을 중요하게 생각해야 하고, 개인의 행복은 물론 잠재력을 발현시키기 위한 개별화 교육과정을 편성할 필요가 있음은 더 이상 논쟁 거리가 되지 못합니다.

다시 영화로 들어와 찬찬히 살펴보겠습니다. 이 프로젝트는 다문화가정을 배경으로 둔 아이들 25명을 오디션을 통해 공개 모집했습니다. 그리고 그들을 위한 특별한 교육과정을 제공했고, 최고의 교사를 섭외했고, 최고의 시스템을 만들었습니다. 오케스트라 단원들이 만난 교사는 어설픔이 통하지 않는 최고의 음악가 리처드 용재 오닐이었습니다. 그는 이미 음악으로 세계무대를 누비는 최고의 실력가였습니다. 선발된 오케스트라 단원들에게는 숙식을 제공했고 캠프를 만들었습니다. 배움의 속도가 차이를 보일 때는 개개인의 성향을 최대한 존중해 주는 추가적인 개인 교습이 주어졌으며, 관심 없는 가정의 부모를 교육에 동참시키기 위해 노력하며 설득합니다. 아이들의 스승들은 최선을 다해 관심을 보여 주었고 기다려 주었습니다. 완벽을 요구하지도 않았고 배움의 과정은 그 자체로 존중되었으며, 무엇보다 최고의 무대에 설 기회를 주면서 동기부여가 될 수 있도록 도와주었습니다. 그들은 그럴 만한 충분한 능력이 있는 선생들이었습니다. 그래서 단원들은 악기를 다루게 되면서 저마다 마음의 악기를 다룰 수 있는 한 개인으로 성장해 나갔습니다.

물론 가르침을 돕는 외부적 지원들도 많았습니다. 방송사, 후원자, 재능기부자들.... 다 세어 보진 않았어도 한 아이의 교육에 필요한 유무형적 자본들이 얼마나 많았을지는 짐작할 수 있습니다. 이들은 모두 한 아이를 아이답게 키우는 일, 아이가 어설픔을 넘어 완벽할 수 있는 기회를 주는 일에 헌신했습니다. 그래서 최고의 무대에 서는 아이들의 눈은 빛났고 이상으로 가득 찼으며 행복이 묻어납니다. 프로젝트가 끝난 이후에도 주관 기관인 안산시는 오케스트라의 단독공연을 마련해 주고 지속적인 관심을 가져 주고 있다고 합니다. 영화 마지막에 아이들은 자신을 낳아 주셔서 키워 주셔서 감사하다고 진심을 다해 말합니다.

1955년 하와이 카우아이섬에서는 신생아 833명을 18살이 될 때까지 추적하는 대규모 종단연구를 수행했습니다. 40여 년 동안 연구를 통해 열악한 환경에서 자란 201명 중 3분의 1인 72명이 출생과 환경의 영향을 받지 않고 훌륭하게 성장한 원인을 밝혀냅니다. 그들에겐 모두 어떤 상황에서도 무조건 믿어 주고 편이 돼 주고 응원해 준 사람이 한 명 이상 있었습니다.[21] 이 결과는 가정과 학교라는 제도적 울타리를 넘어 삶을 지지하고 공감해 주는 누군가의 필요성을 잘 보여 줍니다. 누구나 일생에서 중요한 한순간을 경험합니다. 그 중요한 순간은 분명 사람의 삶을 바꿀 힘이 되기도 합니다. 그 결정적 순간을 부모라는 가정의 든든한 울타리에서 얻기도 하겠지만 누군가에게는 사회가 의도적인 힘을 기울여 만들어야 하겠지요. 삶의 굴곡을 많이 가지고 있는 사람들일수록, 예컨대 〈안녕?! 오케스트라〉처럼 태어나면서부터 차별을 겪어야 하는 사람들일수록 사회의 안전망이 든든해야 합니다. 만약 누군가가 든든한 안전망 역할을 해야 한다면, 한 아이가 성장하기 위해 온 마을의 지속적이고 전폭적인 지원이 필요하다면 그건 누가 담당해야 할까요? 영화는 마을의 공동체 모두가 한 아이를 돌보기 위한 지원을 아끼지 말아야 한다는 점을 우리에게 알려 줍니다. 아이들의 배움의 공간을 지원하고 응원을 아끼지 말아야 하는 것은 우리 모두의 소명이라고 알려 줍니다.

만약 용재 오닐이 '한국에서 태어났다면 어땠을까?'라고 가정해 보면 어떨까요? 용재 오닐의 어머니는 장애를 가졌으며, 한국에서 입양된 다문화가정이었습니다. 그런 어머니를 둔 용재 오닐이 한국에서 자랐다면 과연 세계최고의 음악가로 성장할 수 있었을까요? 그의 인터뷰 중에는 그가 미국에서 받은 차별에 관한 사실이 포함되어 있습니다. 그러나 그것이 비올리스트로 성장하는 기회를 빼앗지는 못했습니다. 예전에 고교 중퇴생이었으나 현재는 하버드대 대학원의 교수가 되어 있는 『평균의 종말』의 저자 '토즈 로즈'도 이와 비슷합니다. 그는 미국에서 고교 중퇴생이었으며 어린 시절 ADHD로 심각한 정서적 문제를 가졌던 자신을 소개하며 저서를 통해 평균주의로 만연한 교육 시스템의 문제를 하나하나 지적합니다. 중퇴한 그에게도 다시 도전할 수 있는 열린 기회가 주어졌습니다. 우리는 토드 로즈나 리처드 용재 오닐이 출신과 배경의 문제가 아니라 능력에 따라 기회를 얻을 수 있는 통로가 개방되어 있는 국가에서 교육받았다는 점을 눈여겨볼 필요가 있습니다. 기회가 허용되는 나라에서 자란 아이는 자신이 할 수 있는 한 힘껏 날아올랐습니다. 이런 사회가 우리가 사는 사회의 모습인가는 다시 한 번 생각해 볼 문제입니다. 초 – 중 – 고 – 대학교가 일렬로 늘어서 기회를 잃은 사람들에게 다시 진입할 수 있는 다른 경로를 허용하고 있는지, 다름을 허용하고 수용하고 있는지, 공교육 시스템 내에서 아이들은 행복한지, 교육을 받은 아이들이 미래에 자신의 몫을 누가 정해 주지 않아도 스스로 찾아 나갈 힘이 있는 어른으로 성장하고 있는지 영화는 우리 사회에 물음표를 던집니다.

이제 학교의 경계가 느슨해지고 선생이 넘쳐 나는 사회에 살고 있는 오늘, 누구도 선생이 될 수 있고 어느 장소도 교육기관이 될 수 있다는 사실은 교육기관에서 근무하는 오늘날 교사들에게 자신의 위치가 부여하는 가치를 스스로 점검해야 할 것을 요구합니다. 영화는 학교가 최고의 교육기관이라 자부하지 말 것을, 공교육에 몸담고 있는 교사만이 최고의 선생이라 자부하지 말 것을 당부합니다. 이 시대 최고의 교육기관과 최고의 선생이라는 지위는 그들이 가진 역량을 통해 부여되기 때문입니다. 나는 오늘도 선생이었는가? 성찰이 먼저입니다.

## 가르침, 멀고 먼 스승의 길

이 영화로 진행했던 힐링시네마에서 한 참여자가 "이 영화 어땠어요?"란 질문에 "이런 자리가 아니었으면 저는 이 영화를 평생 모르고 지나갔을 겁니다. 영화를 보여 주셔서 감사합니다"라고 대답합니다. 저 역시 이 영화를 보기 전과 후가 달라져 있음을 공감할 수 있었습니다. 영화를 통해 용재 오닐과 같은 위대한 스승을 만난 기분이었습니다. 그 시간 우린 자신의 아픔을 치유하고, 그 치유의 힘을 나눠 준 리처드 용재 오닐이 진짜 어른일 것이라며 '어른다운 어른이 많은 나라'를 꿈꿨습니다.

그가 진정한 어른이었다는 점은 아이들을 '배움'모드로 전환시켰다는 점에 있습니다. 우치다 다츠루 선생은 그의 책『어른 없는 사회』에서 배움의 스위치가 켜지면 멈추는 일은 없다고 말합니다.

> '배움'모드로 전환되면 그 다음엔 흡수하는 일만 있습니다. 정말 처음 한 번만 스위치를 켜면 됩니다. 삶의 어느 시점에서 배움의 스위치가 ON이 되면 이제 더 이상 멈출 수 없습니다. 배움이란 그런 것입니다.
> - 『어른 없는 사회』, 우치다 다츠루, p.279

오케스트라 단원들에게 분명 용재 오닐은 스승이었습니다. 아이들의 눈은 빛났고 할 수 있다는 자신감으로 넘쳤습니다. 그리고 건조한 언어로 다문화를 만났던 제 삶에서도 그는 스승이 되었습니다. 점점 어른의 수가 줄어들고 있는 사회에서 어른다울 수 있는 사람이 많아지면 좋겠습니다. 우치다 선생은 아이와 어른의 차이를 시스템 보전을 자신의 일로 여기는 자발성이라고 설명합니다.

길에 떨어져 있는 빈 깡통을 줍는 일은 누구의 의무도 아닙니다. 자기가 버린 게 아니니까요. 버린 녀석이 주워야지 지나가는 사람이 책임질 필요는 없다고 한다면, 그것도 맞는 말입니다. 그런 일은 모두의 일이지 자신의 일이 아니라고 생각하는 사람이 '아이'입니다. 어른은 다릅니다. '어른'이란 그럴 때 선뜻 깡통을 주워서는 주변에 쓰레기통이 없으면 자기 집으로 가져가 분리수거해서 재활용품 수거일에 내다 놓는 사람입니다. 그런 사람이 어른입니다. '아이'는 시스템 보전이 모두의 일이므로 자기 일이 아니라고 생각합니다. '어른'은 시스템 보전은 모두의 일이므로 곧 자기의 일이라고 생각합니다. 바로 이만큼의 차이입니다.

- 『어른 없는 사회』, 우치다 다츠루, p.40

시스템 보전이 다른 사람의 일이 아니라 자신의 일로 여기는 것이 어른이라는 설명이 어떤가요? 이제 자신이 어른인지 아닌지를 돌아보는 일이 숙제로 남았습니다. 당신은 어른인가요? 아이인가요?

## '다름'을 바라보는 촌스러운 이질감을 넘어

지금은 일과 사랑에서 국경이 없는 다문화사회입니다. 그리고 미래사회로 갈수록 인적자원의 교류도, 국적이 다른 사람들의 결혼도 늘어나 국경의 의미는 더욱 없어질 전망입니다. 이런 시대에 영화는 여러분에게 질문합니다.

결정적 순간, 나는 어떤 태도를 취하는 사람인가?
그 순간 '다르다'를 '틀리다'로 생각하는 잘못을 범하고 있는 것은 아닌가?
나 역시, 외국인에 대한 촌스러운 이질감을 갖고 있지는 않은가?
자신은 관대한 척하지만 한국사회의 뿌리 깊은 차별의식이 나에게도 그대로 들어오진 않았는가?
외국인들을 그들의 피부색이나 출신지에 따라 차별하고 있지는 않는가?
피부색에 따라 다른 인종차별의 태도와 감정을 여과 없이 내뱉고, 결정적 순간이 되면 차별을 인지

하지 못하고 현실을 따라 다수가 인정하는 편견에 의해 움직이진 않는가?

때때로 타인을 혐오하거나 차별하는 말을 하지 않는 것을 넘어 우스갯소리라고 던지는 피부색에 대한 농담과 그에 따른 물리적 차별을 하지 않았는가?

이와 같은 질문들은 차이와 다름에 대한 구분과 타인에 대한 존중과 배려에 관한 질문들입니다. 실제로 다문화문제의 본질은 타자에 대한 태도에 있습니다. 타자란 나 아닌 다른 존재로 나와 관계를 맺고 나의 생각과 삶에 영향을 주는 존재들입니다. 이들을 향한 나의 시선이 변함없이 일정한가는 서로의 차이를 이해하고 존중하는 기본적인 태도를 내가 갖추었는지 반성적으로 점검하는 좋은 기준점이 됩니다. 문화가 다른 곳에서 이주한 다른 문화권 사람들이 함께 어울려 사는 일이 얼마나 어려운 일인지 공감하는 것, 이들이 자신의 문화적 정체성을 잃지 않고 제3의 문화를 만들며 새로운 문화를 만들어 낼 수 있도록 바탕을 제공하는 것, 부당한 편견과 차별을 이해하고 이를 거부할 수 있는 반차별 교육으로 가는 것, 부당한 편견과 차별이 한 사람의 인격과 삶을 파괴할 수 있다는 사실을 아는 것, 차별과 조롱의 언어를 멈추는 것이 타자의 존엄성을 이해하고 기본적인 예의를 갖추는 한 인간이 갖추어야 할 기본적 태도임을 알고 실천하는 것이죠.

〈안녕?! 오케스트라〉가 질문합니다. 여러분은 사회의 오케스트라의 단원으로 불협화음이 아닌 아름다운 화음을 내고 있는지요?

# 상담 레시피　　　COUNSELING RECIPE

▷ 레시피 **01**: 오케스트라 단원이 되는 일

- 영화 감상
  오케스트라 단원들의 오디션 클립

- 다리 놓기 질문 및 활동
  ① 무엇인가를 위해 오디션을 봤던 경험이 있었나요? 그때의 마음은 어땠나요?
  ② 영화에서처럼 준비되지 못했던 오디션 경험이 있었나요? 오디션 결과는 어땠나요?
  ③ 준비했는데 결과가 좋지 않았을 때 취한 행동은 무엇이었나요?

▷ 레시피 **02**: 상처를 딛고 만드는 하모니

- 영화 감상
  리처드 용재 오닐과 단원들이 상처를 딛고 마지막 연주를 하는 장면

- 다리 놓기 질문 및 활동
  ① 어려움에도 불구하고 무엇인가를 해냈던 경험을 나눠 봅시다.
  ② 영화에서처럼 다른 사람들과 협력해서 멋진 하모니를 만들었던 경험이 있었나요?
  ③ 협력의 결과로 얻은 것은 무엇이었나요?
  ④ 리처드 용재 오닐처럼 나를 믿어 준 스승이 있었나요?

세 번째 이야기

# 다르지만
# 함께 살아가기

# 다양한 소통의 방법,
# 목소리의 형태(A Silent Voice)

## 영화 기본 정보

**제작국:** 일본, 2017

**감독:** 야마다 나오코

**주연:** 이리노 미유(이시다 쇼야), 하야미 사오리(니시미야 쇼코)

**장르:** 애니메이션, 멜로/로맨스

**상영 시간:** 129분

**관람 기준:** 전체 관람가

## 힐링시네마를 위한 이 영화의 키워드

청각장애/왕따/수화/보청기/용서받기/사과하기/학교폭력

# 목소리를 듣지 못하는 전학생이 나타났다!

어떤 목소리에도 귀를 기울이지 않는 소년이 있습니다. 그는 껄렁껄렁하고 따분한 건 무엇보다 싫고, 제멋대로 살아가는 주인공 '이시다 쇼야'입니다. 그런 그에게 전학생 '니시미야 쇼코'가 나타납니다. 그녀의 첫인사는 특별했습니다. 언어장애를 가진 니시미야는 노트에 이름을 적어 자기 자신을 알립니다. 반 아이들은 그런 니시미야에게 호기심을 갖지만 선생님의 전달사항을 일일이 써서 알려 줘야 하고, 다른 친구들보다 반응이 느리다 보니 아이들에게 점점 귀찮은 존재가 되고 맙니다. 안타깝게도 친구들의 관심은 금세 미움으로 변하고 니시미야는 따돌림의 대상이 되었습니다. 따돌림을 당하지만 그녀는 세상과 소통하기 위해 자신의 온 힘을 기울이며 살아갑니다. 괴롭힘을 당하면서도 늘 웃는 얼굴로 '너와 나는 친구'라고 말하고 친구들에게 자신의 목소리가 들릴 때까지 몇 번이곤 이야기를 반복합니다.

이후 니시미야의 학교폭력 가해자로 이시다가 지목됩니다. 그리고 그 역시 따돌림의 대상이 됩니다. 외톨이가 되어 듣기 싫은 목소리에 X표를 하는 소년에게 사람들의 얼굴은 보이지 않습니다. 정확히 그는 다른 사람들의 얼굴을 바라볼 수 없습니다. 6년이 지나 고등학생이 된 이시다는 여전히 왕따에 시달리고 있습니다. 그는 대인기피증에 시달리며 결국 죽기로 결심하고, 마지막으로 니시미야를 만나러 갑니다. 영화는 이렇게 시작합니다.

'이시다 쇼야'가 보는 세상

소리가 들리지 않는 '니시미야 쇼코'

# 진심에 닿는 목소리는 서로 닮은 목소리의 꼴이어야 가능하다

이 영화의 제목은 〈목소리의 형태(The shape of voice)〉입니다. 목소리에 형태가 있을까요? 목소리는 말 그대로 목에서 나는 소리입니다. 좀 더 정확히 사람의 성대에서 내는 소리, 성대부터 시작되는 공기의 파동입니다. 사람의 얼굴이 모두 다르기 때문에 목소리도 사람마다 목소리가 다릅니다. 마치 지문과 같이 성문도 다릅니다. 목소리는 통상 보이는 형태, 꼴을 갖지는 않습니다. 그런데도 영화는 목소리에 형태를 부여합니다.

니시미야 쇼코는 소리가 들리지 않습니다. 그래서 니시미야가 내는 소리는 일반인이 내는 소리와 다릅니다. 그 목소리는 일반적으로 다른 사람이 내는 목소리와는 다른 형태를 갖고 있습니다. 영화는 인간이 가진 소통의 도구로서 목소리의 형태를 다양하게 그리며 목소리가 여러 모양을 갖고 있을 뿐만 아니라 목소리만이 유일한 소통의 도구가 아님을, 목소리의 형태를 하나로 규정할 수 없다고 말합니다.

'니시미야'가 내는 목소리는 어떤 형태를 갖고 있을까요?
우리가 어떤 형태의 목소리를 내야 상대의 진심에 닿을 수 있을까요?
우리가 흔히 이야기하는 목소리만이 상대의 진심에 닿을 유일한 방법일까요?

학교폭력을 견디다 못한 니시미야가 전학 간 후 6년이 지나 가해자 이시다는 니시미야를 만납니다. 영화는 자발적으로 목소리를 없애고 '음소거' 상태로 살아가는 이시다와, 선천적으로 음소거 상태로 살아가는 니시미야가 만나 지난날 아픈 상처를 이야기하며 시작합니다. 6년이 지나서야 처음으로 마음의 목소리가 전해집니다. 진심이 통하기 시작합니다. 바로 소리 없는 목소리, 수화로요. 어린 시절 괴롭힘의 상처가 아직 선명하게 남아 있지만 그들은 둘만의 소통 방법을 익혀 나갑니다. 니시미야의 소통 방법을 이해하지 못했던 이시다는 어린 시절과 같은 실수를 더 이상 반복하지 않습니다. 상대의 진심에 닿을 목소리는 상대를 닮은 목소리의 꼴이어야 가능한 일이라는 것을 알게 된 이시다는 니시미야의 소중한 친구가 됩니다. 다양한 목소리의 형태를 사용해서요.

## 소통의 방법

이 영화는 학교폭력의 가해자가 피해자가 되고, 방관자는 또 다른 가해자가 되는 과정을 보여 주는 영화입니다. 학교폭력의 가해자였던 주인공이 가해자로 지목되면서부터 그는 또 다른 따돌림의 대상, 피해자가 됩니다. 영화에서는 가해자가 피해자가 되는 과정뿐 아니라 가해자 - 피해자 - 방관자의 삼각관계를 잘 드러냅니다. 또한 그들이 겪는 내면의 슬픔을 따라가다 죽음을 선택하는 과정에선 자신을 '쓸모없는 존재'로 너무나 쉽게 가정하는 청소년들의 선택의 즉흥성과 인식의 오류를 잘 보여 줍니다. 특히 왕따를 당하는 이시다가 성장하는 과정에서 보이는 마음의 어지러움이나, 청각장애를 가진 니시미야가 누구에게도 폐를 끼치지 않기 위해 죽음을 선택하는 설정은 그 어느 곳에도 소속되지 못한 청소년들이 자기중심적으로 감정에 휘둘린 채 행동하는 모습을 보여 주지요. 그들의 삶에서 놀림과 왕따는 어려서 저지른 무모함 때문이었을 것이라고 가볍게 넘기고 싶지만, 그래서 잠깐 지나가는 것이라 말하고 싶지만 실제 그들의 성장과정에서 지속적인 상처가 되고 삶을 흔들게 됩니다.

이시다에게 "왕따시킨 아이와 어떻게 친구가 될 수 있어"라고 묻는 친구는 이어 "죄책감 때문이야?"라고 질문합니다. 한 번 왕따는 영원한 왕따였습니다. '그들' 무리에 속한 아이들은 니시미야를 지속적으로 타자화시키며 변함없이 그들의 잘못된 관계를 유지했습니다. 그러나 이시다는 다른 길을 선택합니다. 진심을 담아 니시미야와 소통하기 시작합니다. 진짜 친구가 됩니다. 어떻게 가능했을까요? 그들은 어떻게 친구가 될 수 있었을까요?

왕따시킨 애랑 친구라고?
말도 안 돼. 어떻게 그럴 수 있지?
혹시 죄책감 때문이야?

영화에는 목소리가 없는 니시미야가 사용하는 다양한 형태의 소통 방법이 있습니다. 그녀는 다양한 형태의 목소리를 들려줍니다. 글, 수화, 말, 눈빛, 몸짓 등등. 이 모든 것이 그녀가 내는 목소리의 형태들입니다.

**필담노트**: 노트에 써서 글로 들려주려던 목소리
**수화**: 손으로 들려주려던 목소리
**말**: 목소리 그 자체(청각장애가 있어 어설픈 목소리)
**비언어적 형태**: 눈빛, 몸짓 등(눈물을 흘렸고, 몸서리쳤고, 책상을 말 없이 닦았다.)

〈니시미야의 소통 노력〉

처음에 이시다는 니시미야의 소통 노력을 알아차리지 못합니다. 그는 니시미야가 소통에 사용하는 필담용 노트를 쓰지도 않으며 수화도 배우지도 않고, 어설프게 내는 목소리를 따라하면서 니시미야를 놀려 댑니다. 이시다는 그의 육성으로 내는 목소리로만 소통하고자 합니다. 그래서 못 알아먹는다며 놀리고 상처 주고, '너와 나는 친구'라고 말하는 니시미야의 수화에, 얼굴에 모래를 뿌립니다. 친구가 되려고 했던 니시미야의 수화는 어린 이시다에게는 전달되지 못했습니다. 그런 그가 철저하게 고립된 이후에야 니시미야의 입장이 되어 진심 어린 사과를 건네기 위해 니시미야를 찾아갑니다. 그리고 그 목소리는 니시미야에게 전달됩니다.

영화는 '삶을 나누는 친구가 된다는 것은 상대에게 맞는 소통의 도구를 익히는 것'이라고 말합니다. 니시미야가 사용한 다양한 형태의 목소리를 이시다가 알아차리고 마음을 나눌 수 있는 친구가 된 것이 상대에 맞는 목소리의 형태를 알아차리고 진정한 소통을 하려는 노력을 기울인 후에야 가능했다는 점을 알려 줍니다. 이시다는 니시미야에게 가장 익숙한 소통의 도구인 수화를 익히고 수화를 사용해 대화하기 시작합니다. 그리고 진심을 보여 줍니다. 이제 목소리는 마음으로 전달됩니다. 더 이상 상처 주고 싶지 않은 진심이 통하기 시작합니다. 이런 모습은 니시미야에게서도 발견할 수 있습니다. 이시다가 좋아진 니시미야는 그에게 가장 편한 소통 도구인 목소리를 사용합니다. 자신의 목소리를 담아 좋아하는 마음을 고백합니다.

(니시미야는 좋아하는 마음을
고백한다.)
니시미야: 좋아해(스키).
　　　　내 목소리 이상해?
이시다: (목소리를 알아듣지 못한다)
　　　그냥 수화로 해.

마음과 마음이 통한다는 것은 이렇게 서로에게 가장 익숙한 소통의 도구를 사용하는 것에서부터 시작되는 것임을 영화는 말합니다. 서로가 내는 목소리의 형태를 알아내려는 노력 없이 진심에 다가설 수 없습니다. 진심이 통하는 그 순간 친구의 얼굴들이 보인 이시다처럼 마음과 마음이 통하는 그 순간 이시다에게 일어난 기적처럼 얼굴이 보이고 이름이 궁금하고, 그가 내는 목소리가 궁금해지기 위해서는 서로가 내는 목소리의 형태를 알아내기 위한 그 어떤 노력이라도 필요한 것이라고 〈목소리의 형태〉는 말합니다. 이제 이시다도 니시미야에게 진심을 담아 수화로 말합니다.

'모두에게 제대로 사과하고 싶어. 네가 앞으로 내가 살아가는 걸 도와줬으면 좋겠어.'

## 나의 목소리의 형태는?

영화는 질문합니다.

**"마음을 나눌 수 있는 방법은 다양하지만 당신이 내는 목소리는 어떤 형태인가요?"**

분명한/불분명한, 소리를 가진/소리 없는, 진정성 있는/진정성 없는, 억울한, 아픈, 기쁜, 행복한…. 당신은 어떤 목소리를 내고 있나요? 철학자 오우크

쇼트는 "인류의 교육에서 대화의 목소리"에서 대화는 대화의 본성을 가진 영혼이 내는 목소리라고 설명합니다. 대화하는 말이 나타내는 특성은 공감할 준비가 되어 있는 자세, 독단에 대한 자제, 아이디어의 교환에서 얻는 순진무구한 즐거움, 주고받음에 있어서의 관대함, 논리적인 것과 비논리적인 것의 환상적인 조화, 무계획이나 무결론과 결합된 내면의 단련 등입니다. 대화를 지향하는 성향을 가진 사람은 이런 특성을 향유하는 사람, 자신을 흔쾌히 받아들이는 관용을 가진 사람으로 설명합니다. 그래서 대화는 조바심 없이 솔직하게 자신을 검사할 수 있는 사람, 자신이 어떤지 이해한 바로 그 점에 비추어 자신을 용서하는 사람의 성품을 가진 사람에 가깝다고 설명합니다.[22] 자신의 솔직한 목소리를 듣고 타인의 목소리에 대한 관대함이 영혼이 내는 목소리로 대화할 수 있는 법입니다.

영화 〈앙단팥 인생이야기〉에는 편지 한 통이 등장합니다. 도라야끼를 만들어 파는 가게가 나쁜 소문으로 어려움에 처하고, 그로 인해 더 이상 도라야끼를 만들 용기가 나지 않는 주인공에게 어느 날 팥앙금을 만드는 비법을 전수하던 할머니로부터 편지 한 통이 도착합니다. 팥앙금을 만들 때 항상 팥의 이야기에 귀를 기울인다는 이야기로 시작한 편지는 용기를 잃고 포기하려는 주인공에게 따뜻한 위로를 건네며 다시 일어설 용기를 줍니다. 할머니가 알려준 맛있는 팥앙금의 비법은 팥 한 알 한 알의 이야기를 듣는 것에서부터 시작됩니다. 팥이 보아 왔을 비오는 날들과 맑은 날들을 상상하며 어떠한 바람들 속에서 팥이 여기까지 왔는지, 팥의 긴 이야기들을 듣는 일이 맛있는 팥앙금의 비법이었습니다. 이 비법은 이 세상의 모든 것이 특수한 언어를 갖고 있으며, 그 언어들은 들을 수 있다는 믿음에서 출발합니다. 교실에서 학생들을 만나는 것도 아이들의 인생이야기에 귀를 기울이는 것에서 출발할 것입니다. 그들이 어떤 환경 속에서 자라 지금 여기 나와 만나고 있는지 그들의 작은 목소리에도 귀를 기울이는 것. 그런 따뜻함이 타인의 목소리에 대한 관대함으로 영혼이 내는 목소리를 듣고 대화하는 출발점이 되겠지요. 햇빛과 바람의 인사를 받은 팥의 이야기에 귀를 기울이는 노인의 지혜는 아이들의 작은 언어에 귀 기울이는 따뜻한 교사들에게 주는 따뜻한 위로의 말일 것입니다. 이제 영화는 다시 질문합니다.

**"당신이 귀 기울이는 목소리의 형태는 무엇인가요?"**

소리 없는 아우성을 듣고는 있는지, 그냥 지나치는지.... 당신의 귀는 큰 목소리를 내는 누군가에게만 열려 있는 것은 아닌가요? 여러분이 내는 목소리와 다른 목소리를 듣기 위해 노력하고 있나요? 어쩌면 우리가 편견에서 벗어나는 길은 자신의 목소리뿐만 아니라 다른 목소리에도 귀를 기울이는 것이 유일한 방법일지도 모릅니다. 소리 없는 아우성들도 들을 수 있는 예민함을 갖는 일, 작은 목소리에도 깨어 있고 반응하는 일이 필요할 것입니다. 여러분은 대화를 위한 대화에 참여할 준비가 되셨는지요?

오히려 문명다운 삶이란, 공정함보다는 자비로움으로, 엄격함보다는 관대함으로, 독단보다는 융통성으로 이루어진 것이라면, 이런 특성들은 또한 대화를 향한 성향을 가진 성품에도 들어 있을 것입니다.
- 『인류의 교육에서 대화의 목소리』, 오우크쇼트[23]

# 상담 레시피

▷ 레시피 **01**: '니시미야'의 목소리, 나의 목소리의 형태

● 영화 감상

목소리가 들리지 않는 '니시미야'가 전학을 오게 되면서 벌어진 학급의 변화와 니시미야의 소통 방법을 모은 장면

● 다리 놓기 질문 및 활동

① 니시미야가 소통한 다양한 목소리의 형태를 찾아보고, 목소리가 전달되지 못한 원인을 알아봅시다.

② 다른 사람과 소통이 되지 않아 불편했던 경험이 있었나요?

③ 내가 다른 사람과 소통하기 위해 주로 사용하는 목소리의 형태는 무엇인가요?

④ 타인과 소통할 때 나는 어떤 목소리를 사용하는지 그 형태를 표현한다면 어떻게 표현할 수 있나요?

▷ 레시피 **02**: 우산을 씌워 주는 사진(사진 치료)

● 다리 놓기 질문 및 활동

① 이 장면이 주는 느낌은 무엇인가요?

② 당신에게 이렇게 우산을 씌워 줄 사람이 있나요?

③ 지금 당신은 누구에게 우산을 들어 주고 있나요?

④ 누군가에게 나의 우산을 씌워 줬던 경험이 있었나요? 또는 내가 비를 맞고 있
  을 때 이시다와 같이 누군가가 나타나서 우선을 씌워 준 사람이 있었나요?

▶ 레시피 03 : '이시다' 이야기

● 영화 감상
  니시미야의 학교폭력 가해자로 지목되면서 대인기피증을 겪는 이시다의 모습과
  이후 니시미야를 찾아가 사과하는 장면

**친구가 되기 전**                    **친구가 된 후 보이는 얼굴**

'너와 나는 친구'라고 말하는 '니시미야'에게 친구는 이미 만남 그 순간부터였던 반면, '이시다'에
게 친구는 마음을 나누고 소통을 해야 가능한 것이었습니다. 그래서 친구가 되는 과정은 길고 어려
웠습니다. '이시다'가 보는 세계에서는 진짜 친구들의 얼굴만 X표가 없습니다.

● 다리 놓기 질문 및 활동
  ① 대인기피증인 이시다가 친구를 만들기 위해 했던 노력은 무엇인가요?
  ② 이시다와 같이 X표했던 사람이(관계가) 있었나요?
  ③ 나는 다른 사람과 가까운 관계를 만들기 위해 어떤 노력을 하고 있나요?

# '난독증'에 관한 따뜻한 시선,
# 지상의 별처럼(Like Stars on Earth)

## 영화 기본 정보

**제작국:** 인도, 2012

**감독:** 아미르 칸, 아몰 굽테

**주연:** 다쉴 사페리(이샨), 아미르 칸(니쿰브)

**장르:** 드라마

**상영 시간:** 163분

**관람 기준:** 전체 관람가

## 힐링시네마를 위한 이 영화의 키워드

난독증/학교 부적응/특별함/문해력

# 평범한 아이가 꼴찌, 문제아, 부적응아로

인도의 작은 마을에 '이샨'이라는 아이가 살고 있었습니다. 이샨은 어느덧 학교에 갈 나이가 되었습니다. 그러나 이샨이 학교에 들어간 후 동화 같던 가정의 평화는 깨지고, 부모의 걱정은 깊어지기만 합니다. 아들의 성장을 위해 엄마는 다니던 직장도 그만두고 뒷바라지를 하지만 갈수록 학업을 따라가지 못하는 아들 걱정에 실망감이 더 커집니다. 이샨의 형은 공부도 잘하는 모범생입니다. 부모님의 기대도 큽니다. 그러나 이샨은 학교생활에 적응하지 못하고 혼자만의 세계에서 살아갑니다. 학교 친구들은 이샨을 따돌리고 선생님들은 학업을 따라가지 못하는 그를 다그치기만 합니다. 부모는 학교에 적응하지 못하는 아들이 도무지 이해되지 않습니다.

처음부터 이샨이 학교를 싫어했던 것은 아닙니다. 학교를 다니기 전까진 그저 평범한 아이였습니다. 그러나 학교를 다니기 시작하면서 특별할 것이 없었던 아이가 달라지기 시작했습니다. 불안정하고 불복종하고 점점 신경질적인 아이가 되어 갑니다. 아이는 학교를 싫어하고 선생님을 싫어하고, 급기야 수업을 빼먹고 학교를 뛰쳐나옵니다. 그런 아이의 모습을 보다 못한 부모는 아이의 미래를 위해 엄격하고 강압적인 기숙학교로 전학을 보냅니다. 이샨은 기숙학교에 가기 싫다고 울어 보지만 소용없습니다. 그러나 더 엄격한 학교에서 더 많은 관리를 받아서 더 잘할 것이라는 부모의 기대와는 달리 이샨은 점점 더 외톨이가 되어 가고 기죽은 모습으로 살아갑니다. 꼴찌 낙인은 늘 그를 따라다닙니다. 사람들은 그에게 '학교 부적응 아이'라는 표를 붙였습니다.

문제아라고 모두가 외면한 이샨에게 어느 날 미술 선생님 '니쿰브'가 등장합니다. 니쿰브는 빛을 잃은 한 아이를 금방 알아차립니다. 늘 어깨가 축 쳐져있는 아이, 말없이 벌을 받는 아이, 수업에서 늘 소외되는 아이의 눈빛에서 어떤 도움도 거부할 만큼 무기력한 모습을 발견합니다. 그 무기력함에서 선생님은 도움이 즉각적으로 필요한 '위험한 아이'라는 것을 바로 알아차립니다. 다른 사람의 눈에는 그저 학교 부적응아로 보였는데 말입니다.

## 저는 '이샨'입니다

제 이름은 이샨입니다.

세상에는 신기한 것들이 참 많습니다. 학교 가는 길에는 관심을 끄는 것이 너무 많습니다. 웅덩이 속 물고기들, 예쁜 돌멩이, 나뭇가지들 모두 나의 상상의 세계에선 살아 움직이는 멋진 것들입니다. 그런데 학교에 들어간 후 나는 변했습니다. 학교는 내가 상상하는 것을 아주 싫어합니다. 학교에서는 규칙을 잘 지켜야 하고, 선생님 말씀도 잘 들어야 합니다. 무엇보다 공부는 너무나 어렵습니다. 공부는 글을 잘 읽어야 하는데, 가끔 제 머릿속 글자들이 춤을 추기도 하고, 숫자들은 뒤엉켜 뒤죽박죽되어 버립니다. 글자 공부는 계속하지만 글을 읽을 수는 없습니다. 학교는 읽지 못하는 저를 혼내기만 합니다. 처음에 저도 학교에 가는 것이 즐거웠습니다. 그러나 지금은 학교도, 선생님도, 부모님도 싫습니다.

학교에서의 이샨의 모습

이샨이 보는 글자

# 저는 '니쿰브'입니다

저는 선생님 '니쿰브'입니다. 제가 만난 아이 이샨은 글은 읽고 있는 것이 아니라 외우고 있었습니다. 학교는 이샨을 자기 수준으로 읽지 못한다고 잘 적응하지 못한다고 수업에서 제외시키고 혼내기만 합니다. 그러나 이 아이는 우둔한 것도 아니고, 벙어리도 아니고, 눈에 보이는 장애를 가진 것도 아닙니다. 그는 학습문제를 지니고 있을 뿐입니다. 그는 '난독증'입니다. 그러나 그런 아이의 모습을 알아차리는 사람은 없었습니다. 이샨은 머리는 좋지만 읽기를 잘 못하는 아이, 창의력은 좋지만 읽기를 못하는 아이, 남과 다르게 상상하지만 읽지 못하는 아이일 뿐입니다. 저는 이 아이를 특별하게 생각합니다. 읽기, 쓰기의 능력이 일반적인 아이들에게는 자연스럽게 습득되는 것이지만 이샨에게는 특별한 능력입니다. 그는 특수한 읽기곤란을 지녔지만 지금 학교에서 하는 대부분의 활동은 읽기, 쓰기 곤란을 가진 학생들이 적응하기 어렵게 운영되고 있습니다. 읽고 쓰지 못하는 이샨은 학교에서 제외되고 있었고, 적응하지 못했습니다. 저를 만나기 전까지 외톨이, 문제아로 세상을 살아가고 있었습니다.

저는 아이의 모습에서 제 모습을 보았습니다. 어린 시절 읽고 쓰지 못해서 외톨이로 세상을 살면서 일부러 반항하는 척을 했던 제 모습을요. 그래서 이샨의 부모를 설득하고 학교를 설득하면서 아이에게 내재된 가능성을 설명했습니다. 그것을 설명하는 것은 제 마음을 많이 아프게 했습니다. 무엇보다 공부만을 강요하는 이샨의 아버지의 폭력이 아이의 영혼을 아프게 하고, 공포와 고집을 심어 주는 것임을 설명하는 것은 어려운 과정이었습니다.

아이들과의 첫 만남

이샨이 잘못될까 걱정하는 '니쿰브'

# 학습에서 트라우마 극복하기

실제로 학습에 참여하는 사람들에게는 다양한 트라우마 경험이 있습니다. 가정폭력, 학교폭력, 낮은 성적, 입시 실패, 친구의 변심, 중독, 고통, 사고 등 다양한 형태의 트라우마와 그에 따른 스트레스는 인간이 행복한 삶을 영위하는 데 가장 무서운 장애요인입니다. 그래서 학습 장면을 설계하는 경우 이런 다양한 트라우마로부터 행복으로 이끄는 의도된 과정을 충분히 고려해야 합니다. 아이들 주변 환경을 안정적으로 만들고, 위협하는 조건을 없애고, 적절한 삶의 목표를 세울 수 있도록 돕는 것이 행복한 삶을 위해 매우 중요합니다. 이때 목표는 개인의 관심과 가치가 반영된 것이어야 합니다. 위협이나 죄의식, 주위의 압력이 만든 목표는 성취해도 별 행복을 느끼지 못하게 되기 때문입니다. 이런 사실을 가족 중 누군가라도 알았다면 이샨을 기숙학교로 보내지 않았을 것입니다.

> 아이의 영혼을 명예롭고 자유롭게 만드는 교육에서 폭력을 사용해서는 안 된다. 엄격과 구속은 비굴함을 낳을 뿐이다. 이성과 지혜와 요령으로 할 수 없는 일은 강제로도 할 수 없다. 내 바람은 남들보다 자유로운 상태로 태어난 아이들을 일관되게 키우고, 그들의 마음을 순수함과 솔직함으로 드높이는 것이었다. 나는 매질이 아이들의 영혼에 겁과 고집을 심어 주는 것 말고 아무런 효과도 없음을 알고 있다.
> － 『아버지의 사랑에 대하여』, 몽테뉴[24]

이샨은 비언어적인 능력에는 정상 또는 그 이상이었지만, 언어적 능력에서는 뚜렷하게 취약한 아이였습니다. 문제는 이 사실을 사람들이 알 수 있도록 설득하는 과정이었습니다. 니쿰브가 이샨을 가르치기 위해 가장 먼저 한 일은 주변 사람들에게 소리를 기호와 연관시켜 단어의 뜻을 알아야 읽기가 가능하다는 것, 신경이상으로 누구나 난독증이 생길 수 있다는 것을 알리고, 아이의 행복을 위해 주변 환경을 안정적이고 위협하는 조건을 없애면서 아이에게 가장 편안한 방법으로 글을 가르치겠다고 학교와 부모를 설득하는 과정이었습니다. 불안하며 동시에 무기력한 아이에게 평안함과 안정감은 그냥 줄 수 있는 것이 아니었습니다.

가족을 설득하는 '니쿰브'        학교를 설득하는 '니쿰브'

## 읽기곤란에 관하여

읽기(reading)는 쓰인 글을 읽고 이해하는 과정으로서 글자 정보를 음성정보로 바꾸는 해부호화(decoding) 과정과, 읽은 것을 이해하는 독해(comprehension) 과정으로 구분할 수 있습니다. 읽기곤란은 읽기에 어려움을 겪고 있는 현상 모두를 포함하는 포괄적인 개념으로 유기체 내의 어떤 결함뿐 아니라 비문자적인 환경이나 부적절한 읽기지도에 기인하는 모든 곤란을 포함하며 읽기에 어려움을 겪고 있는 현상 자체를 나타내는 기술적 개념입니다. 읽기장애(reading disability)는 읽기곤란을 심리학적으로 설명하는 개념으로 읽기의 어려움이 유기체 내의 어떤 결함에 기인하는 것을 말합니다. 글을 읽고 이해하는 데 포함된 기본적인 심리학적 과정에 장애가 있는 경우로 다른 학습장애와 마찬가지로 시·청각적 장애, 운동장애, 정신지체, 정서장애, 환경적·문화적·경제적 불이익에 기인하는 읽기곤란은 포함되지 않습니다. 이 중 난독증은 읽기장애를 해부호화하는 과정의 장애에 국한하며 장애의 원인이 특수한 인지적 결함에 기인하는 것을 말하는데,[25] 이샨의 경우와 같이 병행되는 다른 인지적 장애 없이 나타나는 읽기장애를 말합니다. 그는 문자나 단어를 소리로 전환하는 데 어려움을 겪습니다.

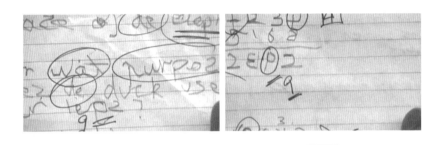

**이샨의 공책**
p, q, g, 9의 구분이 모호하고, S와 R이 뒤집히고, 거울에 비친 형태의 쓰기 형태를 보인다.

대부분의 학교교육은 읽기를 기반으로 진행됩니다. 읽기는 대부분의 학습을 성공적으로 성취하는 데 기본이 되는 학습기능일 뿐 아니라, 일상생활에서 세상에 관한 정보를 습득하는 중요한 적응기능입니다. 대부분의 사람은 읽기를 통하여 많은 지식을 얻기 때문에 읽기는 개인의 지적 발달, 정서적 발달, 사회성 발달을 촉진시키는 중요한 기능이 되기도 합니다. 따라서 읽기를 하지 못하거나 읽기에 어려움을 겪고 있는 학생들에게 읽기기능을 향상시켜 주고자 하는 노력은 매우 중요한 일이라 할 수 있습니다. 문제는 난독증을 학습부진과 혼동하여 난독증 치료를 어렵게 한다는 데에 있습니다. 영화에서도 대부분의 교사들은 난독증을 학습부진으로 보고 다그치기만 합니다. 특수학교로 가라고 소리치고 손바닥을 때리고, 벌을 주며 수업에서 제외시킵니다. 그런가 하면 난독증을 가진 아이와 그렇지 않은 아이를 지필평가로 동일하게 평가하고, 평가에서 받은 낮은 점수로 낙제시키기에 급급했습니다. 이샨의 점수는 늘 0점이었습니다. '바보, 멍청이, 산만한 아이'라는 꼬리표는 늘 그를 따라다니는 수식어였습니다. 부모 역시 공부를 안하려는 핑계로 난독증을 오해하고 있었습니다. 그러나 선생님 니쿰브는 이샨의 난독증을 바로 알아차렸습니다. 그는 곧 이샨에게 직접적인 도움을 주기 위해 글자를 음성 정보로 바꾸는 적절한 인지적 자극을 사용해 문제를 바로잡기 시작합니다. 그는 어린 시절 난독증이었지만 세상을 놀라게 했던 인물들을 알려 주며 그가 혼자가 아님을, 변할 수 있음을 알려 주고 가장 잘할 수 있는 과제를 천천히 제시해 주며 자신감을 키워 줍니다. 또한 몸의 감각을 이용해 글자를 시각화하며 규칙과 전략을 스스로 알아내도록 도움을 줍니다. 아이가 능동적인 학습자가 될 때까지 니쿰브는 이샨의 곁에서 충분한 심리적 안정감을 주며 친절하게 문자적 문화의 세계로 안내하는 역할을 담당합니다. 그가 제시한 과제는 이샨에게 익숙한 것이었고 흥미로우며 쉬웠고 성공할 수 있는 것들이었습니다. 또한 그림에 소질이 있는 이샨의 창조적 성향을 높이 평가하고 그가 자신의 재능을 발휘할 수 있는 기회를 수업과 학교 외부적 활동을 통해 제공합니다. 어느덧 이샨은 자신만의 방법으로 글을 읽게 됩니다. 그리고 멋진 그림을 그리는 달라진 아이가 되었습니다.

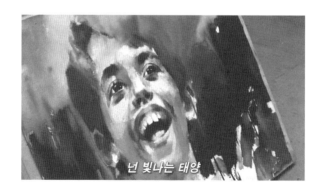

넌 빛나는 태양

니쿰브 선생님은 이샨을 '빛나는 태양'으로 대한다.
그가 보는 이샨의 모습은 창의적이고 희망 가득한 지상에서 가장 빛나는 별이었다.

# 넌 빛나는 태양

밤하늘 반짝이는 빛을 내는 별은 모두 같은 모양으로, 같은 빛깔로, 같은 크기의 빛을 내지 않습니다. 다채로운 이 세상 사람들은 같은 방법, 같은 모양으로 살아가지 않습니다. 세상에는 모두 자신만의 방법으로 빛을 내는 사람들이 더 많습니다.

아이들은 지상의 빛나는 별들입니다. 그들은 마땅히 주체적 삶을 살아야 하고, 자신만의 빛을 찾아가야 합니다. 그러나 영화는 일류로만 키우려는 부모의 욕심이 아이들을 학업이라는 한 가지 방법으로 경쟁으로 내몰고, 고무줄 당기듯 팽팽하게 아이들을 다그치는 현실을 꼬집습니다. 겉으로는 평등과 공정한 교육을 말하며 뒤로는 아이들을 경쟁으로 내모는 부모의 이중성을 지적합니다. 아이들에게 입시라는 하나의 방법으로 줄을 세우고, 시험을 위한 평가를 위해 모두 경쟁하게 하는 것은 반짝이는 별들의 빛을 잃게 하는 것이라고 영화는 말합니다. 학력을 평가하는 방법이 하나일 수 없음에도 학교와 부모는 이샨과 같은 아이를 빛나는 태양으로 대우하지 않습니다. 아이들은 모두 각자의 방법으로 빛을 냅니다. 모두 반짝이는 별들이지만 그 별들이 반짝이는 빛을 잃어 갈 때 부모와 교사는 그들의 눈빛을 알아차려야 할 것입니다.

최근 이러한 문제의식을 가진 사람들이 학력에 대한 새로운 정의를 내리기 시작했습니다. 새로운 학력은 능력의 차이를 떠나 고유의 개성을 바탕으로 모든 학생의 가치가 평등하게 존중받고 조화를 이룰 때 더욱 가치 있는 것입니다. 그것은 단순한 입시용 지식이 아니라 다양한 기술, 산업적 변화 속에서 다양한 재능과 자질이 주체적이고, 창의적으로 함양된 학력이며, 거대한 시대의 변화를 읽고 인류의 공존과 상생을 도모하는 데 기여하는 인성적 가치가 결합된 지적 능력을 의미합니다. 개인적으로 자신의 인생을 찾아갈 수 있는 능력, 우리 사회의 공동체를 보듬을 수 있는 능력, 성숙한 민주시민으로 살아갈 능력을 갖추는 것이 새로운 학력을 함양한 학습자라 할 수 있을 것입니다. 그러므로 건강한 공존과 합리적 정의를 구현하기 위해 교육이 기능할 수 있도록 노력해야 할 것입니다. 정의로운 차등은 '동등한 다름'을 인정하는 정책으로 구현되어야 하고 구조적으로 왜곡된 현실을 바로잡아 모든 아이를 지상의 별처럼 대우하는 것을 의미할 것입니다. 영화 속 내용과 같이 각자 내는 다양한 별빛을 존중하고 아이들의 삶을 인정하는 것은 어떨까요? 아이들의 다름을 인정하고 모두를 빛나는 태양으로 대우해 준다면 아이들은 각자의 빛을 낼 수 있을 것입니다.

오늘, 마음의 창을 열고 밖을 한 번 봐요.
작은 빗방울이 빛나는 햇님을 만나 무지개를 만들고 즐거움이 넘친답니다.
이 아이들을 봐요. 나뭇잎 아래 핀 영롱한 이슬처럼 하늘이 내려 준 선물이죠.
기지개를 켜고 몸을 돌려 미끄러지며 고운 진주알처럼 환히 웃으며 반짝여요.
이 반짝이는 지상의 별들을 잃어버리지 마요.
추운 겨울날의 햇살이 들판의 황금빛으로 물들이듯
아이들은 우리 마음의 어둠을 씻고 마음 깊이 따뜻이 해 줄 테니까요.
이 반짝이는 지상의 별들을 잃어버리지 마요.
달콤한 꿈이 넘치고 천사가 나타나는 꿈
그 꿈이 담긴 눈꺼풀 뒤 달콤한 졸음처럼
오색 빛깔의 분수처럼 꽃망울 위의 나비처럼
욕심을 모르는 사랑처럼 아이들은 넘실대는 희망의 물결
밝아 오는 꿈의 시작, 영원한 기쁨이죠.
이 반짝이는 지상의 별들을 잃어버리지 마요.
때론 현명한 어른처럼 근심 없는 강물처럼
쉴 새 없이 쏟아지는 천진한 물음처럼
웃음이 침묵을 깨고 미소가 얼굴을 밝히듯
아이들은 한줄기 천상의 빛과 같죠.
호수 위에 춤추는 저 달처럼 수많은 인파 속 낯익은 뒷모습처럼
거품을 일으키며 흐르는 강물처럼
한낮의 달콤한 낮잠처럼 사랑이 담긴 손길의 위로처럼
귓가를 울리는 즐거운 음악처럼 시원한 빗줄기처럼

- 영화 〈지상의 별처럼〉의 일부

# 상담 레시피

▷ 레시피 **01**: 난독증

● 영화 감상

'니쿰브' 선생님이 사용한 다양한 난독증 치료 전략 장면

● 다리 놓기 질문 및 활동

① 영화에서와 같이 난독증 학생을 만난 경험이 있었나요? 그때 어떤 방법으로 아이와 만났나요?

② '니쿰브' 선생님의 전략들과 내가 사용하는 전략들을 비교해 봅니다. 난독증 아이들을 어떻게 만나는 것이 좋을까요?

③ 나에게 영화에서와 같은 '니쿰브' 선생님은 누구인가요? 그런 선생님을 만난 경험이 있나요?

**[난독증 치료에 사용된 다양한 전략들]**

**색을 이용해 글자 구분하기**　　　　　**점토를 이용한 다양한 글자 만들기**

# COUNSELING RECIPE

몸의 감각으로 이해하기

크게 그리고 점점 작게 그리기

▷ 레시피 **02** : 이샨 되어 보기

● 영화 감상

학교에 들어가서 수업을 받는 이샨의 모습 모음

● 다리 놓기 질문 및 활동

① 이샨이 학교에 들어가서 겪게 되는 경험을 정리하며 이샨이 경험한 감정들
   을 나열해 봅시다.

② 이샨을 보면서 어떤 감정이 올라오나요?

③ 이샨의 가족(어머니, 아버지)은 이샨을 어떻게 대하나요?

④ 기숙학교로 가기 전과 후 이샨은 어떻게 변했나요?

⑤ 내가 학교에 다니면서 경험한 다양한 기억들 중 가장 어려웠던 것은 무엇이
   었나요?

⑥ 나에게 학교는 어떤 장소인가요?

   학교는 나에게 〇〇〇이다.

# 삶의 무게를 읽는 엄마의 일기장,
## 뷰티풀 데이즈(Beautiful Days)

### 영화 기본 정보

**제작국:** 한국, 2018

**감독:** 윤재호

**주연:** 이나영(엄마), 장동윤(젠첸)

**장르:** 드라마

**상영 시간:** 104분

**관람 기준:** 12세 관람가

### 힐링시네마를 위한 이 영화의 키워드

북한이탈/일기장/비밀/탈북여성

# 한국으로 가지 못하는, 마담 B

## (Mrs.B. A North Korean Woman)

### 영화 기본 정보

**제작국:** 한국, 프랑스, 2018

**감독:** 윤재호

**장르:** 다큐멘터리

**상영 시간:** 71분

**관람 기준:** 12세 관람가

### 힐링시네마를 위한 이 영화의 키워드

탈북/탈북여성/탈북루트/북한인권

# 가장 가깝지만 가장 먼 나라, 북한

이제 소개할 영화 〈뷰티풀 데이즈〉나 〈마담 B〉, 〈크로싱〉의 주인공들은 같은 언어를 쓰는 한민족이지만 두 개의 한국 중 북쪽에 위치한 북한(조선민주주의인민공화국) 국적의 사람들입니다. 한반도의 특수성은 대부분의 한국인보다 외국인이 오히려 북한에 접근하기가 더 쉽다는 점에 있습니다. 그래서 분단으로 세워진 상호불신의 장벽을 통해 보는 북한의 모습은 상대방에 대한 날카로운 선전과 극단적인 모습 말고 다른 것은 알기가 거의 불가능할 정도가 되었습니다.[26] 이런 이유로 북한을 배경으로 한 영화를 보다 보면 같은 민족인지 알 수 없을 정도로 문화의 이질감이 느껴지는 것이 사실입니다. 같은 민족이라 교육받아 머리는 알고 있지만 가슴에서는 편견과 선입견이 씨실과 날실처럼 얽혀 있어 현실에서는 '우리'와는 다른 '그들'의 삶을 자연스럽게 구분하는 상황이 벌어지기도 합니다. 북한이탈주민이 꾸준히 증가하지만 우리 사회에는 여전히 몸만 남한으로 넘어와 '그들'로 살아가고 있는 북에 고향을 둔 사람들도 많습니다. 그래서 지구상에서 가장 가깝지만 가장 먼 나라가 북한입니다.

# 살기 위해 나온 북한, 어머니의 일기장

제23회 부산국제영화제 개막작으로 알려진 영화 〈뷰티풀 데이즈〉는 특별한 비밀을 갖고 있는 한 여성에 대한 이야기입니다. 이 영화는 개봉되면서부터 탈북여성에 관한 이야기로 관심을 받았는데 대강의 줄거리는 다음과 같습니다.

중국에서 사는 가난한 가족이 있습니다. 어느 날 조선족 대학생 아들 '젠첸'은 병든 아버지에게 한국에 사는 어머니에 대한 이야기를 듣습니다. 어린 시절 자신을 떠난 어머니가 그리웠던 아들은 한걸음에 중국에서 한국으로 어머니를 찾아오지만, 이상하게도 어머니는 자신을 반기는 것 같지 않습니다. 또

어머니의 모습은 상상했던 것과도 다릅니다. 술집에서 일하는 어머니의 모습에 실망한 젠첸은 14년 만에 어머니를 찾은 기쁨보단 실망을 안고 중국으로 돌아갑니다. 돌아가는 공항에서 젠첸은 어머니가 넣어 주신 한 권의 일기장을 가방 속에서 발견합니다. 그 일기장에는 북한을 탈출해 어렵게 살았던 어머니의 이야기가 들어 있습니다. 삶의 무게가 고스란히 담긴 일기장을 젠첸은 한 장 한 장 읽어내려 갑니다. 자신을 반기지 않는 어머니의 냉랭함이 몹시 서운했던 아들의 마음이 조금씩 움직입니다. 아들은 그제야 어머니를 조금이나마 이해하게 됩니다. 이후 중국으로 돌아갔던 젠첸이 다시 어머니를 찾아 한국으로 옵니다. 이미 다른 남자와 한국에서 가정을 꾸린 담담한 표정의 어머니를 봅니다. 아들은 어머니 앞에서 중국에서 함께 살았던 어린 시절처럼 밥을 한 숟가락 가득 퍼 입에 넣습니다. 영화는 한 여인의 삶을 오롯이 이해한다는 것이 얼마나 어려운 일인가를 담담하게 보여 줍니다.

**어쩔 수 없는 선택의 연속이었던 어머니의 삶**

# 이름을 밝힐 수 없는 그녀, 마담 B

〈뷰티풀 데이즈〉의 모티브가 된 다큐멘터리 영화 〈마담 B〉는 젠첸의 엄마 역할모델, 마담 B의 이야기입니다. 역시 윤재호 감독의 영화입니다.

다큐멘터리 〈마담 B〉의 주인공은 37세의 나이에 2003년 겨울 북한 압록강 부근 경계를 넘은 탈북여성입니다. 돈을 벌고 싶었지만 중국의 한 시골 남자 '진씨'에게 팔려 가고 10여 년의 세월이 흐릅니다. 북한에 두고 온 아들과 남편에게 돈을 벌어 돌아간다고 한 약속을 지키지 못한 채 그녀는 탈북자를 중국으로 데려오는 브로커가 되었습니다.

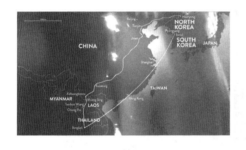

> "처음에는 고향(북한)에 꼭 돌아가겠다고 생각했어요. 여기(중국)서 일 년 돈을 벌었는데 많지 않은 거예요. 큰아들부터 한국으로 보내자...."
>
> 〈마담 B〉

**마담 B 탈북루트**

그녀가 중국 공안의 감시망을 피해 라오스, 태국 등지를 거쳐 인천공항으로 들어오는 탈북루트를 다큐로 담은 영화 〈마담 B〉는 하염없이 이어지는 산길과 끝도 없이 펼쳐진 도로 위 긴장을 여과 없이 담아냅니다. 윤재호 감독은 이 영화를 찍은 후 어느 인터뷰에서 "중국 청도의 청양이라는 도시는 LA의 한인타운 다음으로 한인이 가장 많이 모여 있는 곳이다. 중국으로 이민 온 한인, 중국에서 태어난 한국계 중국인, 일본에서 이민 온 한국계 일본인, 탈북인까지 한국이라는 땅과 연결된 수많은 사람을 만날 수 있다. 그곳에서 양쪽에 발을 걸치고 있지만 때로는 아무 쪽에도 소속되지 못하는 '경계에 서 있는 사람들'에 대한 관심이 생겼다"고[27] 영화를 찍은 자신의 배경을 소개합니다. 아무 쪽에도 소속되지 못하는 경계에 서 있는 사람들. 그들을 우리는 얼마나 알고 있을까요?

## 북한이탈주민을 이해하는 일, 무거운 삶의 무게를 재는 일

북한이탈주민은 '북한에 주소, 직계가족, 배우자, 직장 등을 두고 있는 사람으로서 북한을 벗어난 후 외국 국적을 취득하지 아니한 사람'을 말합니다.[28] 즉, 한국으로 온 북한주민이 북한이탈주민입니다. 탈북청소년은 북한이탈주민 중 청소년 연령에 해당하는 집단을 포괄하는 용어로 만 6-24세 이하의 청소년을 의미합니다.[29] 그중 교육현장에서 만나는 탈북청소년은 북한 또는 중국 등에서 태어나 한국에 입국한 후 학교에 재학 중인 북한이탈주민의 자녀를 말합니다. 전문가들은 탈북청소년을 이해하기 위해서는 탈북부모에 대한 이해가 필수적이라고 조언합니다. 부모의 탈북과정과 북한사회에 대한 이해를 바탕으로 가족상담 또한 필요할 것입니다. 영화 〈뷰티풀 데이즈〉에서 젠첸을 이해하기 위해 그의 어머니의 삶을 이해해야 하듯, 탈북청소년 한 명을 둘러싼 가정과 사회의 생태계를 이해하려는 노력이 선행되어야 그들의 삶에 대한 이해와 공감, 필요한 지원을 할 수 있을 것입니다. 영화로 들어가 보면 이 이야기가 조금 더 선명해집니다. 영화 〈뷰티풀 데이즈〉는 어머니를 이해하는 아들의 성장드라마이며, 동시에 북한이탈을 한 여성의 삶을 잘 보여 주는 영화입니다. 아들이 어머니를 찾아갔을 때 보여 준 냉담한 모습은 영화가 마칠 즈음에서야 고개가 끄덕여집니다. 그럴 만한 이유가 있어 보입니다. 북한을 나온 어머니의 삶은 생존이었습니다. 브로커를 통해 북한을 탈출하면서 지게 된 빚은 새 삶이 아닌 굴레가 되어 고단한 삶으로 돌아왔습니다. 북한 국경을 넘으면서

진 어쩔 수 없는 빚은 인신매매로, 원하지 않는 결혼으로, 원하지 않는 임신으로 돌아옵니다. 가족을 떠나 남한으로 오지만 그녀는 여전히 술집에서 일합니다. 지고 있는 삶의 무거운 무게는 남한사회에서의 적응도 어렵게 만듭니다.

각종 통계는 이 사실을 확인해 줍니다. 「북한이탈주민의 보호 및 정착지원에 관한 법률」은 입국조치 후 초기자립지원과 사후관리를 도와줍니다. 하지만 이러한 지원에도 불구하고 대부분 주민들은 남한사회에 성공적으로 적응하기 어려워합니다. 2015년 조사에 의하면 사회정착 성공률은 15% 미만이며, 국내 북한이탈주민의 10%인 약 2,000명 정도가 해외로 이주한 것으로 추정된다고 합니다. 북한에서 성공적으로 탈출해서 온다고 하더라도 할 수 있는 일이 제한적이어 북한에서보다 남한에서 사회경제적 지위가 낮아지고 있는 현실이 통계를 통해 드러나고 있습니다. 경제활동참가율이 낮고, 참여해도 제조업, 숙박, 음식업 쪽에 많이 집중되고 있으며, 단순 노무직의 일을 가장 많이 하고 있습니다. 또한 비경제활동비율과 실업률이 높습니다. 월평균소득은 190만 원선, 평균 생활비는 130만 원입니다. 취업을 원하지만 다양한 이유로 취업은 어려워 일시적 취업이 많고, 취업 경로가 비공식적 대중매체나 전단지, 가족, 친구, 친척 소개로 이루어지다 보니 생활에 어려움을 겪는 가정이 더 많아집니다. 또한 탈북청소년 조사결과를 보면 한부모 가정은 49.4%로 높은 편입니다.[30]

이와 같은 통계적 사실은 북한이탈주민의 삶의 질을 가늠하게 합니다. 실제 탈북민을 대상으로 한 의식조사에 의하면 한국사회에서 무시당하지 않고 살 수 있는 가장 중요한 조건을 경제적 자립이라고 지목합니다. 또한 탈북민들의 심리적 안정과 정신건강은 수입에 대한 만족도와 상관관계가 있는 것으로 나타납니다. 비록 경제적 이유가 탈북동기에 있어서 부차적이었다고 할지라도 낯선 곳에서 기본적인 생활을 꾸려가기 위한 안정적인 물질적 양과 질은 여전히 중요하게 작용합니다. 뿐만 아니라 이전과 달리 단지 굶주림을 벗어났거나 절대적으로 더 나은 경제적인 풍요로움을 느낀다고 할지라도 한국사회에서 경험하는 '상대적 빈곤'은 상대적인 박탈감을 주며, 적응에 있어 장애로 작동할 수 있습니다.[31] 그래서 '경제적 자립'과 '사회적 자립'을 위한 지원 정책이 함께 균형 있게 펼쳐져야 합니다.

## 제3국 출생 탈북학생, '젠첸'

영화 〈뷰티풀 데이즈〉는 통계가 다 전해 주지 못하는 숫자 이면의 세계를 담담한 표정으로 보여 줍니다. 영화는 탈북여성의 삶을 조명하면서 그녀가 처한 현실을 보여 주고, 그 아픔을 공감할 수 있는 기회를 줍니다. 그리고 젠첸의 아픔이 어디에서 시작되었는지를 알려 줍니다. 영화에서 젠첸의 어머니는 중국에서 가정을 이뤘지만 한국으로 오게 된 탈북여성입니다. 젠첸은 북한 국적의 어머니와 중국 국적의 아버지를 두고 있지요. 실제 영화에서와 같이 해외체류 탈북여성의 80% 이상은 탈북과정이 길어지면서 현지인과 사실혼 관계에서 자녀를 출생하는데, 현재 통계상 중국 거주 탈북고아는 2,000여 명으로 추산하고 있습니다. 영화에서도 어머니가 한국으로 입국하면서 젠첸은 중국에 남겨집니다. 어머니 없이 중국 국적을 갖고 살아가는 대부분의 아이들은 중국 저소득 가정의 사회문제를 그대로 지닌 채 살아갑니다. 만약 아버지가 돈을 들여 제대로 아이를 돌보면 중국에서 교육과 사회보장서비스를 받아 잘살 수 있으나 탈북여성과 매매혼을 하는 중국 남성의 생활수준이 높지 않은 이유로 아이들의 대부분은 교육 및 사회적 혜택을 잘 받지 못합니다. 이들 중 일부는 한국행 또는 강제송환되기도 하고, 중국 가정의 보호대상이 되기도 합니다. '16년에 조사한 통계는 초·중·고에 다니는 탈북학생 출생지가 북한(1,200명/47.7%), 중국 등 제3국(1,317명/52.3%)으로 중국 등 제3국 출생 학생 비율이 '11년 36.2%에서 '15년 50.5%로 늘어나고 있다는 점을 보여 줍니다. 이처럼 제3국 출생 청소년 비율이 높아지고 있지만 한국에서도 엄밀한 의미의 북한이탈주민이 아니므로 지원의 사각지대에 놓입니다. 젠첸과 같은 아이들은 국내에 입국하게 되면 미보호대상자로 분류되는데 최근 입국 미성년자의 70-80%는 미보호대상자들입니다. 앞으로 미성년 입국자의 대부분도 이와 같은 학생들일 것으로 예측합니다.[32] 이들과 같이 법의 사각지대에 놓인 미보호대상 탈북학생 중 상당수는 중도입국학생·외국인학생처럼 언어 적응에 어려움을 겪고 있습니다. 이렇듯 탈북청소년들의 입국경로와 과정, 출생국이 다르다 보니 적절한 교육적 지원에 어려움이 많습니다. 개인이 처한 환경이 너무나 차이가 나기 때문에 '모든 청소년에게 적용되는 적절한' 기준은 불가능해 보입니다. 또한 학교교육과 관련해서는 부모와 가정의 적극적인 지원을 받기도 어렵습니다. 부모 역시 문화적 차이, 경제적 불안정, 남한사회 적응에서 기초적, 상식적 예비지식 부족으로 비롯된 다양한 어려움, 언어문제, 한국사람들의 무관심과 냉정함 등으로 혼란을 겪고 있기 때문입니다. 목숨 걸고 탈북한 이유가 자녀를 위해서였다는 부모의 높은 성취 기준 역시 다양한 갈등 상황을 만듭니다. 그래서 탈북청소년의 실질적 도움은 가정과 학교, 학부모와 교사의 역할을 명확히 구분하기보다 학생 개개인의 필요와 요구를 반영하는 차원에서 광범위한 지원이 필요합니다.

영화에서 어머니는 아들에게 일기장을 통해 지난날 어두웠던 삶을 고백합니다. 어머니는 먼 길을 찾아온 아들에게 일기장으로 자신의 그림자를 말해 줍니다. 아들은 어머니의 원하지 않았던 임신과 고단한 삶, 모든 날들에 빛이 없던 하루하루를 이해하며 비로소 자신의 그림자를 걷어 냅니다. 영화의 엔딩은 가족의 식사 장면을 통해 치유와 회복을 보여 줍니다. 이렇게 우리도 한 여자의 비극의 시간 뒤 비로소 맞이하게 된 〈뷰티풀 데이즈〉에 마음을 담아 보며 탈북가정을 바라보는 시선이 좀 더 따뜻해지면 좋겠습니다.

# 상담 레시피

▷ 레시피 **01** : 가족의 연대감을 높여 주는 음식

● 영화 감상
가족이 된장찌개를 함께 먹는 마지막 장면

● 다리 놓기 질문 및 활동
① 젠첸이 어머니와 음식을 먹는 장면에서 느낄 수 있는 젠첸의 마음 변화는 무엇일까요? 그 변화는 어디에서 온 것일까요?
② 가족과 먹은 음식 중 가장 맛있게 먹었던 음식은 무엇이었나요?
③ 젠첸과 같이 눈물을 삼키며 먹었던 음식이 있었나요?
그때의 감정은 무엇이었나요?

# COUNSELING RECIPE

▷ 레시피 02 : 어머니의 일기장

● 영화 감상

젠첸이 어머니의 일기장을 읽는 장면

● 다리 놓기 질문 및 활동

① 어머니의 일기장을 읽은 경험이 있었나요? 어떤 내용이 쓰여 있었나요?

② 일기장을 통해 알 수 있었던 어머니의 삶의 모습은 무엇이었나요? 일기장을 읽는 그때의 마음은 어땠나요?

③ 젠첸의 어머니가 아들에게 일기장을 통해 하고 싶었던 말은 무엇일까요?

④ 내가 부모님의 삶을 이해하게 되었던 계기가 있었다면 언제, 어떤 계기로 가능했나요?

# 살기 위한 헤어짐, 크로싱(Crossing)

## 영화 기본 정보

**제작국:** 한국, 2008

**감독:** 김태균

**주연:** 차인표(김용수), 신명철(김준)

**장르:** 드라마

**상영 시간:** 112분

**관람 기준:** 12세 관람가

## 힐링시네마를 위한 이 영화의 키워드

탈북/자유/결핵/꽃제비/북한이탈주민

# 함경도의 시골 마을

'그날, 우리는 살기 위해 헤어졌습니다'라고 말하는 영화 〈크로싱〉.

영화의 첫 시작은 우리가 갈 수 없는 땅, 북한의 보통사람들이 살아가고 있는 함경도의 시골 마을에서 시작합니다. 북한 함경도 탄광마을에서 아버지 용수, 어머니 용화, 열한 살 아들 준이는 넉넉하지 못한 삶이지만 함께 있어 행복한 날들을 살아갑니다. 단란했던 가정에 찾아온 불행은 아내의 임신으로 시작됩니다. 임신한 아내는 결핵에 걸렸고, 약과 먹을 것이 부족하자 용수는 어쩔 수 없이 돈을 벌기 위해 북한을 떠나게 됩니다. 북한을 떠나게 된 것은 선택이 아니라 생존을 위한 몸부림이었습니다. 아들과 아내를 두고 떠나는 발걸음이 무겁지만 용수는 살기 위해 헤어집니다. 그리고 꼭 돌아오겠다는 약속을 남깁니다. 생사를 넘나드는 고비 끝에 북한을 탈출해 중국에 도착한 용수는 벌목장에서 일을 하며 돈을 모으지만, 불법 현장이 발각되면서 모든 돈을 잃고 경찰에 쫓기는 신세가 됩니다. 그러던 어느 날, 간단한 인터뷰만 해 주면 돈을 받을 수 있다는 얘기에 아무것도 모른 채 용수는 인터뷰에 응하기로 합니다. 그 길로 중국주재 독일대사관을 통해 남한으로 온 아버지는 북으로 돌아가지 못합니다. 가장 가깝지만 먼 나라, 남한에 왔기 때문입니다. 그것은 용수의 선택이 아니었습니다.

결핵에 걸린 임신한 아내를 돌보는 용수

중국주재 독일대사관을 넘는 일행

그사이 어머니가 결핵으로 숨을 거두고, 아버지가 남한으로 온 줄 모르는 아들은 어머니 장례를 홀로 치릅니다. 그리고 아버지를 찾아 국경을 넘어 중국으로 향합니다.

한편, 남한으로 온 용수는 가족 걱정에 잠을 잘 수도 맛있는 것을 먹을 수도 없습니다. 아들의 선물을 준비하고 아내를 위해 결핵약을 사 모으지만 전달할 수 없습니다. 만날 것 같지만 만나지 못하고 닿을 듯 하지만 닿지 못하는 그들의 엇갈린 운명, 북한을 탈출하는 과정에서 겪는 다양한 어려움과 기저에 깔린 불안을 영화는 다양한 각도에서 조명합니다. 무엇보다 준이와 용수의 탈북 여정을 사실적으로 그리는데 중국의 드넓은 옥수수밭, 대규모 벌목장과 현지 기차, 몽골의 고비사막의 풍경을 통해 탈북과정을 사실적으로 보여 줍니다.

## 북한을 탈출하는 다양한 과정

〈크로싱〉은 2002년 3월 탈북자 25명이 베이징주재 스페인대사관을 통해 남으로 넘어온 사건에서 출발하여 탈북민의 다양한 실화를 모태로 한 영화입니다. 또한 한국영화 최초로 평범한 북한사람들의 이야기를 통해 탈북민의 안타까운 사연을 전하는 작품으로 유명합니다. 기획과 제작에 4년간의 긴 시간이 걸렸으며, 전 세계 다큐멘터리, 실제 탈북민 인터뷰 등 방대한 양의 자료조사는 물론, 탈북민의 시나리오 검수까지 거치면서 탈북과정을 사실적으로 보여 주고 있습니다.[33]

영화에서 용수의 탈북과정은 두만강을 건너 중국으로 가는 루트입니다. 이후 용수는 중국주재 독일대사관을 넘습니다. 그러나 안타깝게도 그것이 남한으로 가는 것인지 알지 못했고, 다시 북으로 돌아가지 못합니다. 가족을 북에두고 온 용수에게 탈북은 자발적인 것이 아니었습니다. 그러기에 자유가 주어졌지만 누리지 못하고 북에 두고 온 가족을 그리워하는 나날들을 보내게 되지요. 아들 준이의 탈북과정은 다릅니다. 준이는 탈북고아입니다. 탈북고아는 준이처럼 북한에서 부모를 잃고 혼자 떠도는 아이들을 말합니다. 이들은 한국에 오는 길에 부모와 떨어진 경우도 있고, 탈북여성이 중국 등 제3국에서 현지 남성과 아이를 낳은 뒤 돌보지 못한 경우 등 다양한 사연을 갖고 있습니다. 영화에서도 어린아이들이 길바닥에 떨어진 음식을 허겁지겁 먹는 모습이 여러 번 나오는데 꽃제비라 불리는 이들의 대다수는 한국에 오지 못하고 중국이나 제3국에서 유령처럼 떠돌기도 합니다. 부모를 잃은 준이도 겁 없이 먹을 것을 찾아 떠돌아다니는 꽃제비가 되어 떠돌기 시작합니다. 그러다 기적적으로 아버지와 연락이 닿아 탈북여정에 오릅니다.

**먹을 것을 구하는 준이**

**고비사막을 넘는 준이**

준이는 아버지가 보낸 브로커를 통해 중국을 지나 고비사막을 가로지르게 됩니다. 그러나 아들을 만나기 위해 애쓰는 아버지의 마음과 다르게 안타깝게도 점점 죽음과 가까워집니다. 고비사막을 지나는 여정은 어린 소년이 겪어 내기에는 너무도 힘겨운 것이었습니다.

북한이탈주민을 인터뷰한 많은 연구들은 다양한 탈북루트들을 설명합니다. 중국에서 체류하면서 돈을 지불하고 위조한 중국 여권을 발급받은 후 한국으로 오는 경우도 있지만 북한 탈북자에 대해 북송을 시키지 않는 홍콩, 마카오,

동남아시아, 러시아를 거쳐 입국하거나 휴전선을 통해 직접 망명하는 경우, 중국을 지나 제3국의 한국대사관으로 이동하는 경우, 중국에 있는 각국 대사관이나 영사관에 들어가 탈북을 신청하는 경우 등 다양합니다.[34] 이렇게 탈북 루트가 다양한 이유는 정치적 이유로 시시각각 변하는 탈출행로들이 여러 가지 위험 요소들을 내포하고 있기 때문입니다. 기간은 2년 이상 걸리기도 하는데 교통수단을 이용하기도 하지만 준이가 고비사막을 넘는 것과 같이 도보로 이동하는 경우도 있습니다. 영화 〈마담 B〉에서도 다양한 탈북루트가 소개되지요. 그 과정에서 중국의 탈북자에 대한 감시가 강화되면 북한으로 다시 송환되기도 합니다. 인터뷰들에 의하면 북한주민들의 한국행 탈북경비는 1만~2만 달러를 넘어서는 것으로 알려지고 있습니다.[35] 영화는 주인공들을 통해 이런 탈북의 과정과 어려움을 그대로 보여 줍니다.

## 낯선 땅, 남한

북한에서 자유를 찾아온 많은 주민들이 모두 만족스러운 삶을 사는 것은 아닙니다. 통계에 의하면 북한에서 남한으로 건너온 주민들은 남한에서의 삶이 자신이 하고 싶은 일을 할 수 있는 자유, 경제적 여유, 감시와 통제로부터의 자유 때문에 만족한다고 합니다. 그러나 경제적으로 어렵고, 심한 편견과 차별, 어려운 문화의 적응들 때문에 삶의 만족도가 낮게 보고되고 있습니다. 심리적 어려움도 큽니다. 북에 두고 온 가족에 대한 죄책감, 새로운 생활에 대한 불안감, 자본주의 경제 체제에 적응하지 못해 겪는 어려움 등은 심리적 불안정 요소가 되며, 남북한 간 문화적 차이에서 오는 충격, 낯선 외래어 사용 등 북한에서 경험하지 못했던 문화 적응과 어려움은 잠재적 불안 요소로 작용합니다.

영화에서도 그 모습들이 자연스럽게 드러납니다. 용수가 가족의 소식을 알기 위해 고군분투하는 모습이나 북에 두고 온 아내에게 약을 갖고 돌아오겠다는 약속을 지키기 위해 결핵약을 계속 사 모으는 모습은 안타깝기만 합니다. 용수는 처방전을 모르고, 무료로 결핵약을 주는 남한의 사정을 모릅니다. 북한 가족에 대한 죄책감, 그리움, 외로움은 생활 깊숙이 박혀 있는 정서입니다. 북한에서의 생활방식과 사고방식이 다르기 때문에 겪는 다양한 불편감은 때때로 열등감, 소외감을 불러오기도 합니다. 또 버스노선, 지하철을 이용하는 사소한 문제에서부터 좋고 나쁨의 구별 등의 문제, 언어 및 외래어, 한자, 북한 말씨로 인한 편견 등은 대인관계 형성의 어려움을 가져오기도 합니다. 문화적 충격과 가치관, 도덕성 등에 있어서 다른 평가 척도들과 이방인으로서 느끼는 차별의식은 극복해야 할 무거운 삶의 과제입니다. 이들은 경제적 어려움을 겪기도 하고, 그래서 취업을 원하지만 자신이 가진 능력을 발휘하는 데 남한사회는 포용적이지 않습니다. 그래서 남한의 문화에 적응하는 데 상당히 오랜 시간이 걸립니다. 이와 같은 다양한 어려움들은 영화에서 남한으로 건너온 용수의 모습을 통해서도 발견할 수 있습니다. 죽은 아내의 소식을 알게 된 이후 용수가 "죽지 못해 살고 있는데 왜 남조선 같은 잘사는 곳에만 예수가 있단 말입니까?"라면서 우는 모습은 북한이탈주민의 심리적 어려움을 극대화시켜 보여 주는 장면입니다.

아픈 아내를 위해 결핵약을 계속해서
사 모으는 용수

용수: 이런 약 좀 살 수 있습니까?

약사: 처방전 갖고 오셨어요?

용수: 처방전이요? 환자가 여기 없어서 어떻게 좀 아니됩니까?

약사: 저희는 처방전 없이는 안 되고요. 보건소 가 보세요. 결핵약 같은 약은 1차 치료제에 한해 공짜로 줘요.

용수: 공짜로요?

# 이방인을 구분하는 우리의 엄격함

차별의 이유는 많지만 사회에서의 차별은 보통 약자들을 향하는 경우가 많습니다. 나와 다름을 찾아내고 그 다름으로부터 더 나은 이유를 발견함으로써 자신의 우위를 확인하려는 의도는 보통 성, 장애, 다문화, 탈북, 종교 등 다양한 이유를 붙여 냅니다. 북한이탈주민을 보는 시선도 그렇습니다. 영화에서도 다양한 장면에서 차별의 시선들을 발견할 수 있습니다. 영화는 한국에서 함께 일하는 용수 주변인들을 통해 북한이탈주민을 대하는 우리의 모습을 돌아보게 합니다.

용수는 남한으로 내려와 취업을 합니다. 마음씨 따뜻한 사장을 만나지만 동료 직원들은 공감보다는 "가족들을 버리고 혼자 잘 먹고 잘살기 위해 남한으로 내려왔다"는 식의 조롱 섞인 말을 거침없이 던집니다. 이런 태도는 타인을 배려한 것이 아니라 소수에 대한 차별이며 집단에 기대어 위안을 얻고자 하는 다수의 불필요한 오해입니다. 이러한 편견적 태도는 북한이탈주민들이 건전하고 책임 있는 사회구성원으로 통합되지 못하도록 하는 방해 요소로 작용하게 됩니다. 우리에게도 은연중 우리에게 익숙한 가시 돋친 말들, 이방인을 구분하려는 엄격함이 숨어 있지는 않은지요?

**일을 마치고도 즐기지 못하는 용수**

직원: 이리와 같이 축구 봐.

사장: 북에 아들을 두고 와서 축구 안 본다잖아.

직원: 아이고, 그리 금쪽같은 아들 두고 어떻게 넘어왔을까요? 가족들 다 버리고 혼자 잘 먹고 잘 살려고 내려왔으면서.

사장: 남의 일이라고 함부로 말하는 거 아니야. 지 맘은 오죽하겠어?

# 만약, 죽음이라는 결말을 수정한다면

영화는 안타까운 결말을 보여 주지만 만약 준이가 남한으로 무사히 온다면 어떤 삶을 살아가고 있을지 가정해 봅니다. 만약 준이가 무사히 남한으로 넘어온다면 교육은 그 과정에서 어떤 도움을 줄 수 있을까요? 어떻게 하는 것이 준이에게 주는 최선의 교육적 처방일까요? 다양한 열린 답들이 있겠지만 그 답은 준이의 삶을 얼마나 이해할 수 있느냐에 있을 것입니다. 현재 탈북학생은 꾸준히 증가하는 추세나 국제정세상 증가비율은 감소 추세입니다. 제3국 출생 탈북학생은 증가하고 있으며, 초등학령기 청소년 중 대부분은 초등학교에 재학하지만 고등학령기 청소년은 10명 중 6명만 고등학교에 다닙니다. 학업중단비율로 본다면 일반학생 〈 다문화 〈 탈북학생으로 탈북학생이 많고, 학년이 올라갈수록 그 비율은 증가하고 있습니다. 이들의 평균 수학년수는 3.7년인데 53.7%는 제3국에서조차 학교를 다닌 경험이 없습니다. 이러한 통계적 사실로 유추할 때 공교육은 안전하게 탈북학생을 지원하지 못하고 있는 것으로 보입니다. 남북한 교과용어, 교육제도, 학교문화 등의 차이로 한국의 학교생활에서 혼란을 경험하며 이것은 학교 부적응 요인이 됩니다. 남북한이 같은 한국어를 사용하지만, 용어의 차이는 의사소통이나 교과 수업내용 이해에 어려움을 겪게 만드는데, 이런 혼란은 부모도 함께 겪는 어려움이라 도움을 주기 어렵습니다.[36]

우리는 지속가능한 사회를 위한 교육을 이야기할 때 평등보다 공정(Equity before Equality)을 우선합니다. 이것은 학생들이 학업과 사회생활을 성공적으로 해나갈 수 있도록 필요하고 부족한 것을 제공하는 것과 모든 학생이 배우는 방식과 배우는 속도가 서로 다르므로 각자에 맞게 학습할 공정한 기회를 제공하는 것을 의미합니다.[37] 탈북학생을 지도함에 있어서도 이 원칙은 예외가 아닙니다. 개별 학생들의 성장환경, 가정배경, 지적, 정서적 특성 등을 구체적으로 이해하여 그들에게 요구되는 것을 찾고 그에 대해 직·간접적으로 지원하려는 노력은 공정한 출발을 돕는 반드시 필요한 교육적 행위라 할 수 있습니다. 특히 탈북학생들을 직접 만나는 교사들은 학생들의 의식변화에 직접적인 영향력을 행사하기 때문에 교사의 의식과 태도는 매우 중요한 요소입니다. 이 중 교육내용은 교사의 해석에 의해 학생들에게 전달되므로 교육자 자신이 소수자 인권에 대한 이해와 감수성을 지녀야 하며, 학생 및 학부모들도 탈북 학생들에 대한 편견을 버리고 그들이 우리와 함께 사회구성원으로서 잘 적응할 수 있게 해야 된다는 인권교육을 병행해야 합니다.

준이가 학교를 즐겁게 다니려면 어떤 지원이 필요할까요? 준이의 경우로 살펴보면 준이는 탈출과정에서 다양한 어려움을 겪습니다. 그 경험은 생사를 넘나드는 경험이었습니다. 탈북과정에서 가족과의 이별, 어머니의 상실, 가족의 해체는 한 어린이가 감당하기에는 너무도 큰 삶의 무게일 것입니다. 또한 북에서 배운 내용은 남한의 가치와 다를 것입니다. 언어의 차이, 문화의 차이는 다양한 차별상황에 놓이게 할 것이며 앞으로 삶에 대한 불안감으로 심리·정서적으로도 불안정할 것입니다. 그러므로 자세한 안내와 더불어 언제나 상담을 받을 수 있다는 수용적 태도를 보여 주는 일, 할 수 있는 것과 하고 싶은 것을 찾는 일, 소속감을 가질 수 있도록 만드는 다양한 배려는 늘 필요할 것입니다. 탈북학생 지원은 탈북학생들에게 결핍된 것을 지원하는 것이 아니라 교사, 멘토, 자원봉사자 등 의미 있는 타인의 역할을 학생 중심으로 다시 관계를 재설정해 나가는 것이라 할 수 있습니다. 탈북학생들은 자신을 쉽게 표출하지 않기 때문에 그들의 삶에 대한 전반적인 이해는 생애사적 관점에서 오랜 시간 만남을 통해 형성된 강한 신뢰관계 속에서만 가능합니다.[38] 따라서 단단한 신뢰관계를 형성하는 것과 기꺼이 함께하고자 하는 의지를 바탕으로 의미 있는 타인과 관계 맺기를 지원해 그들의 교육적 성장과 긍정적인 전환의 계기를 자연스럽게 만들어야 할 것입니다.

# 상담 레시피

▷ 레시피 **01** : 준이의 아픔에 다가가기

● 영화 감상

어머니를 잃은 준이가 북한을 탈출하는 장면

● 다리 놓기 질문 및 활동

① 준이가 겪는 아픔은 무엇에서 비롯된 것일까요?

② 준이에게 가장 필요한 도움을 무엇일까요?

③ 나도 가족을 잃는 비슷한 경험을 한 적이 있나요? 또는 가족과 떨어져 살게 된 적이 있었나요?

④ 나에게 아버지는 어떤 존재인가요?

# COUNSELING RECIPE

⏵ 레시피 02: 용수와 준이에게 필요한 것 찾기

● 영화 감상

남한생활에 어려움을 겪는 용수의 모습

● 다리 놓기 질문 및 활동

① 용수에게 필요한 도움이 있다면? 용수는 어떤 도움이 필요하다고 할까요?

즉시 줄 수 있는 도움은? 장기적 도움은 무엇일까요?

② 남한으로 넘어온 용수의 마음은 어떨까요?

낯선 곳에 가서 용수와 비슷한 마음을 느낀 적이 있었나요?

③ 이방인이라고 느꼈던 경험이 있다면 나눠 봅시다.

그때 나는 어떤 도움을 누구에게 받았나요?

나는 여전히 이방인으로 살아가고 있나요?

통일, 혼돈에서 살아가기,
# 굿바이, 레닌(Good bye, Lenin!)

영화 기본 정보

**제작국:** 독일, 2003

**감독:** 볼프강 베커

**주연:** 다니엘 브륄(알렉스), 카트린 사스(크리스티 안네)

**장르:** 코미디, 드라마

**상영 시간:** 118분

**관람 기준:** 12세 관람가

힐링시네마를 위한 이 영화의 키워드

통일국가/분단/동독/통일/어머니/거짓말

# 분단국가 한국, 통일국가 독일

지금은 분단국가지만 우리 민족은 고려와 조선을 거치며 1,300여 년을 통일된 국가에서 살아왔습니다. 1,300여 년의 긴 세월에 비교하면 1945년 이후 분단 기간은 짧아 보이는 것 같지만 분단으로 인한 고통은 현재진행형입니다. 분단을 경험한 국가 중 제2차 세계대전 이후 독일, 베트남, 예멘은 통일을 이루었습니다. 그중 독일은 동독이 자발적으로 서독에 편입된 평화적 통일이고, 베트남은 일방적인 무력통일의 사례이며, 예멘은 합의통일 후 무력에 의한 재통합의 사례라 할 수 있습니다.[39] 이들 세 나라는 통일을 준비하는 우리 사회에 좋은 본보기가 됩니다.

현재 우리 사회는 분단의 과정을 고스란히 겪은 세대와 겪지 못한 세대가 함께 살아가며 분단을 바라보는 시각도, 통일을 바라보는 시각에도 많은 차이가 있는 것이 사실입니다. 이런 시대에 영화 〈굿바이, 레닌〉은 독일의 통일 과정을 보여 주며 우리 사회에 '통합'에 관한 다양한 질문을 던집니다.

〈굿바이, 레닌〉은 독일의 통일 과정을 코믹하게 그린 영화입니다. 특히 영화는 동독의 입장에서 통일을 맞이한 사람들의 모습을 보여 주는데, 이 영화가 개봉된 이후에 독일에선 통일 이전 동독에 대한 대대적인 향수를 불러일으켰다고 합니다. 영화는 우리가 경험하지 못한 사회주의의 시각에서 맞이한 통일의 모습이 남한에서 살아가는 우리의 입장과 시각 차이가 얼마나 다를 수 있는지 보여 줍니다. 영화에서처럼 만약 우리 사회가 어느 날 갑자기 통일을 맞이하게 된다면 사회는 어떤 모습으로 변할까요? 우리 모두는 남한의 입장에서 통일을 생각해 본 적은 있을지 모릅니다. 하지만 북한에서 살아가는 사람들은 어떤 일을 겪을지 상상해 본 적이 있는지요? 영화 〈굿바이, 레닌〉은 동독의 입장에서 그들이 겪었던 혼돈의 시간으로 우리를 안내합니다. 자, 이제 영화를 통해 잠시 입장을 바꿔 그 모습을 상상해 보는 것은 어떨까요? 동독에 살고 있는 '알렉스'를 평양에 살고 있다고 가정하고 그 혼돈 속으로 잠시 들어가 보는 것은 이질적인 문화에 대한 충돌보다 닥칠 변화가 무엇이든 우리가 직면할 큰 도전들을 본질적으로 바라볼 수 있는 기회가 될 수 있을 것입니다.

독일 라이프치히에서 태어나 김일성종합대학에서 유학한 세계적인 북한 전문가 '뤼디거 프랑크'는 30년 가까이 매해 북한을 방문하며 『북한 여행, 유럽 최고 북한통(通)의 30년 탐사리포트』를 집필했습니다. 그는 책을 통해 독일의 통일과정을 반추하며 통일한국을 준비하는 우리에게 시행착오를 줄이는 일은 상호이해에서 시작된다고 조언합니다.

한국인들은 자주 독일을 바라본다. 하지만 나의 나라는 겨우 40년 동안 분단되어 있었다. 수백만 건의 상호방문, 편지왕래, 통화 등이 이루어졌다. 양쪽 주민들은 서로 자유롭게 상대방의 TV를 보고 라디오를 들었다. 그런데도 국경이 열리고 나자 동독과 서독의 놀라움은 컸다. 긍정적인 의미에서만은 아니었다. 서쪽에서는 동독의 경제가 그 정도로 나쁘리라고는 예상하지 못했다. 동쪽에서는 서쪽에서 온 수많은 방문객들이 동독 체제에 대한 더 나은 지식을 그토록 무자비하게 써먹을 줄은 생각지도 못했다.

독일이 재통일된 지 거의 30년이 지났건만 여전히 수많은 의혹, 심지어는 쓰디쓴 고통이 남아 있다. 기대는 실망으로 바뀌고, 희망은 이루어지지 않았다. 통일로 득을 본 사람도 많지만, 실패를 겪은 사람도 많다. 나의 고향 도시인 라이프치히는 대단히 발전하고 있지만, 라우시츠 지방에는 젊은이들이 죽어버린 마을을 떠난다. 베를린에서는 장벽의 모습을 짐작조차 할 수 없지만, 서독의 많은 지역에서는 장벽이 다시 세워지기를 소망한다. 그러니 어떻게 하면 시행착오를 줄일 수 있었던 것일까 자문하게 된다. 우리 독일인들에게 그것은 순수하게 지적인 연습일 뿐이지만, 한국인들에게는 상황을 더 낫게 만들 기회가 있다. 물론 쉽지 않다. 한국에서 문제들은 크고 남북 간의 차이는 엄청나며, 70년이라는 분단 기간은 독일보다 훨씬 더 길다.

- 『북한 여행, 유럽 최고 북한통(通)의 30년 탐사리포트』, 뤼디거 프랑크[40]

영화는 통일에 대한 막연한 아름다운 이미지와 그림자를 드러내며 통일된 한국에 산다는 것이 어떤 느낌일지 안내합니다. 영화를 통해 혼돈과 혼란의 이미지에서 통합의 이미지를 그리며 우리가 가져야 할 중요한 통일의 과제 중 하나인 관용과 개방성을 갖게 된다면 좋겠습니다.

# 어머니를 위한 거짓말

영화는 한 소년 '알렉스'의 이야기로 시작합니다. 우주 비행사가 꿈인 그의 어머니 '크리스티아네'는 국가 최고 훈장을 받을 정도로 열혈 공산당원이자 교사입니다. 누구보다 체제 유지에 적극적인 어머니는 베를린 장벽 제거를 주장하는 시위 중 아들이 끌려가는 모습에 충격을 받고 혼수상태에 빠지게 됩니다. 혼수상태에 빠진 8개월 동안 독일은 통일되었고, 이내 사회는 급변하기 시작합니다. 그 변화는 알렉스가 그동안 경험하지 못한 변화이며, 그 속도도 너무나 빨라 알렉스도 적응하기 힘들어합니다. 그것을 알렉스는 '문화적 충격'이라고 표현합니다. 그러나 어머니는 그 상황을 전혀 알지 못하셨고 내내 잠만 주무십니다. 그런 마음을 알렉스는 다음과 같이 이야기합니다.

> 어머니는 전혀 알지 못했다. 내가 처음으로 서독으로 갔던 일도, 몇몇 동지들이 여전히 성실하게 우리 인민들을 위해 자리를 지킨 일도, 그리고 내가 서쪽에서 맞이한 문화적 충격도 겪지 못했다. 어머니는 처음 맞는 자유선거도 놓치셨고, 아리안 누나가 대학을 자퇴하고 자본주의 직업을 체험하며, 무산계급의 적인 새 연인 라이너와 동거에 들어간 사실도 몰랐다. 우리의 아파트는 서구화되어 갔으며, 라이너와 아리안이 동양에 심취하며, 내 호르몬이 마구 날뛰어도 어머니는 잠만 잤다.
>
> - 통일 후 알렉스의 대사 〈굿바이, 레닌〉

열혈 당원으로 교육에 헌신하는 어머니

아들의 시위 모습을 본 충격에 혼수상태에 빠진 어머니

사실 독일의 통일이 갑자기 이루어진 것은 아닙니다. 서독과 동독은 교류와 협력을 적극적이고 지속적으로 추진했는데, 서독은 '보이텔스바흐 협약' 및 '독일문제에 관한 교육지침' 등을 통해 독일 정치교육의 방향과 민주적 정치교육의 기본원리를 수립하고 지속적으로 교육을 통해 통일의 내적·정신적 기반을 강화해 나갔습니다. 정치교육을 통해 '독일문제의 해결', 즉 통일을 달성할 수 있었던 기반을 다지고 있었던 것이지요.[41]

### 보이텔스바흐 협약[41]

1976년 분단국가였던 독일은 보이텔스바흐에서 독일의 교육자, 정치가, 시민사회단체들이 모여 치열한 토론 끝에 이념과 정권에 치우치지 않는다는 정치교육의 원칙에 대해 합의하여 보이텔스바흐 협약을 만들었다. 이 협약은 본래 학교 정치교육의 지침으로 만들어졌으나 모든 공교육 영역으로 확대 적용되어 독일 정치교육의 헌법으로서 기능하고 있으며, 유럽연합 국가들에서 보편적으로 적용되고 있다.

이 협약은 다음 세 가지 원칙을 골자로 한다.

첫째, 주입 또는 교화 금지 원칙이다. 사회적 쟁점사항에 대해 학생이 잘 모르는 상태에서 교사가 무엇이 바람직한 견해인지를 알려 주거나 강요하는 일이 있어서는 안 된다는 것이다. 교육의 목적은 학생 스스로 독립적인 판단을 하도록 지원하는 데 있기 때문이다.

둘째, 논쟁 원칙이다. 사회적으로 논쟁적인 사안은 학교에서도 논쟁을 통해 학습되어야 한다는 것이다. 이 원칙은 주입금지 원칙을 실천하는 원칙이라고 할 수 있다. 다양한 견해, 특히 비판적이고 대안적인 의견을 균형 있게 제시하고 또한 이에 대해 토의와 토론을 하지 않으면 슬그머니 주입과 교화로 변질할 수 있기 때문이다.

셋째, 정치적 행위능력 강화 원칙이다. 학생들은 자신들의 이해관계를 고려하여 스스로 정치적 입장을 결정하고 행동에 옮길 수 있는 능력을 키울 수 있도록 교육이 이루어져야 한다는 것이다. 현실의 정치 상황에서 학생들은 자신의 개인적 이해관계가 어떻게 영향을 받는지를 탐색해 보고, 또한 자신들이 그런 정치 상황에 어떻게 영향을 미칠 수 있을지 다양한 수단과 방안을 탐색할 수 있어야 한다.

이런 준비를 했던 독일도 통일 이후 다양한 문제에 직면합니다. 영화는 그 모습을 다소 코믹하게 그려 냅니다. 동독의 입장에서 흡수 통일된 이후의 변화는 기존에 보지 못하고 경험하지 못했던 문화가 순식간에 들어와 잠식하는 변화의 소용돌이라고 할 수 있습니다. 평범하게 살아온 동독의 사람들에게 그 변화는 충격이었습니다. 그런 변화의 소용돌이를 누구보다 충격적으로 경험한 아들 알렉스는 독일이 통일되고 난 후 어머니가 의식을 되찾게 되자 심장이 약해 작은 충격에도 목숨을 잃을 어머니를 걱정합니다. 그래서 어머니를 잃기 싫은 알렉스는 어머니를 위해 독일이 통일되지 않은 척 거짓말을 시작합니다. 동독을 너무나 사랑하는 어머니가 갑자기 맞은 통일로 변화된 동독을 보는 것이 큰 충격이 될 것이 분명했기 때문입니다. 그래서 그는 동독이 무너졌다는 사실을 어머니에게 숨기기로 합니다. 그는 거짓말을 사실처럼 꾸며 내기 위해 통일 8개월 전 모습으로 시계를 거꾸로 되돌립니다.

예전 동독의 모습으로 꾸민 어머니의 방

대형 코카콜라 현수막이 걸리는 건물을 보고 어머니는 '별일일세!'라고 말한다.

그러나 동독의 변화 속도는 알렉스가 예상하지 못할 정도로 빠르게 가속됩니다. 처음에는 어머니가 전혀 거동을 할 수 없었기 때문에 어머니의 방을 동독시절의 분위기로 바꾸는 것, 예전 친구들을 모아 생일파티를 여는 것으로 가능했지만 그녀가 걸을 수 있게 되자 문제는 커집니다. 곳곳에 걸린 대형 코카콜라 현수막이나 서독인들의 무리는 알렉스가 통제할 수 없는 변수들이었습니다. 그래서 코카콜라가 동독의 발명품이며 서독의 난민들이 대거 동독으로 유입되고 있다는 가짜 뉴스를 직접 제작하기 시작합니다. 이제 그의 거짓말은 눈덩이처럼 불어나게 됩니다. 이미 동독 상품들은 자본주의 상품에 밀려서 시장에서 모두 퇴출되고 아파트는 서구화되었습니다. 사람들도 마찬가지입니다. 사회적 변화에 휩쓸려버린 사람들은 이미 그 변화에 적응하기도 했지만 퇴출당하고 실패자가 되기도 합니다. 반강제적인 은퇴 이후 술독에 빠진 교장 선생님이나 통일 이후 직장을 잃고 정부에 분노를 표하는 이웃 주민들은 부적응의 모습을 보입니다. 이와는 반대로 대학에서 자퇴한 후 버거킹에서 일을 시작한 알렉스의 누나는 동양문화에 심취하고 동거도 시작하며 빠르게 적응해 갑니다. 그러던 어느 날 은행에 돈을 보관하지 않고 서랍에 보관한 어머니의 동독화폐를 서독화폐로 교환하지 못해 휴지조각이 되는 사건이 발생합니다. 그 돈을 날리며 알렉스의 억눌린 감정은 폭발하게 됩니다. 그에게 동독은 침몰하는 배와 같았고, 서방의 문화는 감당하기 어려울 정도로 빠른 변화였습니다.

완벽한 줄 알았던 U보트가 침몰하는 기분이었다. 일은 계속 꼬이기만 했다.
누나는 내게 등을 돌렸고, 코카콜라 광고는 사방에 걸리고, 찢어버린 지폐는 서풍에 되돌아왔다.
　　　　　　　　　　　　- 바꾸지 못한 돈을 날려버리는 알렉스의 대사 〈굿바이, 레닌〉

# 이상을 좇았던 과거, 노스탤지어

병세가 나아져 집 밖으로 나온 어머니는 헬리콥터로 이동되는 레닌 동상을 마주합니다. 열성 당원이었던 어머니에게 나와 함께 가자는 듯 따스하게 손을 내민 레닌 동상은 이내 사라져버리고 맙니다. 동독이라는 조국도, 사회주의 국가라는 이상도 사라져버리고 맙니다. 비로소 어머니는 자신이 입었던 사회주의 당원의 옷을 벗고 서독으로 망명한 아버지의 비밀을 이야기합니다. 어머니도 변화를 알아차리기 시작하지요. 이제 알렉스는 거짓말을 그만두려고 동독의 발전과 서방의 붕괴를 담은 마지막 TV 뉴스를 제작합니다. 이 뉴스는 어머니를 위한 것이기도 했지만 변화를 맞은 알렉스 자신을 위한 것이기도 했습니다. 이념이 다르지만 인간이 추구하는 자유로운 삶에 대한 기본 가치는 동일할 것이며, 이것은 타인과의 조화로운 삶을 통해 가능하다는 메시지였습니다.

저 먼 우주에서 지구를 바라보는 경험을 하게 되면 다른 시각을 갖게 됩니다. 저 하늘 위 광활한 우주에서 보면 우리의 삶은 작고 덧없어 보입니다. 인간이 성취한 게 과연 무엇이며 무엇을 위해 살고 있는 것일까요?

오늘은 우리의 개국 기념일입니다.

작년 수천 명이 이곳으로 망명했습니다. 이젠 적국의 국민들마저 이 땅을 동경하는 것입니다. 비록 완벽한 국가는 아니지만 우리의 참된 이상은 전 세계를 감동시켰습니다. 가끔 목표를 잃고 방황하기도 했지만 기본적으로 우린 고립된 삶이 아닌 타인과의 조화로운 삶을 추구합니다. 전 이 사회주의의 꿈을 이루기 위해 국경을 개방하기로 결정했습니다. 국경 개방 후 서독의 국민이 자유를 찾아 왔습니다. 고통받던 이들은 새로운 희망에 부풀었습니다. 출세와 향락만이 인간이 추구하는 가치는 아닙니다. 이들은 다른 삶을 원합니다. 인생엔 물질보다 더 값진 게 있죠. 그것은 선의와 노동, 그리고 새로운 삶에 대한 희망입니다.

― 알렉스가 어머니를 위해 제작한 마지막 뉴스 〈굿바이, 레닌〉

헬리콥터에 실려 가는 레닌 동상          어머니를 위한 마지막 뉴스. 국경 개방을 알리며
                                         새로운 삶에 대한 희망을 이야기한다.

〈굿바이, 레닌〉은 통일을 겪은 동독 사람들의 경험을 잘 보여 줍니다. 영화에는 통일 후 동독의 주민들이 느꼈을 심리적 박탈감, 패배감, 열등감이 비교적 담담하게 담겨 있습니다. 때로는 유쾌하게 그렸지만 변화에 대한 갈등과 통합으로 양산된 동독과 서독의 차별도 드러나 분단국가에서 살아가는 우리에게 통일을 위해 무엇을 준비하고 있는지 되묻습니다. 통일된 사회에서 발생할 수 있는 다양한 계층 간 편견과 차별을 마주하고 극복하기 위한 준비는 영화가 말하듯 다양한 관점을 존중하는 것, 타인과 조화로운 삶을 추구하는 삶의 태도에서 비롯된다고 할 수 있습니다. 그것이 우리 사회에 필요한 통합 역량이기도 합니다. 알렉스 역시 본인이 꿈꾸던 동독의 모습, 이상향이 있었습니다. 물질보다 값진 사회주의의 이상은 고립이 아니라 타인과의 조화로운 삶이었습니다. 공동체로 살아갈 수 있는 가치, 경쟁과 갈등에서 벗어나 새로운 미래를 꿈꾸는 것, 협력을 통한 평화를 지향하는 것은 우주비행사 '얀'이 말했던 먼 우주에서 지구를 바라보는 경험을 통해 알게 된 인간이 추구해야 할 본질적인 이상이었습니다. 통일 이후 살았던 나라가 비록 없어졌어도 마음의 이상을 간직한 것, 그런 모두를 존중해 주는 것이 통일을 위한 가치관과 태도는 아닐까요?

"어머니는 자신이 살았던 나라의 이상을 믿어 의심치 않았고, 우리는 어머니가 돌아가실 때까지 그 이상적인 나라의 존재를 유지시켰다. 그 나라는 현실에는 존재하지 않았던 나라이고, 영원히 어머니와 함께 내 기억 속에 남아 있을 나라이다. 어머니가 남기고 간 조국은 그녀의 믿음이 실현된 이상향이었다. 세상엔 절대 존재할리 없지만 어머니와 함께 내 기억 속에 항상 남아있을 것이다."

- 알렉스의 마지막 대사 〈굿바이, 레닌〉

# 상담 레시피

▷ 레시피 **01**: 선의의 거짓말

● 영화 감상

아픈 어머니를 위해 통일 이전의 독일 모습을 꾸며 어머니를 속이는 장면

인간이 성취한 게

● 다리 놓기 질문 및 활동

① 아픈 가족을 간병했던 경험이 있었나요?

② 그를 위해 했던 거짓말이 있었다면 무엇이었나요?

③ 타인의 거짓말을 알면서도 속아 준 적이 있었나요? 그때의 마음은 어땠나요?

# COUNSELING RECIPE

▷ 레시피 02: 변화에 적응하기

● 영화 감상

통일 이후 다양한 변화를 맞이하는 알렉스의 모습

자본주의 직업을 체험하며

코카콜라 광고를
사방에 걸리고

● 다리 놓기 질문 및 활동

① 삶에서 급격한 변화를 맞았던 경험이 있었나요? 그때 나는 어떻게 대처했
  나요?

② 알렉스와 같이 내 의지와는 상관없이 변화를 받아들일 수밖에 없었던 적
  이 있었나요?

③ 알렉스와 주변의 사람들은 변화를 어떻게 보고 있나요?

④ 알렉스와 그의 가족에게 해 주고 싶은 말이 있다면 무엇인가요?

⑤ 남과 북이 통일했을 때 변화를 상상해 본 적이 있었나요?
  나는 통일 이후 어떤 모습으로 살아가고 있을까요?

# 누구나 될 수 있지만
# 아무나 할 수 없는 아버지

아이의 시선에서 만들어지는 아버지,

# 그렇게 아버지가 된다(そして父になる)

## 영화 기본 정보

**제작국:** 일본, 2013

**감독:** 고레에다 히로카즈

**주연:** 후쿠야마 마사하루(료타), 릴리 프랭크(유다이)

**장르:** 드라마, 가족

**상영 시간:** 121분

**관람 기준:** 전체관람가

## 힐링시네마를 위한 이 영화의 키워드

혈육/아버지/친아들/선택/카메라/가족사진

## 나를 닮았나요?

'료타'와 '유다이'는 6년간 키운 아들 '케이타'와 '류세이'가 자신의 친자가 아니라 병원에서 서로 바뀐 아이라는 것을 알게 됩니다. 결국 아이들에게는 미션이라고 속이고 아이들을 교환해서 각자 자기의 핏줄을 데리고 함께 살아보게 됩니다. 과연 이들은 가족이라는 이름으로 한 지붕 아래 지내 왔던 6년의 시간을 바꿀 수 있을까요? 그리고 키워 온 아들의 빈자리는 무엇으로 메울 수 있을까요?

모든 것이 반듯하게 정리되어 있는 성공한 비즈니스맨 료타는 아내 '미도리', 그리고 수줍음이 많은 6살 아들 '케이타'와 도쿄 중심가에 위치한 고급 아파트에서 평안하게 살고 있습니다. 명문 사립유치원에 입학시킬 만큼 넉넉한 생활환경에서 특별한 문제없이 살아갈 것만 같았던 이들의 삶은 게이타가 태어난 산부인과 병원에서 걸려 온 한 통의 전화로 하루아침에 흔들리게 됩니다. 평소에도 소극적이고 내향적인 성격을 지닌 케이타가 마음에 들지 않았던 료타는 케이타가 자신의 아들이 아니라는 사실에 "역시 그랬던 거군"이라고 중얼거립니다. 료타는 어떤 마음으로 이 말을 했을까요?

지방에서 허름한 전기상회를 운영하고 있는 세 아이의 아빠 유다이는 경제적으로 넉넉해 보이지는 않습니다. 하지만 긍정적이고, 얼굴에 웃음을 잃지 않고, 고장난 장난감을 손수 고쳐 주며 아이들과 스스럼없이 놀아 주고, 목욕을 같이하면서 물장난을 치는 친근하고 재미있는 아빠입니다. 아이를 바꾸는 사고를 일으킨 병원에서 받게 될 위자료를 언급하는 것으로 보아 돈을 밝히는 인물처럼 보이지만 순수한 영혼을 가진 따뜻한 아빠입니다.

영화 〈그렇게 아버지가 된다〉는 상반되는 유형의 아버지, '료타'와 '유다이'를 비교해서 보여 줌으로써 세상의 모든 아버지들에게 진정한 아버지는 어떤 자질을 갖추어야 하는지 진지하게 묻고 있습니다. 영리하고 야무진 모습으로 성장하지 못하는 케이타를 승부욕이 없다고 나무라는 료타는 회사일이 바쁘다는 핑계로 아들과 놀아 주지도 않습니다. 또한 케이타가 원하는 것이 무엇인지 관심을 기울이지도 않으며 경제적 지원과 훈육이 중요하다고 생각하는 이성적인 성향을 가진 아버지입니다. 반면에 살림집이 붙어 있는 건물에서 전기상회를 하는 유다이는 일을 하는 중에도 아이들이 원하는 것은 먼저 해결해 주고 아이들의 눈높이에 맞추어 놀아 줍니다. 유다이는 아이들이 아버지에게 진정으로 원하는 것은 함께하는 시간이라고 믿고 있는 감성적인 성향을 가진 아버지입니다. 해야 할 일이 너무 많아서 아이에게 시간을 낼 수 없다는 료타에게 아버지란 일도 다른 사람은 못하는 것이라고 말하는 유다이는 아이들에게 부모의 사랑이 가장 중요하다는 것을 알고 사랑을 행동으로 보여 주는 실천적인 아버지입니다.

이성적인 성향의 아버지 료타        감성적인 성향의 아버지 유다이

회사의 상사는 둘을 모두 키우라고 조언하고, 장모는 낳은 정보다는 기른 정이라며 그냥 기른 정을 중요시하라고 료타의 갈등과 선택에 간섭합니다. 하지만 료타는 '사람이든 동물이든 피가 중요하다'며 어서 아이들을 바꾸고 상대 가족과는 두 번 다시 만나지 말아야 한다고 냉정하게 충고하는 아버지의 말에 이미 마음이 기울어져 있습니다. 한편, 영화는 기른 정을 떼어 내는 것이 두

려워 케이타를 데리고 아무도 없는 먼 곳으로 가서 현실을 잊고 살아가고 싶은 아내 미도리를 비추어 보여 주지만, 료타의 고민에 조금 더 특별한 초점을 맞추고 있습니다. 가진 자가 욕심이 많다는 것을 보여 주려는 것일까요? 영화는 나름대로 갈등이 많을 유다이의 고민에 대해서는 구체적으로 다루지도 않고 카메라 앵글은 같은 사건, 같은 상황에 처해 있는 두 아버지를 공평하게 대하는 것 같지 않습니다.

같은 날, 같은 시간대에 출생한 아이를 담당 간호사가 의도적으로 바꿔치기 했다는 사실에 두 가정 모두 충격을 받고 어떻게 해야 좋은 것인지 결정을 하지 못하고 혼란의 도가니에 빠집니다. 자신의 진짜 핏줄을 만나고, 차츰 만나는 시간이 길어지고 잦아질수록 번뇌와 고민은 깊어 가면서 료타와 유다이는 결국 주말에 아이를 바꾸어 양육을 해 보기로 합니다. 그렇게 6개월이라는 시간이 흘러가면서 가장 마음이 흔들린 사람은 핏줄에 연연하는 료타입니다. 아이를 바꾸어 기르는 동안 유다이와 그 가정의 궁핍한 생활을 은근히 경멸해 왔던 료타는 두 아이를 모두 맡아 기르겠다고 말했다가 유다이에게 멱살을 잡히는 사건이 벌어집니다. 자신의 피를 이어받은 류세이를 데려오고 싶은 료타는 자신이 6년 동안 애지중지하며 키워 온 케이타 또한 가난하고 보잘것없는 전기상회 아들로 키우고 싶지 않은 마음에 두 아이 모두 자신이 키우겠다고 나선 것입니다.

효타: 그럼 둘 다 저희한테 주시면 안 돼요?

유다이: 둘이라뇨?

효타: 케이타랑 류세이.

유다이: 진심으로 하는 말이에요?

효타: 네. 안 됩니까?

갑자기 유다이가 오른손을 들어 료타의 머리를 한 대 친다.

유다이: 무슨 소린가 했더니.

유다이 아내: 그런 실례되는 말을....

효타: 하지만 애들 행복을 생각하면.

유다이 아내: 우리 애가 불행하단 말예요?

효타: 돈이라면 충분히 드릴 수 있어요.

화가 치민 유다이가 료타의 스웨터 자락을 잡아 올린다.

유다이: 돈으로 살 수 있는 것과 없는 게 있어. 자네 돈으로 애를 사는 거야?

효타: 저번엔 성의를 돈으로 보이라고 해 놓곤.

효타 아내: 죄송해요. 이 사람 말하는 게 좀... 애들도 보고 있어요.

유다이: 져 본 적이 없는 녀석은 정말 남의 마음을 모르는군.

　

사실 료타는 어린 시절 부모의 이혼으로 생모에게서 보살핌을 받지 못하고 새엄마의 손에서 자랐습니다. 같은 환경에서 성장한 그의 형 다이스케는 외향적인 성격에 사교성이 뛰어나 새어머니를 '어머니'라고 부르며 잘 따랐지만, 내향적인 성격에 감정표현이 서툴고 정을 주고받는 방법을 몰랐던 료타는 결혼을 해서 자신의 가정을 꾸린 지금까지도 새어머니를 어머니라 부르지 못하고 노부코씨라는 이름으로 부르고 있습니다.

부모가 이혼한 가정의 아이들은 버림받았다는 피해의식 속에서 세상 누구도 자신을 원하지 않을 것이라는 비합리적인 신념이 자리 잡게 됩니다. 부모 중 한

쪽의 부재에서 비롯되는 불안감과 빈자리를 대신해야 한다는 압박감을 가지고 성장하며, 혼자 남은 부모에 대한 부담에서 오는 죄책감과 다른 사람과 어울릴 수 없다는 두려움으로 연애관계에서 번번이 실패를 경험하기도 합니다. 하지만 이들을 가장 힘들게 하는 것은 끝이 없는 상실감에 시달린다는 것입니다. 이들이 겪은 상실감은 마음에 슬픔이라는 상처를 남기고, 따귀 맞은 영혼은 열등감이라는 얼굴을 하고 웅크리고 있기 때문에 언제든 삶의 훼방꾼이 될 수 있습니다.

자식을 다른 여자에게 맡긴 아버지를 이해할 수 없었던 료타는 자연스럽게 핏줄을 중시하는 마음을 갖게 되었을 것이고, 의도하지는 않았지만 자신의 소중한 핏줄을 찾게 된 료타는 케이타와 류세이가 당연히 친부모에게서 커야 한다는 결론을 내렸을 것입니다. 아내의 말처럼 료타는 류세이가 자신의 친아들이라는 유전자 결과를 받아든 순간에 이미 결론을 내렸을지도 모릅니다. 이런 마음은 아버지날 선물로 케이타가 유치원에서 만들어 온 종이 장미꽃 두 송이 중 한 송이의 주인이 로봇을 고쳐 준 류세이 아버지의 것이라는 이야기를 듣고 싸늘한 표정을 짓는 료타의 얼굴에 그대로 드러나 보입니다.

며칠 후 주말에 류세이를 데리러 유다이의 집으로 간 료타는 작심한 듯 아이들을 교환해야 한다는 논리를 주장하게 되는데….

가게 앞에서 유다이와 즐겁게 총놀이를 하고 있는 네 명의 아이들. 그 모습을 전기상회 안에서 바라보는 료타 부부와 유다이의 아내 유카리.

유카리: 그냥 이대로 두면 안 될까요? 아무 일도 없었던 듯이.

료타: 앞으로 점점… 케이타는 사이키 씨 가족을 닮아 가겠지요?
반대로 류세이는 점점 우리를 닮을 테구요.
그런데도 피가 연결돼 있지 않은 아이를 똑같이 사랑할 수 있어요?

유카리: 당연히 사랑할 수 있죠. 닮았니 안 닮았니 그런 데 집착하는 건
아이랑 연결돼 있는 느낌이 없는 남자뿐이죠.

료타: 시간을 끌면 끌수록 더 괴로워질 거예요. 우리도… 아이들도….

더 이상 다른 좋은 방법을 찾지 못한 두 가정은 결국 료타의 바람대로 케이타와 류세이를 완전히 교환하여 양육을 하게 됩니다. 아버지가 자신을 버렸다는 생각에 원망이 크지만 감정을 잘 드러내지 않는 케이타는 유다이의 집에서 비교적 안정적으로 적응을 하는 것처럼 보입니다. 하지만 자신의 감정과 주장을 잘 드러내는 류세이는 료타를 아빠라고 불러야 하는 이유를 꼬치꼬치 캐묻고 반항하는 행동을 하면서 료타와 대립각을 세웁니다.

고층아파트 안에서 하루 종일 답답하게 갇혀 지내던 류세이는 엄마가 살짝 잠이 든 사이에 몰래 집을 빠져나와 전철을 타고 자신을 길러 준 아빠 유다이의 집으로 돌아가는 일이 벌어집니다. 가족들의 가슴을 철렁 내려앉게 만든 류세이의 가출사건으로 료타는 어렸을 때 친엄마가 보고 싶어 가출을 했던 자신의 기억을 되살려 내고, 이 기억은 자신에게 친아들처럼 정을 쏟으며 키워 준 새어머니를 이해하게 되는 실마리가 됩니다.

류세이의 가출로 아이를 이해하고 공감할 줄 아는 아버지로 바뀐 료타는 우연히 케이타가 카메라에 찍어 놓은 자신의 모습을 발견합니다. 케이타가 자신의 주위를 항상 맴돌고 있었고, 사랑했다는 것을 깨달은 료타는 케이타를 만나러 전기상회로 달려갑니다. 하지만 매정하게 자신을 내쳤다는 사실에 마음이 얼어버린 케이타는 료타를 보자마자 뒷문으로 도망칩니다. 케이타와 평행한 두 갈래 길을 따라 걸어가며 료타는 케이타에게 "미안하다"고 사과를 하지만 케이타는 "아빠는 아빠도 아니야"라며 눈길도 주지 않고 앞만 보고 걸어갑니다. 하지만 마침내 두 길이 맞닿은 곳에 마주한 아들 케이타와 아버지 료타는 서로 얼싸안고 화해를 합니다.

―――

―――

영화 〈그렇게 아버지가 된다〉는 6년 동안 다른 사람의 아이를 키워 왔다는 충격적인 사건을 료타의 덤덤한 시선에서 시작하여 료타의 따뜻한 시선으로 마무리를 짓습니다. '아빠는 아빠도 아니야'라는 케이타에게 진심을 담아 용서를 빌던 료타의 말이 영화가 끝난 후에도 자꾸 귓가에 맴돌아 가슴을 먹먹하게 만듭니다.

"하지만 6년 동안은…. 6년간은 아빠였어. 제대로 해 주진 못했어도 아빠였어."

# 아버지가 되는 조건

료타는 어린 시절 자신이 겪었던 과거의 상처를 자신도 모르는 새에 같은 모양의 상처를 케이타에게 고스란히 남겨 줄 뻔 했습니다. 그리고 자신이 양육되었던 방식대로 케이타와 류세이에게 강요하는 불통의 아버지로 기억될 수도 있었습니다. 영화 〈그렇게 아버지가 된다〉는 세상의 모든 남자들을 향해 어떤 아버지가 되어야 하는지, 어떻게 아버지다운 아버지가 되는 것인지에 대한 화두를 던지고 있습니다. 출생이라는 생물학적 사건으로만 규정되는 것이 아버지라면 세상의 모든 남자는 누구나 아버지가 될 수 있습니다. 그렇지만 아무나 아버지를 할 수 있는 것은 아닙니다. 아이들로부터 아버지라는 이름으로 인정받고, 믿고 의지하며 살아갈 수 있는 존재가 될 때에 가능한 일입니다.

전통적으로 아버지는 자녀에게 지시하고 명령하면서 삶의 원리와 원칙을 제공하는 존재이기 때문에 아버지가 된다는 것은 양육에 대한 의무와 책임, 부양할 수 있는 경제적인 능력, 자녀가 당당한 인격체로 설 수 있도록 돕는 역할을 요구합니다. 다시 말해 생물학적인 관계를 뛰어넘어 삶의 기반을 제공하는 존재가 아버지입니다. 료타는 삶의 기반 제공을 위해 아버지가 존재한다고 생각하며 그것이 아버지의 역할이라고 믿습니다. 그의 아버지가 그랬던 것처럼.

이에 비해 전기상회를 운영하는 유다이는 아이들과 시간을 내어 놀아 주는 것을 아버지의 역할이라고 믿고 있습니다. 가족에게 풍요로운 경제적 여유와 혜택을 제공할 수 없을지라도 시간을 내어 아버지로서 할 수 있는 것을 하는 것에 가치를 두는 아버지입니다. 즉 자신이 아니면 누구도 대신할 수 없는 역할이 아버지라고 생각하는 유다이는 아이들이 따뜻한 가슴으로 세상을 살아갈 수 있는 휴머니즘을 행동으로 보여 주고 있습니다. 그러니까 숨을 헐떡이면서 놀이기구를 같이 타고, 연을 만들어 날리고, 입으로 총소리를 내며 유치한 총싸움 놀이를 하는 것입니다.

영화는 주인공 료타를 통해 아버지란 누군가에게 생물학적 유전자를 제공하는 것이 아니라 아이는 존재 자체만으로도 소중하고 아름답다는 사실을 깨달을 때 비로소 아버지라는 이름의 문에 들어설 수 있다는 것을 보여 주고 있습니다. 아버지라는 존재는 어느 한순간에 만들어지는 것이 아닙니다. 아버지로서 자리를 잡아 가고 만들어지는 과정이 필요합니다.

료타는 케이타가 찍은 자신의 모습, 즉 케이타의 시선으로 자신을 바라본 순간 진정한 아버지가 될 수 있었습니다. 케이타의 카메라는 아이의 시선이 진심을 담아 아버지에게 머물 때, 생물학적 남자는 드디어 진정한 아버지의 조건을 갖추는 것이라고 말해 주고 있습니다. 카메라는 처음부터 답을 알고 있었던 것입니다.

아버지인 료타와 유다이는 두 아이 중 누구를 키울지 선택할 수 있었지만 케이타와 류세이에게는 부모를 선택할 권리와 자유가 없습니다. 이 영화는 처음부터 어른이 주체였고, 부모의 시선에서 아이들을 바라봅니다. 열등감에 매몰된 어리석은 간호사의 한순간의 실수로 엉키고 꼬여 엉망진창이 되어 고통스러워하는 부모의 모습은 관객들을 스크린으로 빨아들이기에 충분합니다. 하지만 어른들보다 더 불안하고 혼란스럽고 두려울 여섯 살 동갑내기 케이타와 류세이의 여리고 말랑말랑한 마음이 '상처받는 아픔'은 섬세하게 그려 내지 못했습니다. 영화를 통해 아버지다움이 능력과 경제력, 성공 여부로 결정되는 것이 아니라 아이가 바라보는 시선으로 결정된다는 것을 말하고 싶었다면 아쉬운 부분이 아닐 수 없습니다.

# 상담 레시피

▷ 레시피 **01**: 아버지다움에 대하여(필름 매트릭스)

● 영화 감상

료타의 아들 양육 장면 모음 vs. 유다이의 아들 양육 장면 모음

● 다리 놓기 질문 및 활동

영화 속 료타와 유다이의 아들 양육 장면 모음을 보고 아버지로서 두 사람의 긍정적인 면과 아쉬운 면을 찾아보세요.

|  | 료타 | 유다이 |
|---|---|---|
| 긍정적인 면 |  |  |
| 아쉬운 면 |  |  |

① 료타의 긍정적인 면 중에 나에게도 있는 것은 무엇인가요?

② 유다이의 긍정적인 면 중에 나에게도 있는 것은 무엇인가요?

③ 료타의 아쉬운 면 중에 나에게도 있는 것은 무엇인가요?

④ 유다이의 아쉬운 면 중에 나에게도 있는 것은 무엇인가요?

# COUNSELING RECIPE

▷ 레시피 **02**: 몰래 찍힌 사진

● 영화 감상

료타가 류세이의 잠자는 장면을 카메라로 찍고 사진 미리보기를 하다가 케이타가 자신을 몰래 찍은 사진을 발견하고 눈물을 쏟는 장면

● 다리 놓기 질문 및 활동

눈을 감고 지금부터 자녀의 휴대폰 속 갤러리로 탐색을 떠나 보겠습니다. 자녀의 휴대폰에 저장되어 있는 사진 중 혹시 자신이 찍히는지 몰랐던 사진 한 장을 발견합니다. 만약 발견하지 못했다면 자신이 원하는 사진을 상상해도 괜찮습니다.

① 나는 어떤 모습으로 찍혀 있나요?

② 사진은 어떤 느낌으로 다가오나요?

③ 자녀는 그 사진을 어떤 마음으로 찍었을까요?

④ 사진 속의 자신에게 해 주고 싶은 말은 무엇인가요?

⑤ 자녀가 또다시 나를 몰래 촬영한다면 어떤 모습으로 찍히고 싶은가요?

완벽한 교육은 없다,

# 캡틴 판타스틱(Captain Fantastic)

영화 기본 정보

**제작국:** 미국, 2016

**감독:** 맷 로스

**주연:** 비고 모텐슨(벤), 조지 맥케이(보)

**장르:** 드라마

**상영 시간:** 119분

**관람 기준:** 15세 관람가

힐링시네마를 위한 이 영화의 키워드

홈스쿨링/꿈/희망/대안교육/유토피아

최근 삭막한 콘크리트 회색도시에서 벗어나 귀농을 하는 사람들이 늘어나고, 기존에 유지해 왔던 삶의 방식에서 벗어나 '대안학교'[43]나 '홈스쿨링'[44] 같이 자신만의 가치를 추구하며 남들과는 다르게 교육받기를 원하는 사람들이 점점 증가하고 있습니다. 이러한 현상은 TV프로그램에도 영향을 미쳐 〈리틀 포레스트〉, 〈정글의 법칙〉, 〈삼시세끼〉, 〈나는 자연인이다〉와 같이 필요한 것을 자연에서 스스로 구하고 해결하는 자연체험형 예능프로그램들이 인기를 끌고 있습니다.

영화 〈캡틴 판타스틱〉은 자신의 유토피아를 만들어 사랑하는 사람들과 같은 공간에서 같은 생각을 공유하면서 살고 싶어 하는 캡틴의, 캡틴에 의한, 캡틴을 위한 가족의 이야기입니다.

## 다른 생활, 다른 교육

어느 나라를 막론하고 세상의 모든 부모들은 자녀들이 행복하기를 바라는 마음을 가지고 열과 성을 다해 자녀교육에 관심을 기울이게 됩니다. 21세기에 접어들면서 학교를 통한 전통적인 공교육을 대신해 가정에서 부모가 직접 자녀를 가르치고 소질을 직접 계발해 주고 능력을 향상시켜 주기 위하여 홈스쿨링에 나서는 부모들이 많아졌습니다. 가정마다 처한 상황과 원하는 바가 달라 같은 기준으로 바라볼 수 없지만 노래 경연 대회를 통해 가수가 된 천재 뮤지션 남매 악동뮤지션과 곽진언이 홈스쿨링을 했다는 사실이 한때 장안의 화제가 되기도 했었습니다.

영화 〈캡틴 판타스틱〉의 숲속 6남매는 학교에 다니지 않습니다. 수렵과 작물 재배를 통해 유기적 섭생을 이어 가고 명상과 무술로 몸과 마음을 수련합니다. 밤에는 부싯돌로 댕긴 모닥불 주변에 둘러앉아 책을 읽고 아빠는 독서진행 상황을 점검하고 과제를 부여하며 토론주제를 제시해 주기도 합니다. 토론을 하다가 썰렁해진 분위기를 감지한 아빠가 기타 연주를 시작하면, 큰아들 '보'가 기타로 멜로디를 맞추고 하모니카, 탬버린, 트라이앵글, 젬베 등 각자 악기를 하나씩 연주하며 즉석에서 합주곡을 만들어 내고, 춤을 추는 즉석 음악회가 펼쳐 지곤합니다. 자본주의 사고방식과 획일적인 교육 시스템을 거부하는 '벤'은 자기만의 확고한 신념을 가지고 숲속에서 6남매를 양육합니다. 그는 양육자이자 보호자, 모든 교육을 담당하는 선생님이며, 모험활동과 운동을 이끄는 수련활동 대장이기도 합니다. 벤의 교육 방법을 잘 받아들이고 적응한 그의 아이들은 독서만으로도 정치, 철학, 교양, 문학, 사상 등을 섭렵하고 학교 교육과정을 훨씬 뛰어넘는 수준의 지·덕·체를 겸비하고 있습니다. 매일 아침 가파른 산을 오르고 맨손으로 암벽을 등반하는 혹독한 훈련을 받는 벤의 아이들에게 거친 자연은 익숙한 삶의 터전이며 배움의 장입니다.

벤의 6남매 중 맏이 '보데반'은 세계적인 명문대에 모두 합격할 수 있는 높은 수준의 지식을 갖추고 있고, 둘째 '키엘러'는 혼란스러운 상황을 지혜롭게 헤쳐 나가는 뛰어난 상황 대처 능력을 지니고 있고, 셋째 '베스퍼'는 에너지 넘치는 행동대장이고, 암벽 등반 중 미끄러져 손목이 부러진 넷째 '렐리안'은 평범한 생활을 원하는 반항아이고, 다섯째 '사자'는 고등학생도 이해하기 어려운 〈권리장전〉을 암기하고 해석해 내는 똑똑하고 맹랑한 꼬마이며, 여섯째 '나이'는 칼과 도끼를 장난감처럼 가지고 노는 살벌한 매력을 가진 막내입니다.

학교의 교육과는 전혀 다른 방식의 학습 방법이지만, 캡틴 '벤'의 체계적인 통제와 완벽한 시간계획 속에 반복되는 체력훈련과 독서, 토론과 시험이 이어지고, 6남매가 협업을 기본으로 함께 꾸려 가는 산속 생활은 부족함이 없어 보입니다. 그러던 어느 날, 마음의 병을 치료하기 위해 도시로 잠시 떠나 있던 엄마의 사망 소식을 접한 가족들은 엄마의 장례식에 참석하기 위해 낯선 도시로 나가게 됩니다. 그러나 이해할 수 없는 것, 그리고 그들을 이상하게 만드는 것들로 가득 찬 도시의 현실은 아이들을 혼란에 빠트리고, 흔들리지 않는 신념을 지키며 살아온 벤마저도 고민을 하게 만듭니다. 벤은 아이들을 안전하게 데리고 아내의 장례식에 참석할 수 있을까요? 영화는 벤의 가족에게 그리고 관객들을 향해 다른 사람들과 다르게 산다는 것은 틀린 것이냐고 당돌하게 묻습니다. 우리는 어떤 답을 할 수 있을까요?

## '다름'을 수용하고 화합하기

6남매는 아버지의 이상에 공감하고 동의하지만 자기의 심리적 변화에 적절하게 대응하지 못하게 되면서부터 차츰 불만이 쌓이게 됩니다. 특히 스무 살이 되도록 여자 친구 한 번 사귀어 본 적 없는 큰아들 '보데반'은 생필품을 구입하러 마을에 내려갔다가 우연히 만난 또래 소녀들에게 말 한마디 제대로 건네지 못하는 자신을 발견하고는 스스로에게 실망하여 "가서 말을 붙여 보라"는 아빠의 말에 짜증을 냅니다. 이런 와중에 양극성 정동장애[45]라는 정신병을 치료하기 위해 병원에 입원했던 엄마가 스스로 목숨을 끊었다는 소식을 접한 아이들은 크게 동요하기 시작하고, 엄마를 잃은 슬픔에 잠긴 아이들은 "장례식에 오면 경찰에 넘기겠다"는 외할아버지의 말에 장례식 참석을 망설이는 아빠와 갈등을 빚게 됩니다. 하지만 결국 참석하기로 결정을 하고 긴 여행을 떠납니다.

장례식이 거행되는 뉴멕시코로 가는 길에 벤의 가족은 문화적 충격에서 오는 갈등을 그대로 직면하게 되는데, 굶주림을 해결하기 위해 양을 사냥하던 둘째 키엘러는 차마 서 있는 양을 쏘지 못해 가족들은 결국 대형마트에서 식료품을 훔치게 되고, 넷째 렐리안은 '노엄 촘스키'[46]의 생일을 맞아 선물을 건네는 아빠에게 "미친 것도 아니고 왜 노엄 촘스키 생일을 국경일처럼 기념하느냐?"고 정면으로 대들어 식구들을 긴장하게 만듭니다.

고모 '하퍼'의 집에서 하루를 묵게 된 벤의 아이들은 처음 접하는 인터넷게임이 마냥 신기하지만, 고모가 마련해 준 잠자리가 불편하다며 침낭을 들고 마당에서 잠을 청합니다. 벤은 숲속에서 황당한 홈스쿨링하지 말고 정식학교에서 배워 좋은 직장을 구해야 한다고 충고하는 여동생 부부와 격한 논쟁을 벌이기도 합니다. 한편, '보데반'은 캠핑장에서 처음 만난 소녀 '클레어'에게 호감을 느끼고 이성에 눈을 뜨게 되지만 좌절감만 맛보게 됩니다. 사회성이 결여된 행동으로 좌절을 겪은 보데반의 문화적 충격은 결국 아빠와의 갈등으로 표출되고 보데반이 아이비리그에 줄줄이 합격한 통지서를 보이는 순간 절정에 다다르게 됩니다.

합격통지서가 든 우편물을 아빠에게 내미는 보데반

보데반: 예일, 스탠퍼드, 프린스턴, 하버드, 다트머스, MIT, 브라운.

벤: 잘했다.

보데반: 고마워요.

벤: 진짜 놀랍네. 하하하하하.

보데반: 그렇긴 하지요. 흐흐흐흐흐.

벤: 지금껏 쭉 나를 속였던 거냐?

보데반: 뭐요? 아니예요?

벤: 도서관 데리고 다녔더니 몰래 SAT시험 보고 대학에 연락까지....

보데반: 그런 거 아니예요.

벤: 우린 공인된 홈스쿨도 아닌데 재주도 좋네. 무슨 수를 썼는지....

보데반: 오해예요.

벤: 성적증명서 만들어서 승인까지 받았어. 나랑 한마디 말도 없이....

보데반: 들어 봐요. 제발.

벤: 무엇이 더 놀라울까? 명문대에 붙은 거? 몇 달 동안 면전에서 날 속인 거?

보데반: 엄마가 한 거예요.

깜짝 놀라는 벤은 눈을 크게 뜨면서 아들을 바라본다.

보데반: 엄마가 전부 도와줬고, 같이 했어요. 대학에 너무 가고 싶어요.

벤: 넌 6개 국어를 하고, 수학과 물리도 통달했어.

보데반: 내 말이 그 말이에요.

벤: 이깟 대학에서 무얼 배워?

보데반: 내가 무얼 아는데요? 나는 아무것도 모르는 별세계 괴물일 뿐이에요. 아빠가 우릴 괴물로 만들었어요. 엄마는 그걸 알고 이해해 줬어요. 책 바깥의 세상에 대해선 아는 것이 아무것도 없다구요.

보데반이 자리를 박차고 벌떡 일어나 돌아서서 캠핑버스로 걸어간다.

벤의 처가와 여동생이 벤의 홈스쿨링과 교육방식을 이해하지 못하는 것처럼 학교 교육과정에 익숙해져서 학교에 가지 않으면 무언가 큰일이 일어날 것 같은 생각을 가지고 있는 우리에게 제도권에서 만들어 놓은 학교 교육체계를 불신하고 거부하며 살아가는 영화 속 벤의 가족은 매우 낯설게 다가옵니다. 그래서 저를 포함한 대부분의 사람들은 홈스쿨링이 무엇인지, 어떤 방법으로 진행되는지, 장점은 무엇인지 잘 알지도 못하면서 학교가 싫거나 적응을 하지 못한 아이들이 하는 교육방식이라고 치부하며 부정적인 시선으로 바라보게 됩니다. 이런 시선경향성은 인간이 '다름'을 인정하는 것이 쉽지 않은 존재라는 반증이기도 합니다.

## 팩트체크 '홈스쿨링'

홈스쿨링을 하는 계기는 부모가 교육에 관한 확고한 철학을 가지고 있는 경우, 아이가 학교를 다니는 데 별 문제는 없지만 학교교육의 문제를 경험한 부모가 홈스쿨링으로 방향을 전환하는 경우, 학교에서 따돌림을 당하거나 적응하지 못해서 홈스쿨링이 불가피한 경우, 영재라서 특별한 교육이 필요한 경우, 종교적인 이유로 학교교육을 거부하는 경우가 있습니다.

홈스쿨링은 근대 학교제도가 도입되기 전에 가정에서 이루어지던 교육이지 새로운 교육방식이 아닙니다. 바꾸어 말하면 학교가 주도하던 자녀 교육의 역할과 책임을 제도권 학교의 획일적인 교육방식을 선호하지 않는 부모와 자녀들이 다시 가정으로 되찾아가고 있는 것이라고 볼 수 있습니다. 홈스쿨링을 선택하는 사람들은 개인의 재능과 특성에 맞추지 않는 공교육의 획일적이고 동일한 교육보다 가정에서 개인의 고유한 특성과 가치를 더 존중받고 맞춤식으로 교육될 때 잠재능력을 가장 잘 발휘할 수 있다고 믿고 있습니다. 또한 아이들이 스스로 자기실천 계획을 세우기 때문에 제도권 교육보다 자기계발 가능성이 훨씬 넓게 열려 있다는 믿음도 가지고 있습니다.

하지만 홈스쿨링에는 동시에 나태함이라는 위험이 상존해 있습니다. 자신에게 주어진 무한한 시간에 무엇을 해야 할지, 시간을 어떻게 보내야 할지 아무도 알려 주지 않기 때문에 목표를 잃어버리고 무기력해지거나 정체되기 쉽습니다. 그러므로 확고한 자아정체성을 가지고 무엇을, 어떻게, 언제, 왜 배울 것인지를 스스로 선택하겠다는 주체성을 갖는 것이 반드시 필요합니다. 이것이 결여되면 홈스쿨링에 실패할 가능성이 많아지게 되므로 부모와 함께 의논하고 고민하고 길을 찾아나가야 합니다.

홈스쿨링은 세 단계로 시기가 구분됩니다. '부모가 방향을 설정해 주면서 자녀와 함께 공부하는 시기', '자녀가 자신이 원하는 방향을 설정하면 부모가 정보를 제공해 주고 도움을 주는 시기', '자녀가 스스로 결정을 하고 본인의 계획대로 움직이는 시기'입니다. 그러므로 부모와 자녀의 관계가 신뢰로 맺어지지 않을 경우에는 실패할 가능성이 많은 것이 홈스쿨링입니다.

영화 〈캡틴 판타스틱〉에 등장하는 아빠 벤은 일관성 있는 교육관을 가지고 모든 활동에 함께 참여하고 상황에 따른 탄력성과 유연성을 가지고 있고, 자녀 스스로 내리는 선택을 존중하고 책이나 논문을 활용하여 멘토링을 하고 있습니다. 또한 아이들이 살아가는 과정의 소중함을 깨달을 수 있도록 도와주고 겸손한 자세로 삶을 살아가며, 자녀들과 눈높이를 맞추려고 노력하고 자녀들이 스스로 질문의 답을 찾도록 유도하며, 좋은 인성을 형성하도록 가르치고 있습니다. 홈스쿨링을 하고 있거나 계획하고 있는 부모들은 영화 〈캡틴 판타스틱〉에서 자녀들 개개인이 가지고 있는 색깔을 인정하고 인격을 존중하며, 유토피아를 꿈꾸는 벤의 교육철학과 방식을 자세하게 살펴볼 필요가 있다고 생각합니다.

# 상담 레시피

▶ 레시피 **01**: 자식 교육

● 영화 감상

깊은 산속에서 수렵과 작물 재배를 통해 유기적 섭생을 이어가고 명상과 무술로
몸과 마음을 수련하며 독서와 토론을 하는 장면

● 다리 놓기 질문 및 활동

① 벤의 홈스쿨링 교육방식의 좋은 점은 무엇인가요?

② 벤의 홈스쿨링 교육방식의 아쉬운 점은 무엇인가요?

③ 만약 당신이 자녀를 데리고 홈스쿨링을 한다면 어떤 교육에 집중하고 싶
나요?

④ 만약 당신이 부모로부터 홈스쿨링을 받는다면 어떤 교육을 받고 싶은가요?

# COUNSELING RECIPE

▷ 레시피 02 : 타인을 인정하고 수용하기

● 영화 감상

벤이 수염을 밀어 내고 보데반이 긴 머리를 잘라 내는 장면

● 다리 놓기 질문 및 활동

① 벤과 보데반은 자신이 틀렸음을 솔직하게 인정합니다. 당신은 벤처럼 자신의 틀림을 인정한 적이 있었나요? 인정한 후에 마음은 어땠나요? 인정하는 행동에 대한 주위의 반응은 어땠나요??

② 벤과 보데반처럼 다른 사람의 의견을 겸허하게 받아들인 경험이 있나요? 받아들인 후의 느낌은 어땠나요? 받아들인 후에 어떤 일이 일어났고, 무엇이 변했나요?

# 아들의 재능을 묻어버린 아버지, 샤인(Shine)

## 영화 기본 정보

**제작국:** 미국, 1996

**감독:** 스콧 힉스

**주연:** 제프리 러쉬(장년 데이빗), 노아 테일러(청년 데이빗)

**장르:** 드라마, 멜로, 로맨스

**상영 시간:** 105분

**관람 기준:** 15세 관람가

## 힐링시네마를 위한 이 영화의 키워드

천재피아니스트/가족/헌신적인 사랑/불안 신경증/학대/유학

# 아들을 혼돈과 절망에 빠트린 아버지

실기대회를 마치고 집으로 돌아오는 아버지 '피터'와 아들 '데이빗'. 무슨 일이 있었는지 앞만 보고 성큼성큼 걷는 아버지의 얼굴표정은 잔뜩 화가 난 것처럼 느껴집니다. 아버지의 걸음걸이를 놓치지 않으려는 듯 잰걸음으로 뒤따르던 아들은 그런 아버지의 기분은 아랑곳하지 않고 사방치기놀이를 하는 듯 발걸음이 경쾌합니다. 나무 위에 올라가 이 광경을 지켜보던 데이빗의 누나 '마가렛'은 나무 밑에서 여동생 '수지'가 "우승했을까?"라고 묻자 "졌어. 우린 이제 죽었다"라고 말하며 얼굴에 긴장감이 흐릅니다.

피아니스트 재능을 천부적으로 타고난 소년 '데이빗 헬프갓', 소년의 옆에는 아들의 천재성을 자랑스러워하며 소질을 키워 주는 아버지를 둔 것은 운이 좋은 것이라고 대놓고 강요하며 "항상 1등이 되어야 한다"고 외치는 독선으로 가득한 강박증 아버지 '피터'가 있습니다. 정말 운이 좋은 데이빗은 그의 천재성을 알아본 '로젠' 선생님을 만나면서 그의 지도로 재능이 빛을 발하여 촉망받는 차세대 피아니스트로 주목을 받게 됩니다. 그렇게 승승장구하며 고등학교 졸업을 앞에 둔 데이빗은 미국의 유명한 음대에서 특기자 입학 초청을 받게 되어 청운의 꿈을 펼칠 수 있는 기회를 잡게 됩니다. 하지만 아버지는 "아무도 이 가족을 떠날 수 없다"며 어떤 이유도 설명해 주지 않은 채 초청장을 난로에 넣어 데이빗의 꿈을 허무하게 태워버립니다.

데이빗은 제2차 세계대전 당시 나치에게 가족이 잔혹하게 학살당한 불행한 기억을 가지고 호주로 이주해 온 폴란드계 유태인 가정의 아들입니다. 어릴 때 아버지가 바이올린을 박살내버리는 바람에 바이올리니스트가 되고 싶었던 꿈을 좌절당한 피터는 그에 대한 대리보상심리로 아들 데이빗을 세계적인 피아니스트로 만들겠다는 열정과 야망을 품고 자신이 직접 가르치고 훈련을 시킵니다. 홀로코스트 트라우마로 인해 병적일 정도로 가족중심주의적 사고를 가진 피터는 데이빗의 천재적 재능이 세상에 널리 알려지길 바라면서도, 데이빗을 잃게 될까 봐 두려워 다른 어느 곳으로도 아들을 보내지 못하고 자신의 품에서 계속 돌봐야 한다는 비합리적인 강한 집착을 가지고 있습니다. 이런 아버지의 병리적인 강박관념 때문에 데이빗은 미국으로 유학갈 수 있는 기회를 놓치고 날개를 접은 채로 침울한 청소년기를 보내게 됩니다.

무기력함에 빠져 세월을 허비하던 데이빗은 이후 영국왕립음악학교 장학생으로 선발되는 기회를 맞이하게 됩니다. 그러나 아메리칸 드림을 접을 때와는 달리 "자식으로 받아들이지 않겠다"는 아버지의 폭력이 동반된 격렬한 반대를 무릅쓰고 영국 유학을 결행합니다. 좌절과 혼돈의 시간에 따뜻한 위로를 주고 물심양면으로 후원해 준 '캐더린' 여사의 격려와 도움으로 영국 유학을 떠난 데이빗은 오로지 피아노 연주에 몰입할 수 있는 자신을 위한 시간을 보내게 되지만 마음에는 항상 가족을 버리고 왔다는 죄책감에 시달립니다. 그런 아들과 달리 아버지 피터는 부자의 인연을 끊어버린다는 의미로 자신이 스크랩해 두었던 데이빗에 대한 신문기사를 모두 태워버립니다.

영국왕립음악학교에서 세실 팍스 교수의 열정적인 지도에 힘을 얻은 데이빗은 내면에 잠재되어 있던 피아니스트 천재성을 발휘하지만 단절된 가족에 대한 미안함과 그리움 그리고 성공해야 한다는 압박감을 감당해 내기가 버겁

습니다. 뼈를 깎는 노력 끝에 결국 메이저 콘서트에서 악마의 교향곡이라고 불리는 라흐마니노프 3번을 완벽하게 연주해 내는 음악적인 성공을 거두지만 극심한 신경쇠약과 가족들의 외면에 지친 데이빗은 스스로를 혼돈과 격리의 기나긴 터널에 가두어 두는 시간을 보내게 됩니다.

## 아버지의 트라우마가 막은 유학길

데이빗에게 피아노를 직접 가르쳤던 '피터'는 데이빗이 자신의 실력으로 감당하기 어려운 수준에 도달하자 '벤 로젠' 선생님에게 데이빗을 가르쳐 줄 것을 부탁합니다. 피아노를 가르쳐 보겠다고 먼저 찾아온 로젠 선생님을 매몰차게 내칠 정도로 남에게 숙이는 법이 없는 피터가 자존심을 접고 경제적으로 궁핍하여 강습비를 낼 여유가 되지 못한다며 고개를 숙인 까닭은 분명히 데이빗을 세계적인 피아니스트로 키우고 싶었기 때문이었을 것입니다. 로젠 선생님에게 사사를 받은 데이빗은 호주콩쿠르에서 우승을 하게 되고 부상으로 미국 유학의 길이 열리게 되지만 유학비를 감당할 여력이 없는 피터는 아들의 유학을 포기시키려 합니다. 하지만 데이빗의 재능을 인정하고 귀하게 여긴 각계각층의 모금활동으로 데이빗의 미국유학길은 순탄하게 진행됩니다. 그러나 막상 미국에서 초청장이 도착하자 갑자기 피터의 태도는 정반대로 돌변하여 초청장을 불에 태우고 유학을 허락하지 않습니다.

부모가 나치에게 학살당한 비극을 가슴에 묻은 채 살아야 했던 피터의 트라우마는 불안 신경증과 비합리적 사고의 원인이 되어 가족중심적인 사고를 하게 만들었으며 폐쇄적 성격을 띠면서 세상과의 관계단절로 이어졌습니다. 또한 데이빗의 유학자금을 마련하기 위해 원하지 않는 종교에 가입하고, 내키지 않는 후원금 모금행사에 참석해야만 했던 피터의 경제적 빈곤심리는 시간이 지남에 따라 부자에 대한 시기와 질투, 반감, 그리고 왜곡된 비판으로 변했습니다. 결국 그는 자신의 알량한 자존심을 지키는 방패막이로 데이빗의 미국 유학보이콧을 활용하게 됩니다.

마음의 상처를 치유해 내지 못했던 미성숙한 아버지의 아집과 독선은 결국 천재 피아니스트 아들을 육체적·정서적으로 학대하는 상황에까지 이르게 하고, 10년이라는 긴 시간을 정신병원에 수용되어 혼돈 속에서 보내게 만들었습니다.

## 천재의 영혼을 되살려 낸 헌신적인 사랑

음악을 크게 틀어놓고 옷을 다 벗은 채로 트램펄린을 하면서 즐거워하는 데이빗은 예측할 수 없는 어린아이와 다르지 않습니다. 10년이란 세월을 정신병원에서 보내던 천재 피아니스트 데이빗은 정신병원에서 피아노 연주 재능기부를 하던 '알코트'의 도움으로 드디어 세상 밖으로 나오게 됩니다. 우연히 들어간 어느 작은 와인바에서 피아노를 연주한 데이빗은 그곳에서 자신의 연주에 환호해 주는 손님들의 박수를 받으며 오랜만에 자신의 존재감을 느끼게 됩니다. 사람들의 기억에서 잊혀진 피아니스트가 되어버린 데이빗의 팍팍한 삶에 15살 연상의 여성 '길리언'이 나타나 결혼을 하고, 그녀의 헌신적인 보살핌 덕에 피아니스트로 재기하는 데 성공한 그는 지금 아내와 함께 세계 각지를 돌며 감동적인 공연을 하고 있습니다.

길리언을 처음 만나는 순간 번개에 맞은 것 같았고 마법처럼 사랑에 빠졌다는 데이빗. 격렬하게 영혼을 흔들었고 '서로 찾고 있던 사람'이라는 느낌을 받았으며, 데이빗과의 결혼은 올바른 선택이라는 강한 확신이 들었다는 길리언. 두 사람의 운명적 만남은 상처받은 영혼을 치유하고 천재성을 회복하는 기적을 만들어 냅니다.

한 푼 없는 빈털터리였던 데이빗과 결혼한 길리언은 자신이 저축한 돈을 털어 넓은 집을 빌려 데이빗이 피아노에 전념할 수 있는 환경을 만들었습니다.

물놀이를 좋아하는 데이빗은 방을 물로 채우는 일이 자주 있었고, 물건을 어지럽게 널려 놓는 바람에 길리언은 하루 종일 따라다니면서 뒤치다꺼리를 하고 치우는 일이 다반사였습니다. 예상하고 있었던 일이었지만 쉬운 일은 아니었습니다. 하지만 길리언은 자유로운 생활이 데이빗 마음의 병을 달래 준다고 생각했기 때문에 데이빗의 행동을 속박하지 않았습니다. 삶의 대부분의 시간을 거절당하고 이해받지 못한 채 살아온 데이빗에게 인생에서 가장 소중한 사람은 자신이라는 것을 알려 주고, 과거에 받았던 고통과 상처가 데이빗의 잘못이 아니라는 것을 일깨워 주고 싶었기 때문입니다. 그녀의 이런 조건 없는 무한한 사랑 덕분에 데이빗은 조금씩 성숙해져서 주위 사람들에게 폐를 끼치지 않게 되었으며, 강해졌고 자유롭게 살면서도 감정을 잘 조절할 수 있게 되었습니다.

영화의 실제 주인공 데이빗은 하루에 125개의 담배를 피우고, 설탕을 잔뜩 넣은 커피를 25잔을 마셔 대며 니코틴과 카페인에 취해 흥분 상태에서 생활을 하였다고 합니다. 길리언은 이런 습관을 고치기 위해 꾸준히 함께 노력해서 현재는 적은 양을 섭취하고도 일상적인 생활을 잘 수행하고 있다고 합니다. 마음에 깊은 상처를 가지고 있는 데이빗에게 무조건적인 사랑과 속박되지 않는 자유가 필요하다고 판단한 길리언의 선택은 옳았고, 결국 피아노 천재는 다시 무대에 서서 자신의 재능을 마음껏 펼치며 인간승리를 일구어 냈습니다.

인간이 경험하는 트라우마에는 큰(big) 트라우마와 작은(small) 트라우마가 있습니다. 큰 트라우마는 비행기 추락, 배의 침몰, 무차별적 대량살상, 성폭행과 같이 일상을 넘어서는 커다란 사건이 한 개인의 삶에 극적인 영향을 주는 경험을 말합니다. 큰 트라우마는 사람들을 원인 모를 불안과 공포, 두려움에 빠지게 만듭니다. 반면에 각 개인의 가정, 직장, 친구, 동료와의 생활 속에서 자신감이나 자존감을 잃게 만드는 일상에서의 경험, 사건은 작은 트라우마라고 합니다. 또한 트라우마가 일회성으로 일어난 것은 단일 트라우마, 의미 있는 양육자로부터 학대를 지속적으로 받았다든가, 학교를 다니면서 계속적인 왕따를 당하는 것 같이 어떤 사건을 반복적으로 경험하는 것을 복합성 트라우마라고 합니다.

크든 작든, 단일성이든 복합성이든 트라우마는 우리의 감정을 지배하는 기억이기 때문에 자신감 저하, 불안, 회피, 우울 등 여러 가지 복잡하고 심각한 심리적 문제를 일으키는 원인이 됩니다. 영화에서도 데이빗이 아버지의 그림자만 보아도 경직되어 불안에 떨고 눈을 마주치지도 못하는 것처럼 트라우마는 기본적인 소소한 일상을 마비시키기도 합니다. 사람들은 타인이 경험한 과거의 사건들을 알지도 못하면서 불안과 우울증으로 힘들어하는 사람들을 '덜 떨어진 사람', '마음이 병약한 사람'이라고 경시하는 경향이 있습니다.

중년의 점성술사 길리언과의 우연한 만남이 결혼으로 이어지고, 길리언의 헌신적인 사랑으로 마음의 안정을 회복한 데이빗은 마침내 자신의 첫 피아노 독주회에서 관객들의 기립박수를 받게 되고 자신이 천재 피아니스트 데이빗임을 증명합니다. 그리고 한결 편안해진 모습으로 아버지의 무덤을 찾은 데이빗은 평생에 걸쳐 자신을 짓눌러 왔던 영혼의 상처로부터 해방됩니다.

아내 길리언과 함께 아버지 피터 헬프갓의 무덤을 찾아온 데이빗.

길리언: 기분이 어때요?
데이빗: 아무 기분도 들지 않아요.
길리언: 아무것도요?
데이빗: 놀라고, 당황스럽고, 충격이 커 아무 생각이 안나요.
　　　　모두 내 잘못일 겁니다. 모르겠어요.
길리언: 자신을 탓하는 것은 좋지 않아요.
데이빗: 매사에 자신을 탓하면 안 돼요.
　　　　아버지는 안 계시니까 아버지를 비난하면 안 돼요.
길리언: 맞아요.
데이빗: 난 살아있어요. 맞아요. 세월은 흘러가고요. 그렇죠?
길리언: 예.
데이빗: 하지만 영원하지 않아요.
길리언: 영원하지는 않죠.
데이빗: 절대 영원하지 않아요. 절대로....
　　　　하지만 중요한 것은 인생은 멈춰 있는 것이 아니라는 거예요.
　　　　그래서 세월이 흐르는 동안 우리도 살아야 해요. 포기하면 안 돼요. 절대로....

길리언: 물론이에요. 매년 토성이 우리에게 다가와 약간씩 희망을 준대요.

데이빗: 그건 별이에요. 길리언.

길리언: 모든 것은 다 때가 있어요.

데이빗: 신기해요. 신기해.

길리언: 항상 이유가 있고….

데이빗: 우린 순간에 맞는 이유를 찾아야 돼요.


아버지 무덤에서 읊조리던 데이빗의 말처럼 우리는 살아있고, 세월은 흘러 갑니다. 모든 것이 영원하지 않다는 것이 역설적이게도 희망을 가져다주기도 합니다. 깊은 삶의 고통으로 인해 트라우마를 극복하기 힘든 상황에도 불구하고 부정적 신념을 부추기는 자기 내면의 악마들에 맞서서 결국 자신을 되찾은 천재 피아니스트 데이빗. 지금도 그는 치유받은 영혼의 힘을 다른 사람들에게 나누어 주기 위해 전 세계를 돌며 피아노 연주를 하고 있습니다. 따귀를 맞아 상처받은 영혼들은 마음을 다하는 그의 연주를 통해 따뜻한 위로의 어루만짐 을 느낄 수 있을 것입니다.

# 상담 레시피 COUNSELING RECIPE

▷ 레시피 **01** : 나의 아버지

● 영화 감상

아버지 피터가 사자에게 할큄을 당한 팔의 상처를 보여 주며 데이빗, 수지와 함께 장난치며 놀고 있는 장면 vs. 미국에서 온 장학생 초청장을 난로에 넣어 태우고 욕조에 앉아 있는 데이빗의 등을 수건으로 내리치는 장면

● 다리 놓기 질문 및 활동

① 만약 피터가 당신의 아버지라면 좋은 점은 무엇일까요?
② 만약 피터가 당신의 아버지라면 걱정되는 점은 무엇일까요?
③ 데이빗의 아버지는 서커스에서 사자를 조련했던 사람입니다. 영화 속 아버지 피터는 사자와 비슷한 특성을 가지고 있는 것 같습니다. 당신의 아버지는 어떤 동물과 비슷한 특성을 가지고 있나요?

▷ 레시피 **02** : 헌신적인 사랑

● 영화 감상

길리언이 데이빗을 만나 서로를 알아가고 결혼을 하고 보살피며 단독으로 공연을 마친 후 얼싸안고 눈물을 흘리는 장면

● 다리 놓기 질문 및 활동

① 영화를 감상한 후 올라오는 감정은 무엇인가요?
② 가장 인상 깊은 장면은 무엇인가요?
③ 당신의 삶에 등장한 타인 중에 길리언과 같은 존재가 있었나요?
④ 데이빗을 돌보는 길리언의 헌신적인 마음이 당신에게도 있나요?
⑤ 길리언에게 상을 준다면 그 상에 가장 잘 어울리는 이름은 무엇일까요?

파멸로 몰아넣은 빗나간 사랑과 교육열,

# 사도(The Throne)

## 영화 기본 정보

**제작국:** 한국, 2014

**감독:** 이준익

**주연:** 송강호(영조), 유아인(사도세자), 문근영(혜경궁 홍씨)

**장르:** 드라마

**상영 시간:** 125분

**관람 기준:** 12세 관람가

## 힐링시네마를 위한 이 영화의 키워드

권력/정치/부자관계/양육태도/대상관계/의대증/지나친 기대

뒤주에 갇혀 죽은 사도세자의 한(恨)을 담은 영화 〈사도〉는 조선의 21대 왕이었던 아버지 영조와 영조의 뒤를 이어 왕위를 물려받을 세자였던 아들 이(李)선(愃)의 부자간 벌어졌던 참담한 비극을 그린 역사드라마입니다.

## 기다리고 기다리던 아들

첫째 아들 효장세자가 어린 나이에 죽은 이후, 대를 이을 왕자가 없어 노심초사하던 영조는 나이 마흔둘에 후궁 영빈(映嬪) 이씨와의 사이에서 아들이 태어나자 이름을 선(愃)이라 하고 원자로 삼았으며, 생후 14개월 만에 자신의 왕위를 이을 세자로 책봉하였습니다. 일찍 결혼을 하던 당시의 시대 상황에서는 손자를 봤어야 할 늦은 나이에 어렵게 얻은 왕자였으니 일사천리로 왕위를 승계할 준비를 서두르는 영조의 마음이 얼마나 흥분되고 다급했었는지 충분히 짐작이 갑니다.

두 살에 천(天)·지(地)·부(父)·모(母) 등 63자를 해독할 정도로 영특했던 사도세자는 총명하였고 성인의 자질이 있다고 칭찬을 받았으며, 영조는 이런 사도세자를 무릎에 앉히고 자식의 남다름을 신하들에게 자랑하여 보여 주기를 즐겼다고 하니 팔불출도 이런 팔불출이 없었겠지요? 더군다나 눈에 넣어도 아프지 않을 만큼 사랑하는 자식을 직접 가르치겠다며 밤을 새워 사도세자가 읽을 책을 썼다고 하니 아들을 조선 최고의 현군으로 만들고 싶었던 영조의 열정이 눈에 보이는 것처럼 선합니다.

그런데 아이러니하게도 이토록 자애로웠던 아버지 영조가 금과 옥같이 사랑하던 아들을 뒤주에 가두어 죽이게 되는 비정한 아버지가 될 줄 누가 알았겠습니까? 감정의 기복이 심했던 영조는 자신을 낳은 생모가 무수리였다는 출생성분의 천함에 대한 열등감과 이복형이었던 경종의 독살에 관여했다는 의혹에 대한 콤플렉스를 평생 안고 살았습니다. 거기에다 왕위에 오른 지 4년이 되던 해에 반란을 경험한 영조는 스스로 살아남기 위하여 의심이라는 무기를 손에 꼭 쥐고 살게 되고, 경종 독살에 관여되었다는 의혹에 대한 아킬레스 건이 건드려질 때마다 의심이라는 그림자에 휘둘리게 됩니다. 영조의 의심이라는 그림자는 사도세자가 세 살이 되던 해에 양위소동을 시작하더니 다섯 살에는 석고대죄를 하게 만들었습니다. 의심이라는 그림자가 결국 자신이 그토록 아끼고 사랑하는 아들 사도에게 향하게 될 줄은 영조도 전혀 예측하지 못했을 것입니다.

나무의 뿌리가 튼튼하지 못하여 줄기와 가지에 영양분을 공급해 주지 못하면 좋은 열매를 맺을 수 없는 것은 당연합니다. 자녀에게 있어 부모는 나무의 뿌리와 같아 건강하지 못한 부모는 자녀의 성장에 긍정적인 에너지를 줄 수 없기 때문에 안녕과 행복을 저해할 가능성이 많습니다. 눈으로 볼 수 없는 부모의 양육태도는 자녀의 마음의 결을 만들어 주기 때문에 가장 중요한 비중을 차지하는데 영조는 사도에게 애정과 지지, 격려와 사랑을 표현하는 것이 서툴렀습니다. 또한 기대가 매우 높아 사도의 말과 행동에 대하여 지적하는 일이 많아 불필요한 간섭을 많이 한 반면, 사도가 자신의 잘잘못을 이해하고 받아들일 수 있도록 합리적인 설명을 하는 것이 부족했으며 일관성이 결여된 양육태도를 보였습니다.

## 모성적 양육박탈

영·유아기에 부모와 아이 사이의 안정적인 관계가 아이의 성격과 인성발달에 중요한 역할을 한다는 것은 누구도 부정할 수 없을 것입니다. 부모의 사랑을 받으며 안정적인 애착을 형성한 아이는 나는 사랑받는 존재이며 나의 부모는 나를 보살펴 주는 사람으로 인식하고 "세상은 따뜻하고 살아갈 만한 곳이구나"라고 느낍니다. 반대의 경우에 아이는 "나는 중요하지 않고 사랑받지 못하는 존재이며 나의 부모는 나를 보살펴 줄 수 없는 사람이구나"라고 느끼고, 세상은 냉정하고 나를 돌봐 주지 않기 때문에 나 혼자 살아가야 하는 것이라고 생각합니다. 특히 엄마의 아이 돌봄 행동은 아동기 이후 자신과 타인 그리고 세상을 이해하는 기본적인 '내부작동모델(internal working models)'[47]을 만드는 데 가장 중요한 토대를 제공합니다. 즉 아이가 엄마로부터 느끼는 사랑의 온도는 세상의 온도와 정비례합니다.

사도세자는 자기를 낳아 준 생모인 영빈 이씨의 출신이 미천하다는 이유로 태어난 지 백일 만에 강제로 어미에게서 분리되어 보모인 최상궁의 손에서 양육되어야 하는 기구한 운명을 받아들여야 했습니다. 태어나자마자 따뜻한 온돌이 아닌 차가운 골방에 내동댕이 쳐진 사도세자는 어미의 포근한 품으로 찾아 들어가고 싶었지만 아버지 영조의 엄격한 관리 때문에 손가락을 빠는 것으로 위안을 삼으며 홀로 잠이 들어야 하는 밤을 보내야 했습니다.

영화 〈사도〉에는 따뜻한 어미 품을 그리워하는 어린 사도세자가 하룻밤 만이라도 영빈 이씨 곁에서 잠들고 싶어 칭얼대는 장면이 나오는데 수많은 밤을 어미 품을 찾아서 꿈속을 헤매었을 사도세자의 모성애 결핍이 안타깝게 다가옵니다.


휑하니 넓은 방 한가운데 깔린 비단 이불.
방 한쪽 귀퉁이에 무릎을 웅크리고 누워 엄지손가락을 빨고 잠든 사도.
열린 문틈으로 안타깝게 사도를 바라보는 영빈.
사도를 안아 이불 위에 눕히는 최상궁.

어린 사도: (졸린 목소리) 엄마랑 같이 자면 안 돼?
최상궁 1: 세자는 따로 자는 법입니다.
영빈: (그렁그렁한 눈으로) 최상궁. 오늘 밤만이라도 이 어미가 데리고 자면 안 되겠소?
최상궁 2: 그것은 왕가의 법도에 없는 일입니다. 세자저하는 이미 중전마마의 자식이지 마마님의 자식이 아니지 않습니까?

아기는 엄마의 얼굴을 보면서 자기를 보기 때문에 아기가 엄마와 서로 시선을 접촉하면서 바라보는 '엄마의 거울 역할'은 절대적으로 필요한 것입니다. 엄마가 젖을 먹이면서 아기에게 시선을 줄 때 아기는 미소, 옹알이, 표정, 눈짓, 손짓, 발짓 등으로 자기표현을 시작하고 엄마의 반응에서 자신을 발견합니다. 엄마가 긍정, 찬사, 감사, 기쁨의 눈빛으로 접촉을 하면 아기는 자기 자신이 소중하고 존중받을 만한 존재라고 스스로 인정하게 됩니다.

이와 같이 아기에게 첫 거울은 엄마의 얼굴입니다. 생후 백일 만에 엄마의 시선이라는 거울을 잃어버린 사도세자는 자기의 마음을 알아주지도 않고 반영되지도 않는 소통이 단절된 현실이 암담하게 느껴졌을 것이고, 무의식적인 불안과 긴장에서 벗어나기 위해 자연스럽게 외부환경에 빠르게 적응했을 것입니다.

영조가 많은 신하들 앞에서 네 살이 된 사도세자에게 "사치가 무엇이냐?"고 묻자 자신이 입고 있는 옷을 가리키며 "비단 이것은 사치고, 무명 이것은 사치가 아니옵니다"라고 대답합니다. 그러자 영조는 흡족한 웃음을 지으며 사도세자를 칭찬하는데, 사도세자는 검소함을 중요하게 여기는 영조의 비위를 맞추는 방법을 유아기에 이미 터득했던 것입니다. 다시 말해 외부환경에 적응하기 위하여 거짓자기를 발달시켜 거짓자기 속에 참자기를 숨겼던 것입니다.

아이들은 만 3세에 세상에 대한 정의를 긍정적 내부 작동모델과 부정적 내부 작동모델로 결정하는데, 내부 작동모델은 한번 결정되면 변화가 힘들고 나이가 들수록 더욱 정교해집니다. 따뜻한 시선으로 아이를 인정해 주고, 공감과 존중으로 신뢰를 주면서 일관된 보살핌으로 반응해 줄 때 아이는 편안하고 자신과 타인을 존중하고 사랑할 줄 알며, 세상을 향하여 열린 마음을 가진 안정적인 사람으로 성장하게 됩니다.

엄마가 아이에게 제공하는 환경에 많은 관심을 가졌던 대상관계이론의 주류 학자 도널드 위니캇[48]은 "아기는 없다. 아기와 엄마와의 관계가 있을 뿐이다"라고 주장하며 영·유아기는 반드시 엄마와 함께 해야 하는 시기라고 강조했습니다. 그의 연구에 의하면 영·유아기의 아이들은 엄마에게 완전히 의존하는 애착관계를 통해 '주관적 전능감'을 느끼게 된다고 합니다. 주관적 전능감이란 자신이 아무것도 하지 않아도 필요에 따라 모든 것이 이루어지는 전지전능한 환경 속에서 느끼게 되는 안정적인 감정입니다.

영·유아기에 엄마의 '안아 주기'를 통해 이루어지는 풍부한 정서적 교감은 아이의 인성을 만들고, 뇌의 기본 구조를 형성하는 것에 결정적인 영향을 미칩니다. 이런 의미에서 보면 태어난 지 백일 만에 엄마의 '안아 주기' 환경을 박탈당한 사도세자의 불안한 양육환경은 아기의 신호에 주목하고, 그 신호를 정확하게 해석하고 아이의 요구에 즉각적으로 적절하게 반응해 주어야 하는 양육자의 민감한 반응 결핍이라는 안타까운 결과를 낳았던 것입니다.

아기는 엄마와의 절대적 의존으로부터 삶을 시작합니다. 발달심리에서는 3세까지를 절대적 의존단계로 분류하는데, 이 시기에는 엄마의 정서적 건강이 아기에게 그대로 스며드는 시기이며 아기가 엄마로부터 분리-개별화가 이루어지는데, 이 과정에서의 양육의 질은 이후의 성장발달에 지대한 영향을 미치게 됩니다. 이 시기에 아기 돌봄이 충분히 적절하게 이루어지지 않게 되면 유아기 이후의 신경증 또는 병리적이고 반사회적인 증상 같은 정서적 일탈 행동의 근본적인 원인이 될 수 있습니다.

영조와 사도세자의 관계에서 가장 중요한 변곡점이 되었던 대리청정 이후 사도세자의 괴팍하고 잔인한 행동 속에서 지속적으로 나타났던 불안, 분노, 우울 같은 정서장애를 보면 사도세자의 비극은 따뜻한 시선으로 바라보기, 웃어 주기, 충분히 안아 주기, 부드럽게 쓰다듬어 주기와 같은 엄마와의 애착관계를 완전히 박탈당한 것에서부터 시작이 되었다고 해도 지나침이 없을 것 같습니다.

# 빗나간 영조의 자식 교육

영·유아기에 올바른 양육태도를 가진 양육자의 따뜻한 사랑 속에서 적합한 돌봄을 받는다는 것은 참으로 중요합니다. 왕자로 태어나 많은 사람들의 관심과 기대를 한몸에 받을 수밖에 없었던 사도세자에게 아버지 영조는 지대한 영향을 주는 존재였을 것이고, 외롭고 불안할 때 기대어 안기고 싶은 넉넉한 품이기를 바랐을 것입니다.

총명함과 영특함으로 칭찬을 받던 사도세자가 책을 읽는 것보다 서유기의 손오공을 흉내 내는 놀이를 즐기고, 강아지 그림을 그리고, 칼싸움을 하며 밖에서 뛰어놀기를 즐기게 되자 걱정이 앞섰던 영조는 비난과 질책을 하기 시작합니다. 아이에게 놀이는 창조적 활동이자 자기탐색입니다. 또한 놀이는 긴장을 완화시켜 주는 역할을 하기 때문에 놀이 자체가 심리치료 효과를 나타냅니다. 그런데 회강(시험)에서 한 구절을 빼먹었다고 나라를 망치려고 작정했냐는 비난을 받고, 가르침을 주는 스승을 교체당하고, 세자의 배가 볼록하니 음식을 많이 먹지 말라는 어명을 동궁전에 내리는 것을 지켜봐야 하는 창피와 수모를 겪습니다.

자신이 이루지 못한 것을 아들을 통하여 이루고 싶었던 아버지 영조는 따뜻함보다 야단과 벌로 사도세자를 다스렸습니다. 특히, 사도세자의 교육에 강박적일 정도로 집착하였기 때문에 사도세자는 아버지에 대한 사랑을 느껴 볼 겨를도 없이 이미 9살 때 아버지 영조를 만나는 것을 두려워하였다고 합니다.

사도세자가 13세 때 영조는 "중국의 한 문제와 무제 둘 중 누가 더 훌륭하다고 생각하느냐?"고 물었는데 사도세자가 문제라고 대답을 하자 "그렇지 않을 것이다. 너는 나를 속이고 있다"고 질책하였습니다. 이런 일이 반복되면서 무서운 존재로 각인된 아버지 영조가 질문을 하면 사도세자는 기가 질려 우물쭈물 대답을 하지 못하였고, 그때마다 영조는 비난과 질책으로 아들을 훈육하였기 때문에 아버지에 대한 사도세자의 두려움은 굴러가는 눈덩이처럼 더욱 커져 가는 악순환의 고리가 이어졌습니다.

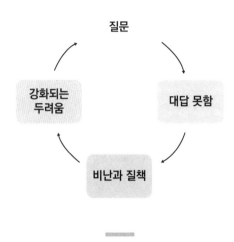

〈사도세자를 향한 영조의 교육 악순환 고리〉

　아동기에 중요한 대상으로부터 반응이 없거나 거절당하고 강력하게 제한당하거나 과도한 징벌을 받게 되는 경우 자존감에 손상을 입고 자기 의심, 수치심, 열등감, 굴욕감, 좌절감의 감정이 일어나게 되며 무조건 순응하고 동조하는 눈치가 발달하게 되어 자기 진실을 드러내지 못하는 아이로 성장하게 됩니다. 아들을 완벽한 군주로 만들어 안정적인 왕위계승을 통하여 자신에게 꼬리표처럼 따라붙어 다니던 정통성 시비에 대한 싹을 자르고 싶었던 영조는 사도세자를 교육하는 우선순위를 학업에 두었고 강박적일 정도로 예법을 강조했습니다. 이렇게 숨 막히는 환경에서 성장한 사도세자는 사람들과 관계를 맺고 유지하고 즐기는 능력을 발달시킬 수 없었기 때문에 치유할 수 없을 정도로 광범위한 심리 정서적 손상을 입었던 것입니다.
　일반적으로 일관성 없는 훈육태도를 보이는 부모 밑에서 성장한 아이는 '눈치 살피기'에 급급합니다. 부모의 훈육은 혼낼 때와 칭찬할 때의 기준을 명확하게 정해서 분명히 적용하고 그 모습이 일관되어야 합니다. 심지어 일관적이지 않은 부모의 양육태도는 자녀에게 혼란을 주기 때문에 잘못된 양육태도라도 일관적인 것이 낫다는 주장도 있습니다. 그런데 영조는 잘못된 양육태도에 일관적이지도 못했으니 사도세자가 영조의 변덕스러운 행동에 맞추어 말하고 행동하고 대처하는 것은 매우 어려웠을 것입니다.

일관성 없는 아버지의 지나친 기대가 아들의 기를 꺾은 것도 모자라서 정서적인 학대로 이어졌고, 결국 광기 어린 이상 행동으로 발전하게 만든 것입니다. 일관적이지 않으면서 억압적이고 차갑게 느껴지는 아버지, 자신의 존재를 무시하고 부정하는 아버지에게 저항하는 유일한 방법은 아마 미치는 것이었을지도 모릅니다.

영조는 왕권 강화와 정국 안정을 꾀할 목적으로 양위 파동을 자주 일으켰습니다. 여러 번의 양위 파동 끝에 결국 사도세자가 14세가 되던 해에 대리청정[49]을 하도록 강요하였습니다.

대리청정은 사도세자에게 본격적인 괴로움을 안겨 주었고, 영조는 사도세자를 혼돈의 도가니로 끌고 들어갔습니다. "세자가 알아서 하라"고 하명을 내려서 소신껏 처리하면 "중요한 일은 나에게 아뢴 후에 결정하라"고 뒷북을 울리고, 뒤에 앉아 있는 영조에게서 비난과 질책을 받을까 봐 두려운 마음에 결정을 내리지 못하고 우물쭈물하면서 돌아보면 "쯧쯧, 그만한 일을 혼자 결단치 못하고 나를 번거롭게 하다니 대리시킨 보람이 없다"고 일갈합니다. 신하들의 의견과 요구를 들어주면 들어준다고 꾸짖고, 들어주지 않으면 들어주지 않는다고 질책을 하면서 깊은 궁중에서 안락하게 자란 덕분에 임금 노릇이 어려운 줄을 모른다며 신하들을 앞에 두고 공개적으로 면박을 주고, 일을 이렇게 처리하면 종묘사직과 신하와 백성들을 무슨 낯으로 볼 수 있겠느냐고 겁박을 주니 사도세자의 마음이 어땠을지 짐작이 갑니다.

오랜 가뭄 끝에 내리는 비가 가뭄이 심한 호남지방에 내리지 않고 숙종의 능행길에 내리는 것조차 사도세자의 거짓말 때문이라는 이유 같지 않은 이유로 비난을 하고, 대리청정을 잘못했다는 것을 구실로 삼아 홍역을 앓은 지 한 달도 채되지 않은 사도세자를 눈 내리는 한 겨울에 석고대죄를 시키기도 하였고, 석고대죄가 마음에 들지 않으면 머리에 피가 날 정도로 땅에 박게 하였습니다. 심지어 대비마마였던 인원왕후의 상중에 술을 마시지도 않은 사도세자를 상중에 술을 마셨다고 꼬투리를 잡으며 자백하라고 닦달을 하기도 하였습니다.

영화 〈사도〉에서 비춰진 사도세자에 대한 영조의 비난과 질책은 도를 넘어서기 시작했고 결국 원통함을 견디지 못한 사도세자는 낙선재 우물에 몸을 던져 목숨을 끊고자 하는 행동을 하기에 이릅니다. 가까스로 목숨을 구하였지만 이후에도 영조는 신하들 앞에서 사도세자를 대놓고 비난하고 질책하는 일이 빈번해졌습니다. 대리청정을 할 때만 해도 사도세자의 행동은 크게 어긋나거나 이상해 보이지 않습니다. 그러나 비난과 질책이 계속되는 영조의 비뚤어진 아들 교육이 심해지자 점차 정신질환이 의심되는 행동들을 일삼기 시작했고 기행이 도를 넘었습니다. 사도세자에 대한 영조의 일관성 없는 자식 교육과 비난과 질책으로 점철된 양육방식은 이미 부자간의 비극적인 결말을 예고하고 있었는지도 모릅니다.

## 뒤주에 가둔 아들

사도세자는 내시와 나인 등 100여 명을 죽이고 불로 지지는 반인륜적인 참극을 벌이고, 많은 궁녀들을 때리고 성폭행을 하였으며 자신의 분노를 통제하지 못해 옷 시중을 드는 내관을 때리거나 목을 베어 들고 궁궐을 걸어 다니는 '사이코패스'적인 행동을 보이기도 했습니다. 또한 거처를 무덤처럼 꾸며 놓고 관에 들어가 생활하였고 바둑판을 던져 혜경궁 홍씨의 눈을 다치게도 하였으며, 후궁을 때려죽이고 그녀와의 사이에서 태어난 아들을 칼로 찌르고 우물에 던지는 반인륜적인 행동도 서슴지 않았습니다. 고변을 통하여 이런 사실을 알게 된 영조는 결국 사도세자에게 자결하라고 명하지만 신하들의 만류로 자결이 실패로 돌아가자 세자를 폐하는 교지를 내리고 뒤주에 가두었습니다.

아들이 완벽한 군주가 되는 것을 통해 자신에 대한 의혹을 잠재우고 왕위계승의 정당성에 대한 부족함을 메우려고 했던 아버지 영조, 문무를 겸비한 영재였지만 끊임없는 의심과 질책 속에서 아버지의 따뜻한 눈길과 다정한 말 한마디를 목말라했던 아들 사도세자. 두 사람이 서로에게 간절히 원하고 바라던 것은 이루어지지 않았고 어긋나기와 갈등은 심화되어 서로의 마음에 씻을 수 없는 깊은 상처를 남긴 채 부자관계는 비극으로 막을 내립니다.

조선왕조 왕실 역사상 가장 참담했던 임오화변(壬午禍變)을 그린 영화 〈사도〉에서는 사도세자가 이승과 저승의 갈림길에 들어서서야 비로소 부자간에 진솔한 이야기를 나누고 서로의 속마음을 알아가는 가슴 뭉클한 장면이 나옵니다. 이런 소통이 일찍 이루어져서 이해하고, 인정하고, 용서하는 시간이 조금 더 빨리 왔더라면 부자지간의 참극은 빚어지지 않았을 것이라는 아쉬움과 안타까움에 역사의 수레바퀴를 되돌리고 싶은 마음이 듭니다.

뒤주 뚜껑으로 스며든 빗방울이 사도의 얼굴에 떨어진다.

혀를 내밀어 보지만 고개 돌릴 힘조차 없어 받아먹을 수 없는 사도.

뇌성벽력이 친다.

무덤이 무너지듯 뗏장이 허물어지자 빗물이 뒤주 뚜껑 틈새로 줄줄 쏟아져 내린다.

휘령전 문이 열리고 나오는 영조.

월대 위에 서서 뒤주를 내려다보는 영조.

영조(V.O.): 너의 형 효장세자가 죽고 내 나이 마흔이 넘어 니가 태어났을 때 얼마나 기뻤으면 핏덩이인 너를 세자로 책봉하고 두 살 때부터 제왕의 교육을 시켰겠느냐.

멀찌감치 떨어져 비를 맞으며 휘령전을 호위하고 있는 별감들.

비를 맞으며 천천히 월대를 내려오는 영조 급히 우산을 펼쳐들고 따르는 내관

영조(V.O.): 그때 니가 보여 준 총명과 슬기를 나는 잊을 수 없다. 그랬던 니가 칼장난하고 개 그림이나 그리며 공부를 게을리할 때 나는 하늘이 무너지는 줄 알았다.

회랑 한쪽에 책상을 놓고 기록하는 채제공.

뒤주 옆에 서 있는 영조.

사도(V.O.): 그래서 신하들 앞에 허수아비처럼 앉혀 놓고 병신 만들었소?

영조: 너 제대로 된 임금 만들려고 그런 것 아니더냐?
　　　니가 실수할 때마다 내 얼마나 가슴 졸였는지 아니?

뒤주 안에서 눈을 뜨는 사도.

사도: 그게 어찌 내 실수 때문이겠소.
　　　아버지가 왕이 되는 과정에서 신하들에게 약점을 잡혀 전전긍긍한 것이지.

영조: 너는 왕이 되지 못한 왕자의 운명을 모르느냐? 저들의 도움을 받아서라도
　　　왕이 되지 못했다면 나는 그때 죽었다. 내가 죽었으면 너도 없는 거야.
사도: 그것을 알기에 아버지를 이해하려고 무던히 노력했소.
　　　하지만 당신이 강요하는 방식은 숨이 막혀 견딜 수 없었소.
　　　공부가 그리 중한 것이오? 옷차림이 그리 중한 것이오?

　　　　──── 중략 ─────

뇌성벽력이 친다.

사도: 나는 임금도 싫고 권력도 싫었소.
　　　내가 바란 것은 아버지의 따뜻한 눈길 한 번, 다정한 말 한마디였소....
영조: 아 어찌하여 너와 나는 이승과 저승의 갈림길에 와서야
　　　이런 이야기를 할 수밖에 없단 말이냐?

처연히 비를 맞고 있는 뒤주.

영조: 나는 아들을 죽인 아비로 기록될 것이다.
　　　너는 임금을 죽이려 한 역적이 아니라 미쳐서 아비를 죽이려 한 광인으로
　　　기록될 것이다.
사도: ....
영조: 그래야 니 아들이 산다....

눈물을 흘리며 바닥에 떨어져 있는 부채를 향해 손을 뻗는 사도.

사도: ....
영조: 내가 임금이 아니고, 니가 임금의 아들이 아니라면 어찌 이런 일이 있겠느냐....
　　　이것이 우리의 운명이다....

처연하게 비를 맞고 있는 영조와 뒤주. 부채 위에 축 늘어진 사도의 손등으로 쏟
아지는 빗물.

## 상담 레시피       COUNSELING RECIPE

### ▷ 레시피 01 : 자식 교육

- **영화 감상**

  영조가 어린 사도를 칭찬하고 아끼는 장면 vs. 엄격함으로 가혹하게 질책하고 비난하는 장면

- **다리 놓기 질문 및 활동**

  영화 속 영조의 아들 교육을 보고 영조의 장점과 단점을 찾아보세요.

  ① 아버지로서 영조의 장점은 무엇인가요?

  ② 아버지로서 영조의 단점은 무엇인가요?

  ③ 나의 아버지는 어떤 방식으로 나를 교육시켰나요?

  ④ 나는 아버지의 교육방식을 기꺼이 받아들였나요?

### ▷ 레시피 02 : 아버지와 대화하기

- **영화 감상**

  뒤주에 갇혀 죽기 전, 영조와 사도세자가 진솔한 대화를 나누는 장면

- **다리 놓기 질문 및 활동**

  눈을 감고 기억 속에 있는 나의 아버지 모습을 떠올려 보세요. 그려지는 모습 중에서 가장 인상적인 한 가지 모습을 선택하고 천천히 그 모습을 바라보시기 바랍니다. 자! 이제 눈을 뜨고 앞에 놓인 사진 중 방금 떠올린 아버지의 모습과 비슷한 사진을 한 장 선택하시기 바랍니다.

  ① 선택한 사진에 제목을 붙인다면?

  ② 당신은 아버지와 진솔한 대화를 나누어 본 적이 있나요?

  ③ 지금 당신의 아버지가 앞에 계시다면 어떤 이야기를 하고 싶은지 편지글로 적어 보세요.

  \* 작성을 한 후 낭독하는 시간을 갖는다.

# 꽃으로도
# 때리지 말라

미쓰백

너는 착한 아이

가버나움

# 꽃으로도 때리지 말라,
## 미쓰백(Miss Baek)

### 영화 기본 정보

**제작국:** 한국, 2018

**감독:** 이지원

**주연:** 한지민(백상아), 김시아(김지은), 이희준(장섭)

**장르:** 드라마

**상영 시간:** 98분

**관람 기준:** 15세 관람가

### 힐링시네마를 위한 이 영화의 키워드

아동학대/보호/부모의 양육/아동복지/아동의 권리

# 백상아, 김지은

이름 백상아. 이름보다 '미쓰백'으로 불리는 한 여인이 있다. 자신의 이름을 사랑하지 못한 채 살아가는 그녀는 사랑을 받을 여유도, 사랑을 나눠 줄 여유도 없다. 그래서 가정도, 아이도 없다. 하루하루 사는 인생에게 백상아란 이름보단 '미쓰백'이 더 편안하다.

어느 날 길을 가다 웅크리고 앉아 있는 한 소녀를 만났다. '그러든지 말든지' 신경쓰지 않고, 그녀는 말없이 근처 포장마차로 아이를 데리고 들어가 계란말이를 시켜 주고 술을 마시기 시작했다. 물을 쏟은 아이의 컵에 말없이 물을 따라 주려는데 아이는 반사적으로 얻어맞지 않으려고 몸을 웅크린다. 멍든 손과 어깨, 계절에 맞지 않는 옷. 자꾸 아이의 모습이 눈에 밟힌다.

이름 김지은. 9세. 친아버지와 계모와 살고 있지만 부모로부터 따뜻한 관심을 받은 적이 없다. 때때로 방도 없이 화장실에서 지내기도 하고, 추운 겨울 베란다에서 손과 발이 묶인 채로 지내기도 한다. 맞는 것이 일상이고, 굶는 날도 많다.

어느 날 집을 탈출해 길가에 웅크리고 앉아 있다 미쓰백을 만났다. 미쓰백은 자신을 그냥 지나치지 않고 음식을 사주었다. 이름을 물어도 미쓰백이라고만 할 뿐. 이상하게 그녀가 따뜻하다.

미쓰백의 손을 잡고 싶다.

━━━
**지은과 미쓰백의 첫 만남**
**추운 겨울 얇은 옷을 입고 웅크린 지은이를 미쓰백은 그냥 지나치지 못하고 따뜻한 손을 내민다.**

(거리에서 웅크리고 있는 지은을 발견한 미쓰백이 포장마차에서 음식을 사 준다.)

지은: 잘못했습니다. 아줌마.

미쓰백: 아줌마 아니다.

지은: 선생님.

미쓰백: 야! 질척거리지 말고 그냥 먹고 가.

　　　미쓰백... 그렇게 부르라고.

지은: 저는 김지은. 9살.

미쓰백: 그런데 너는 왜 볼 때마다 홀딱 벗고 다니냐. 엄마, 아빠?

지은: 아빠만 집에.

(지은의 몸에 난 상처와 멍을 발견한다.)

미쓰백: 그거 누구 짓이냐? 아빠 짓이야?

　　　됐다. 그러든지 말든지.


# 우리 사회의 어두운 그림자, 아동학대

「아동복지법」 제3조 제7호는 아동학대를 '보호자를 포함한 성인이 아동의 건강 또는 복지를 해치거나 정상적 발달을 저해할 수 있는 신체적·정신적·성적 폭력이나 가혹행위를 하는 것과 아동의 보호자가 아동을 유기하거나 방임하는 것'으로 명시하고 있습니다.

〈미쓰백〉은 아동학대를 주제로 한 영화입니다. 지은이의 가족은 엄마, 아빠, 지은이 세 식구입니다. 지은이의 아빠는 친아빠지만 엄마는 계모입니다. 새엄마는 게임중독인 남편이 밉습니다. 그리고 친딸이 아닌 지은이도 밉습니다. 그 미움은 잦은 폭력으로 드러납니다. 위협하고 때리고 화장실과 베란다에 감금까지 합니다. 추운 겨울에도 지은이는 따뜻한 옷을 입을 수도, 따뜻한 곳에서 지낼 수도, 따뜻한 음식을 먹을 수도 없습니다. 지은이는 아무것도 할 수 없습니다. 집을 나와 거리에 웅크리고 앉거나 축 처진 어깨로 고개 숙이고 있는 것이 지은이에게는 유일한 탈출입니다. 영화 내내 빛이 없는 어두운 화면은 탈출구가 없는 지옥 같은 지은이의 마음과도 같습니다.

집을 나온 지은이　　　　　　게임중독 지은이의 아버지

〈미쓰백〉을 보다 보면 우리 사회를 얼룩지게 한 가슴 아픈 사건 하나가 떠오릅니다. 평택 아동학대 사건으로 알려진 2016년 사건은, 당시 일곱 살이었던 원영이가 계모의 상습적 학대로 사망하고 시신이 야산에 암매장된 사건입니다. 암매장된 사실이 밝혀지기 전 실종된 원영이를 찾기 위해 실종 경보가 내려지면서 대대적인 수색을 벌였는데, 이후 그 주범이 부모였다는 사실이 밝혀지면서 사회는 큰 충격에 빠졌습니다.

〈미쓰백〉의 현실판인 평택 아동학대 사건은 이후 아동학대 조기 발견을 위한 다양한 대책을 마련하는 계기가 되었습니다. 그동안 '방임', '학대'가 의심되어도 아이들을 보호하기 위한 제도적 한계가 있었고, '아이의 교육은 부모에게 맡긴다'는 사회적 정서와 다양한 현실적 여건 탓에 적극적인 보호가 어려웠던 것이 사실입니다. 실제로 우리 모두가 아동학대는 있어서는 안 될 끔찍한 일이라고 말하지만 학대 현장을 발견하고 대처하는 것에는 상당히 무지합니다. 그러한 무지가 앞의 평택 사건처럼 너무도 귀한 한 아이의 죽음이라는 끔찍한 결과로 되돌아오는데도 말입니다.

평택 아동학대 사건

2013년 8월, 당시 5세이던 원영이는 누나와 함께 친모와 살다 부모의 이혼으로 양육권이 친부에게 넘어가 친부와 함께 살게 되었고, 곧 계모 김모씨가 들어와 함께 살게 되었다. 계모는 남매에게 아침밥을 먹이거나 제대로 씻기거나 입히지 않았고, 회초리로 자주 학대하고 베란다로 가두기도 하였으며, 남매는 학대의 두려움에 말수가 줄어들었고, 그해 겨울에는 얇은 옷차림에 밖에서 놀았으나 누구도 남매를 돌보지 않았다.

친부는 원영이를 2016년 1월 7일에 초등학교 예비 소집일에 데려가지도 않았고, 14일에는 입학 유예를 신청했다. 원영이가 성장이 늦고 이사할 예정이라고 변명하였으나, 사실 원영이는 2015년 11월부터 욕실에 감금되어 극심한 학대를 당한 것으로 드러났다. 계모는 1월 28일부터 원영에게 락스를 퍼부었고, 2월 1일에는 옷을 벗기고 찬물을 퍼부었다. 이런 상태로 20시간이 지난 무렵, 결국 원영이는 사망했고, 친부와 계모는 시신을 이불에 말아 세탁실에 방치했다가 부패가 심하자 12일 평택시 청북면의 한 야산에 암매장하였다.

원영 남매가 다니던 아동 센터는 원영이 사망한 사실을 전혀 몰랐으며, 읍사무소에 아이의 안전 상태를 확인하라고 조언한 것으로 알려졌다. 3월 4일 원영의 입학 유예 관련 심의를 앞두고 부부가 "아이가 없어졌다"고 변명하자 경찰 수사가 시작되었고, 3월 9일 경찰은 누나로부터 학대 사실에 대한 진술을 받고 친부와 계모를 아동학대 혐의로 전격 구속하였다. 계모는 "지난달 20일 술에 취한 상태에서 아들을 데리고 나가 길에 버렸고 장소는 정확히 기억나지 않는다"며 진술했고, "남편에게는 '강원도에 있는 친정 어머니 지인에게 맡겼다'고 거짓말했다"고 주장했다.

친부는 "아내의 말을 믿고 아들을 따로 찾진 않았다"고 진술했다. 경찰은 3월 10일 원영의 실종 경보를 내리고 A초등학교인근 야산, 수로, 해안을 수색하다 친아버지가 신용카드로 평택시 청북면의 한 슈퍼마켓에서 막걸리 등을 구입한 사실을 확인하고 이들을 추궁하여 3월 12일 계모 김씨로부터 원영이를 학대하고 숨지자 암매장했다는 자백을 받았다. 그리고 같은 날 오전 암매장된 원영의 시신을 수습하였다.

국립과학수사연구원의 부검 결과 원영이의 사인은 "굶주림과 다발성 피하 출혈, 저체온증 등 지속적인 학대와 폭행에 따른 복합적 요인"으로 추정하였다. 3월 14일, 현장 검증에서는 학대한 사실은 있어도 살해할 의도는 없었다고 진술하였으며, 지켜본 주민들은 고성을 지르며 처벌을 요구하였다.

재판

5월 27일, 친부와 계모의 첫 공판이 열렸으며, 검찰은 원영이가 2015년 11월 중순부터 화장실에서 전혀 꺼내지지 않고 하루 종일 갇혀 있었으며, 피의자들이 용변을 볼 때나 샤워를 할 때에는 벽을 보았다고 설명하였다. 친부는 "미워서 그런 게 아니다. 아이에게 잘해 주면 오히려 (계모로부터 학대당하는 등) 안 좋은 결과가 나올까 우려됐다"고 진술하였다. 결심 공판에서 검찰은 계모 김모씨에게 무기징역을, 친부 신모씨에게 징역 30년을 구형하였다. 대법원은 계모 김씨에게 징역 27년, 친부에게 징역 17년을 선고한 원심을 확정하였다.[50]

## 〈미쓰백〉이 우리에게 던지는 질문들

### 1. 누가 학대하는가? 부모가 아이를 훈육하다 보면 때릴 수도 있다?

영화에서 지은이에게 미쓰백은 한줄기 희망입니다. 지은이는 화장실에 갇혀 좁은 창문으로 미쓰백이 지나가는 것을 바라보기만 합니다. 들킬까 숨죽이며 작은 목소리로 미쓰백을 부르지만 그 목소리는 미쓰백에게 도달하지 못합니다. 그러다 어느 날 목소리보다 마음이 도달했나 봅니다. 지은이가 자꾸 마음에 걸리는 미쓰백은 경찰서에도 데려가고 신고도 하고 병원에도 데려가면서 지은이를 보살피기 시작하고 관심을 주기 시작합니다. 그리고 결국 지은이를 어둠에서 구출해 냅니다. 여러 사람들이 그 집을 지나쳐 갔지만 유독 미쓰백에게 지은이의 모습이 눈에 띈 이유는 무엇이었을까요?

돌이켜 보면 미쓰백의 과거는 어두웠습니다. 알코올 중독자였던 어머니의 상습적인 폭행과 양육받지 못한 어린 시절의 상처는 미쓰백의 어린 시절 상처와 같았습니다. 지은이와 같이 학대받은 어린 시절은 미쓰백의 그림자였습니다. 그 그림자에는 미쓰백의 친어머니가 있었죠. 지은이를 학대한 대상도 바로 지은이의 친아버지였습니다.

영화의 이와 같은 상황은 현실과 다르지 않습니다. 매년 발생하는 아동학대 사건은 행위자의 80% 이상이 부모이며, 특히 방임은 90% 이상이 부모인 것으로 파악되고 있습니다. 또한 부모에 의한 학대의 경우 친부모가 79.9%라고 하니 부모가 자녀를 학대하지 않을 것이라는 생각, 부모라는 이유로 모두 무조건적인 사랑과 헌신으로 양육하기에 학대하는 부모는 친부모가 아닐 것이라는 생각은 우리가 가진 편견일 수 있습니다.[51] 학대 행위자에게 나타나는 두드러지는 특성은 양육태도 및 방법 부족(33.1%)입니다. '사랑의 매'로 아이의 행동을 고칠 수 있다는 신념은 그릇된 것이며, 아이를 대상으로 한 폭력은 결코 정당화될 수 없다는 사실은 반드시 명심해야 할 것입니다.

## 2. 학대받은 아이가 돌아갈 곳은 '집'이고, 보호자는 '부모'다?

미쓰백은 지은이에게 다양한 도움을 줍니다. 처음 집을 나와 웅크리고 있는 지은이를 발견하고 미쓰백은 포장마차로 데려가 따뜻한 음식을 사 줍니다. 그러곤 한걸음에 달려온 부모에게 지은이를 돌려보냅니다. 부모는 잠시 잠깐 착한 부모의 가면을 쓴 채 아이를 데려갑니다. 그러나 그때 지은이는 부모의 손보다 미쓰백의 손을 잡습니다. 아이의 힘없는 구조 신호를 미쓰백은 알아차리지 못합니다.

얼마 후 잘 먹지 못하고 집을 나와 웅크리고 있는 지은이를 발견한 미쓰백은 화가 납니다. 그래서 다 먹지도 못할 만큼의 햄버거를 시켜 먹이고 옷을 사주고 바다에 데려갑니다. 둘은 서로의 상처가 같음을 바다를 보며 알아차립니다. 지은이를 다시 집으로 돌려보낼 수 없었던 미쓰백은 경찰서로 갑니다. 경찰서에서 팔, 다리에 학대한 흔적이 분명하지만 경찰은 전과자였던 미쓰백의 신고자 신분을 들먹이며 지은이를 다시 보호자에게 돌려보냅니다. 지은이 역시 집에 가면 또 다시 학대가 시작될 것을 염려해 경찰에게 학대를 당한 적 없다고 거짓 진술을 하고 집으로 돌아갑니다. 그러나 부모에게 인계되어 가정으로 간 지은이는 더 심한 학대에 시달리게 됩니다. 학대는 그렇게 벗어날 수 없는 굴레가 되어버립니다.

지은이는 왜 부모의 학대를 경찰에게 알리지 못했을까요?

지은이는 부모의 학대를 사실대로 경찰에게 알리지 못합니다. 만성화된 학대는 지은이를 더욱 무력하게 만들었습니다. 돌아갈 곳이 집뿐인 지은이가 택할 수 있는 최선은 거짓 진술뿐이었습니다. 이와 같은 현실이 영화에서 각색한 이야기라고 말하면 좋겠지만, 학대를 당하는 아동을 학대 현장인 집으로 돌려보내고, 학대 가해자인 부모에게 인계하는 사회적 대처는 실제 이야기입니다.

2015년 인천에서 11살 아이가 가스배관을 타고 탈출해 인근 슈퍼마켓에서 과자를 훔치다 드러난 아동학대 사건에서도 탈출한 아이는 번번이 집으로 돌려보내졌습니다. 그리고 주변의 신고는 부모의 더 심하고 가혹한 학대로 이어졌습니다. 아이를 구출할 여러 기회가 있었지만 그 아이가 가정으로 돌려보내지면서 아이는 구출되지 못했습니다. 이 사건은 이후 아동학대 문제에 대한 사회적 경각심을 불러왔으며, 권위주의적 가부장적 문화로 인해 가족의 문제에 개입하는 데 다소 소극적이었던 국가의 역할을 적극적으로 변하게 만드는 계기가 되었습니다.

### 2015 인천 아동학대 사건

2015년 12월 12일 인천광역시 연수구에서 11살 아이가 빌라에서 가스배관을 타고 아버지 몰래 탈출합니다. 그리고 인근 상점으로 들어와 과자를 쇼핑 바구니에 가득 담고 밖으로 나오다가 슈퍼마켓 주인에게 발견되었는데 아이가 음식에 과도하게 집착하는 모습과 깡마른 모습을 보고 수상하다 여겨 따뜻한 음료수와 음식을 제공하고 경찰에 신고하면서 이 충격적인 사건이 세상에 알려집니다. 슈퍼마켓에서 발견 당시에 키도 120cm밖에 안 되었고, 몸무게도 4살 평균인

16kg밖에 미치지 못한 아이. 몸무게만 봐도 유추할 수 있듯이, 뼈하고 살가죽밖에 없을 정도로 말랐고, 발견 당시에는 늑골이 부러지고 온몸에 멍과 함께 타박상을 입은 상태였습니다.

아이의 아버지는 심각한 게임 중독자였으며, 전처(아이의 생모)와 이혼하고 동거녀를 데리고 와서 상습적으로 친딸인 아이를 학대했습니다. 친구들을 데려와서 피자와 치킨을 시켜 먹으면서 정작 아이에게는 남은 음식조차 주지 않았고, 아무거나 먹는다는 이유로 때렸습니다.

아이는 학교도 전학을 몇 번씩이나 했으며, 무단결석도 여러 번 했는데 학교에 나오지 않은 것을 이상하게 여긴 담임 교사가 파출소에 실종 신고를 하려고 했으나 당시 경찰이 친권자가 아니란 이유만으로 실종 신고를 거절했고, 아이의 아버지가 야반도주하듯이 이사를 가는 바람에 학교 측도 이렇다 할 조치를 취하지 못한 것으로 드러났습니다. 2년 후, 2015년 12월 12일, 아버지가 세탁실에 아이의 손목을 묶고 잠시 한 눈을 판 사이 몰래 도망쳤으며 슈퍼마켓 주인이 이 아이를 발견하면서 진실이 세상에 알려집니다.

검찰은 아이의 아버지 친권 행사 정지를 청구했고, 법원은 아이의 아버지 친권 행사를 정지시키고 2016년 10월에 친권을 영구 박탈합니다.

이들의 기소 당시 죄명은 상습특수폭행, 폭력행위 등 처벌에 관한 법률상 집단흉기 등 상해·공동감금, 아동복지법상 상습아동학대·상습아동유기방임 등 모두 5가지였으며, 재판부는 "피고인들은 양육 보호할 의무가 있음에도 학대와 방임 행위를 했다"며 "비난가능성이 매우 크다"고 판단했고, 이어 "우리 사회의 어두운 면을 고스란히 드러낸 피고인들의 행위에 대해 엄한 처벌을 내려 추후 이런 아동학대 행위가 재발하지 않도록 하는 게 법원의 책무"라고 덧붙이며 판결을 내립니다.[52]

## 3. 있을 수도 있는 일인가? '아동학대 신고 의무자'는 누구인가?

가정은 인간이 태어나서 만나는 최초의 사회적 환경이며 교육의 장입니다. 특히 가족과 부모는 자녀가 잘 성장할 수 있도록 보호하고 격려하며 건강한 인격체로 성장시키는 가장 근본적 체계라 할 수 있습니다. 그러나 부모에게 부여된 자녀에 대한 막중한 책임은 때때로 자녀를 소유의 대상으로 삼는 그릇된 신념을 만들기도 합니다. 때문에 아동학대 사건 대처에서 가장 큰 걸림돌이 있다면 부모의 친권이기도 한 아이러니한 상황을 만들어 냅니다.

영화에서도 학대 피해를 막지 못하는 다양한 사람들이 등장합니다. 미쓰백의 이야기를 듣지 않는 경찰, 부모의 이야기를 전적으로 믿는 경찰, 학대의 흔적이 명백한 아픈 아이를 신고하지 못하고 치료하지 못하는 병원, 실효성 없는 복지사의 방문 등 다양한 복지사각지대는 지은이를 더 위험한 상황으로 내몰게 됩니다. 그래서 학대당하는 지은이를 위해 아무것도 하지 못하는 미쓰백의 마음은 타들어 갑니다. 지은이 역시 자신이 피해자지만 불안하고 자신 때문에 큰일이 날까 두려워합니다.

보호자의 신분으로 경찰서에 온 부모는 다양한 방법으로 증거를 은폐하고, 아동학대 증거 수집을 방해합니다. 그리고 신고 후에 아동보호전문기관 또는 수사기관과 지속적인 협력 유지해야 하지만 자신의 행동을 수정하기보단 은폐하기에 급급합니다. 신고를 한 미쓰백 역시 신고 후 다양한 어려움에 처하게 됩니다. 결국 좁은 창문으로 탈출한 지은이가 스스로 이 문제를 해결하려고 바닥에 쓰러지고 탈출을 하는 등 죽음의 경계에 선 극한의 상황에 이르러서야 지옥에서 꺼내집니다.

아동학대 사건에서 중요한 것 중 하나는 신고 후에 신고자나 피해아동의 정보가 외부에 노출되지 않도록 주의하는 일입니다. 가장 최근에도 이와 관련하여 충격적인 사건이 발생합니다. 2019년 1월 일본에서 10살 여자아이가 안타까운 죽음을 맞이합니다. 우리나라에서도 종종 부모의 학대로 안타까운 죽음을 맞는 아이들의 사연이 보도되지만, 옆 나라 일본의 이야기가 며칠 동안 한국에서 보도되며 사회적 이슈가 된 이유는 무엇 때문이었을까요?

일본 니혼게이자이 신문에 의하면 아버지(41)는 딸 A양(10)을 학대해 숨지게 했습니다. A양은 자택 욕실에서 숨진 채로 발견되었고, 숨진 A양의 온몸에서는 멍 자국이 발견됐으며 경찰 조사 결과 부친이 상습적으로 폭력을 일삼았던 것으로 밝혀집니다. 그러나 논란은 이 학생이 다닌 초등학교가 가정폭력 피해를 알린 설문지를 가해자인 부친에게 전해 준 사실입니다. 아이는 다양한 방법으로 도움을 요청했지만 결국 죽음을 맞이합니다.

아이가 숨지기 전인 2017년 8월 A양의 친척은 관계 기관에 부친이 A양을 협박했다고 신고합니다. 그러나 해당 기관에서는 부친과 연락이 닿지 않자 협박이 학대에 해당하는지 모호하다는 이유로 아무런 조치도 취하지 않았습니다. 또한 A양은 2017년 11월 학교에서 벌인 '집단 괴롭힘 설문조사'에서 "아버지에게서 폭행을 당하고 있습니다. 밤중에 일으켜 세워서 발로 차거나 손으로 때리거나 합니다. 선생님 제발 구해 주세요"라고 도움을 요청합니다. 이내 지역 아동상담소는 A양을 부친에게서 격리시키는 '일시 보호' 조치를 했지만, 한 달 후 위험도가 떨어졌다고 판단해 A양을 다시 집으로 돌려보냅니다. 이후 부친은 학교와 지역 교육위원회에 "자신이 아동학대를 했다는 증거가 있느냐"라며 명예훼손으로 고소하겠다고 항의를 하기 시작합니다. 그리고 그 과정에서 딸이 작성했던 설문지를 보여 달라고 요구했고, 학교는 설문지를 그대로 복사해 아버지에게 넘기게 되었으며, 그 후 아이는 등교하지 않았습니다.

A양의 계속되는 결석에도 학교의 대응은 무책임했는데, 학대사건 신고 후 1년 이상 지났고 아버지에게 당분간 딸이 학교를 쉴 계획이라는 연락을 받았다는 이유로 학교는 별다른 조치를 취하지 않습니다. A양 사망 당일 부친은 가정교육이란 명목으로 A양을 벽에 세워 놓고 수차례 때렸으며, 숨지기 직전에는 강제로 찬물 샤워를 시키는 등 학대 행위를 한 것으로 드러났습니다. 이 사건은 교육 당국이 아이를 지키지 않는 최악의 대응이라는 비판을 받으며 대대적인 사회적 각성을 요구하는 계기가 되었습니다. 기관들이 정확하게 사건을 연계하지 못한 탓에 어린 생명을 구할 수 없게 되는 최악의 결과는 사회적 반

성을 불러왔습니다. 이 사건이 비단 일본에만 해당되는 것일까요?

우리 사회 역시 아동학대에 대한 사회적 인식이 변함에 따라 「아동복지법」, 「아동학대범죄의 처벌 등에 관한 특례법」과 같은 법이 제정되고, 아동보호전문기관을 매년 증설하고 있지만 안타깝게도 아동학대 사례는 지속적으로 증가하고 있습니다. 이러한 증가를 막기 위한 현실적 대안으로 「아동학대범죄의 처벌 등에 관한 특례법」 제10조에서는 아동을 가장 가까이에서 만나는 유치원의 교직원 및 강사 등의 아동학대범죄를 알게 된 경우나 의심이 있는 경우에는 아동보호전문기관이나 수사기관에 신고할 의무를 명시하고 있습니다. 또한 2일 이상 무단결석으로 아동의 안전과 소재가 파악되지 않은 경우 수사기관(112)에 신고해야 합니다. 사회적 감시체계를 촘촘하게 만들고 있는 것이죠.

아동학대를 해결하기 위한 가장 좋은 해결책은 예방하는 것입니다. 하지만 아동학대는 잘 드러나지 않습니다. 가해자의 약 90%가 친족이며, 이 중 약 90%는 부모라는 사실과 아동학대 주요 가해자 집단이 정부가 통제하기 어려운 환경에 있기 때문에 예방책을 마련하는 것은 더욱 어려워 보이기까지 합니다. 부모 자격증을 주지 않는 이상 정부차원에서 자녀가 있는 모든 부모들을 대상으로 효과적인 자녀양육 교육을 실시하기 역시 불가능해 보입니다. 또 가정은 학교나 시설과 달리 감시할 수 있는 수단이 없기 때문에 발생 징후를 포착하기도 어려운 현실입니다. 이런 이유로 일부 전문가들은 가족 내에서 부모의 양육방식은 치외법권적 '천륜'의 영역이 아니며 인권 보호를 위한 국가의 제재대상이 되어야 한다고 강경한 입장을 취하기도 합니다. 이런 강경함은 공공의 개입이 닫힌 방문 안에까지 이루어질 때에만 비로소 숨을 쉴 수 있고 자유로워지는 약자들이 가족 안에 있기 때문에 그들을 보호하기 위함입니다.[53] 〈미쓰백〉이 우리에게 묻습니다. '닫힌 방문을 열고 고통받는 아이들을 어떻게 구해 낼 것인가?'라고 우리에게 질문합니다. '그냥 두고 보기만 할 것이냐!'고 우리를 향해 소리칩니다. 이제 우리는 무엇을 해야 할까요?

<**아동학대란?** 54>

신체학대: 성인이 아동에게 신체적 손상을 입히거나 이를 허용하는 모든 행위
- 사고로 보기에는 미심쩍은 상처(사용된 도구의 모양이 그대로 나타나는 상처, 담뱃불 자국, 뜨거운 물에 잠겨 생긴 화상, 겨드랑이 팔뚝, 허벅지 안쪽 등 다치기 어려운 부위 상처 등)
- 신체적 상처로 자주 병원을 가는 경우
- 부모에 대한 두려움, 집으로 돌아가는 것에 대한 거부감
- 다른 아동이 다가올 때 공포감을 느끼는 행동
- 공격 또는 위축된 극단적 행동

정서학대: 성인이 아동에게 하는 언어적·정서적 위협, 감금·억제·기타 가학적인 행위
- 과도한 수면 부족 증세
- 스트레스로 인한 원형 탈모
- 특정 물건을 계속 빨고 있거나 물어뜯음
- 폭력성향, 히스테리, 강박, 공포, 극단행동, 과잉행동, 자살시도 등 비정상적 반응

성학대: 성인의 성적 만족을 위해 아동의 신체에 접촉하는 행위나 아동과의 모든 성적 행동
- 걷거나 앉는 데 어려움
- 입천장의 손상, 성병 감염 및 임신
- 나이에 맞지 않는 성적 행동
- 타인, 동물, 장난감을 대상으로 하는 성적 상호관계
- 부모에 대한 두려움, 집으로 돌아가는 것에 대한 거부감

방임: 아동의 양육과 보호를 소홀히 하여 정상적인 발달을 저해하는 모든 행위
- 기아, 영양실조, 적절하지 못한 영양 상태
- 계절에 맞지 않는 옷, 청결하지 못한 외모
- 음식 구걸, 도둑질
- 지속적 피로·불안정 호소, 수업 중 과도한 수면

### 피해아동에 대한 비밀 보호

- 피해 아동의 교육 또는 보육을 담당하는 학교의 교직원 또는 보육교직원은 정당한 사유가 없
  으면 해당 아동의 취학, 진학, 전학 또는 입소(그 변경을 포함한다)의 사실을 아동학대 행위자
  인 친권자를 포함하여 누구에게든지 누설하여서는 아니 됨
  (「아동학대범죄의 처벌 등에 관한 특례법」 제35조 제3항)

### 아동학대 신고의무 불이행에 따른 제재

- 정당한 사유 없이 그 직무상 아동학대를 알게 되었거나 의심이 되었음에도 신고를 하지 아니
  한 신고의무자에게는 500만 원 이하의 과태료가 부과됨
  (「아동학대범죄의 처벌 등에 관한 특례법」 제63조 제1항 제2호)
- ※ 과태료는 기관 단위가 아닌 사람 단위로 부과

### 아동학대 신고자 비공개

- 신고인의 인적 사항 또는 신고인임을 미루어 알 수 있는 사실을 다른 사람에게 알려 주거나
  공개 또는 보도하여서는 안 됨
  (「아동학대범죄의 처벌 등에 관한 특례법」 제10조 제3항)

### 아동학대 신고자 공개자에 대한 제재

- 신고인의 인적사항 또는 신고인임을 미루어 알 수 있는 사실을 다른 사람에게 알려 주거나 공
  개 또는 보도한 자는 1년 이하의 징역 또는 500만 원 이하의 벌금에 처함
  (「아동학대 범죄의 처벌 등에 관한 특례법」 제62조 제2항)

### 아동학대 신고자 신변상 보호 요청

- 공익신고자 등과 그 친족 또는 동거인은 공익신고 등을 이유로 생명·신체에 중대한 위해를
  입었거나 입을 우려가 명백한 경우에는 위원회에 신변보호에 필요한 조치를 요구할 수 있으
  며 위원회는 필요하다고 인정되면 경찰관서의 장에게 신변보호조치를 하도록 요청할 수 있음
  (「공익신고자보호법」 제13조)
- ※ 보호자에게 신고내용을 알리는 등의 행위로 아동학대 증거가 은폐되지 않도록 주의

# 상담 레시피

▷ 레시피 **01** : 학대

● 영화 감상

학대당하는 지은이를 지나치지 못하는 미쓰백의 모습이 담긴 장면

● 다리 놓기 질문 및 활동

① 미쓰백은 왜 지은이를 지나치지 못했을까요?

② 지은이에게 미쓰백은 어떤 존재였을까요?

③ 미쓰백과 지은이를 보며 생각나는 사람이 있나요?

　그 사람은 누구이고 나는 어떤 위로를 주고받았나요?

④ 상처받은 사람에게 준 최고의 위로는 무엇이었나요?

　상처받은 내가 받은 최고의 위로는 무엇이었나요?

# COUNSELING RECIPE

▷ 레시피 **02**: 닫힌 방문 열기

● 영화 감상

아이를 돌려보내는 경찰, 아이를 치료하지 못하는 병원, 겉모습만 보고 돌아가는 사회복지사의 모습이 담긴 장면 vs. 온 힘을 다해 지은을 구하기 위해 세상과 맞서는 미쓰백의 모습

● 다리 놓기 질문 및 활동

① 미쓰백의 행동과 이들의 차이점이 있다면 무엇일까요?

② 지은이를 돕기 위한 현실적 대안은 있을까요? 있다면 무엇일까요?
   지은이에게 가장 필요한 도움은 무엇일까요?

③ 이들에게 조언해 주고 싶은 말이 있다면 무슨 말을 하고 싶은가요?

**"이런 나라도, 같이 갈래?"**

# 우리 모두는 착한 아이,
## 너는 착한 아이(Being Good)

### 영화 기본 정보

**제작국:** 일본, 2016

**감독:** 오미보

**주연:** 코라 켄고(오카노), 오노 마치코(미츠키)

**장르:** 드라마

**상영 시간:** 121분

**관람 기준:** 전체 관람가

### 힐링시네마를 위한 이 영화의 키워드

착한 아이/아동학대/산타/가면 쓴 얼굴/좋은 엄마

# 안아 주기를 바라 아이든, 어른이든

　〈너는 착한 아이〉는 〈미쓰백〉과 같이 아동학대를 주제로 만든 옴니버스 영화입니다. 일본에서 제작된 〈너는 착한 아이〉의 영화 부제는 '안아 주기를 바라 아이든, 어른이든'입니다. 안아 주기를 바라는 것은 아이나 어른이나 모두 같습니다. 그래서인지 각각의 이야기들은 아이 못지않게 어른의 마음까지도 보듬어 주고 따뜻하게 품어 주는 것 같습니다. 사실 이 영화는 부모에게서 '착한 아이'라고 불리고 싶은 아이들, 아이들에게 '착한 아이'라고 말해 주지 못하는 부모들, 그리고 어릴 적 부모에게서 단 한 번도 '착한 아이'라는 말을 들어보지 못한 채 '정서적 장애인'이 되어버린 어른들의 상황과 심리를 생생하고 치밀하게 그려 낸 옴니버스 방식의 『너는 착한 아이야』를 원작으로 한 영화입니다.[55] 영화에서도 원작을 따라 아동학대, 왕따, 치매, 자폐아동 등 다양한 일화가 담겨 있습니다. 일화들은 각각 주인공들의 다양한 이야기와 상처들로 서사를 풀어 나가지만 결국 정서적 장애라는 하나의 주제로 연결됩니다. 그리고 각각의 사건들은 서로 영향을 주고받습니다. 우리 사회가 거미줄처럼 연결되어 있는 것처럼 타인의 아픔에 공감하지 못하는 정서적 장애를 가진 사람들은 거미줄처럼 연결되어 서로에게 영향을 주고받습니다. 그래서 영화는 타인의 아픔이 궁극에는 자신과 연결되어 있다는 사실을 모르는 닫힌 사회를 살아가는 우리들에게 긍정적 공감을 주고받는 열린사회의 중요성과 서로에 대한 포용적 자세를 가질 것을 조용히 설득합니다.

　실제 어린 시절 학대는 아이에게도 큰 상처가 되지만 학대의 기억은 어른으로 이어집니다. 사랑받지 못한 아이는 어른이 되어서도 사랑할 줄 모르는 어른으로 자라게 되고, 학대의 기억은 세대를 걸쳐 전수되기도 합니다. 학대를 당하던 자신의 기억이 어느새 학대하고 있는 자신의 모습으로 치환되고 그 모습에 마음이 아파 눈물을 흘려도 그 행위를 멈출 수 없는 것이죠. 아이든 어른이든 안아 주길 바라는 사람들에게 다섯 편의 이야기는 우리 모두에게 '착한 아이'라고 말해 줍니다. 그리고 '나쁜 아이는 없다'고 말합니다.

## 웃음 가면, 좋은 엄마 가면

'미즈키'는 예쁜 딸을 둔 엄마입니다. 남들이 보기에 미츠키는 부족한 것이 없어 보입니다. 그러나 그녀는 가면을 쓴 채 살아갑니다. 집 밖으로 나갈 때면 어김없이 '웃음 가면', '좋은 엄마 가면'을 씁니다. 미츠키는 결혼은 물론 임신도 하고 싶지 않았습니다. 지금의 남편을 만나 결혼을 했지만 원하던 결혼은 아니었습니다. 원하던 임신도 아니었습니다. 어쩌다 보니 결혼을 했고, 어쩌다 보니 아이를 낳았습니다. 그리고 아이를 낳은 후 육아는 오롯이 자신의 몫이 되었습니다. 그녀는 해외 파견을 간 남편 없이 딸을 키우는 것이 힘들었지만 그 이유로 아이를 때린 것은 아니었습니다. 다만 처음에는 손등만 때렸는데 아이가 크면서 좀 더 세게, 좀 더 자주 때리게 되었습니다.

엄마에게 맞는 딸 '아야네'가 엄마에게 말을 거는 경우는 거의 없습니다. 어린 딸은 엄마와는 언제나 정서적 거리를 유지한 채 둘만 남겨진 아파트에서 어른스러워야 합니다. 그렇지 않으면 맞으니까요. 아야네가 맞는 이유는 잘못한 것이 많아서입니다.

오늘은 때릴 일이 아주 많다. 손바닥이 얼얼할 정도로 빨갛게 달아올랐다. 손목도 아프다. 이도 저도 전부 아야네 탓이다. 나쁜 짓만 하는 아야네 탓. 오른손이 아프면 왼손으로 때린다. 신기하게도 때릴 때는 오른손잡이도 왼손잡이도 아니다. 매사에 서툴러도 때리는 거라면 잘할 수 있다. 오른쪽으로 도망가면 오른손으로, 왼쪽으로 도망가면 왼쪽으로 때린다. 하지만 요즘 아야네는 도망가지 않는다. 가만히 한 자리에서 때리는 대로 맞는다. 체념한 것이다. 나도 그랬다. 어린아이인 이상 도망칠 곳은 세상 어디에도 없다. 게다가 이렇게 손으로 맞고 발로 차이는 것은 세상에서 제일 나쁜 아이이기 때문이다. 때린 후에는 침대에 내던지고 침실에 가둬버렸다. (중략) 아야네 몸에 남은 자국을 보자 그때의 화가 치밀어 오른다. 아야네가 그곳에 있는 것만으로도 화가 난다. 왜 그런 짓을 했어. 왜 나를 화나게 해. 왜 그런 짓을 해서 나한테 맞는 거야. 나는 착한 엄마가 되고 싶었단 말이야. 맞을 짓을 하는 건 너야. 전부 너 때문이다.

(중략) 매일은 반복의 연속이다. 집을 나가고 집에 돌아온다. 밥을 먹고 소화시켜 배출하고 다시 먹는다. 화를 내고, 때리고, 또 화낸다. 복도를 걸을 때 아야네는 내게서 세 걸음 떨어져 따라온다. 나도 그랬다. 이도 저도 전부 똑같이 반복된다. 처음부터 아무것도 하지 말았어야 했다. 그랬다면 지금 이런 기분도 들지 않을 텐데. 아이를 낳지 않았다면 좋았을 걸. 그래, 아기를 낳지 말았어야 했다. 나 같은 건.

『너는 착한 아이야』 中, pp.118-123

미츠키도 알고 있습니다. 자신이 때린 딸의 상처가 다른 사람의 눈에 띄면 안 된다는 것을요. 그래서 아야네의 옷은 상처를 가리는 긴 옷이어야 합니다. 또 미츠키의 얼굴에는 '웃음 가면'을 써야 합니다. '좋은 엄마 가면'도요. 그래서 밖에서 쓴 좋은 엄마 가면이 떨어지기 전에 집으로 어서 들어옵니다. 집에 돌아오면 좋은 엄마 가면을 벗어 던지고 아야네의 잘못을 들춰냅니다. 그녀가 가정을 이루고 자식을 낳기로 결정하는 순간, 인생의 일부는 새롭게 시작되고 일부는 멈춰버린다는 것을 알았다면 좋았겠지만 안타깝게도 엄마 미츠키는 아픈 과거를 떨쳐내지 못하고 같은 잘못을 반복합니다. 그리고 아이를 낳지 않았다면 좋았을 것이라고 자신을 자책합니다. 학대라는 말도 없었던 미츠키의 어린 시절, 그녀는 매일 엄마에게 맞아 절대 어른이 되면 내 아이를 학대하지 않을 거라고 다짐했지만, 엄마가 된 그녀 역시 딸을 때리게 되었습니다. 지긋지긋하게 맞았던 사실과 학대당한 자신이 너무 싫지만 또다시 딸을 학대하는 자신의 모습은 쉽게 고쳐지지 않습니다. 그래서 밖으로 나갈 때면 '웃음 가면'을 붙입니다. 거짓말도 능숙하게 합니다. 다른 엄마들도 그녀와 같을 것이라고 위안합니다. 마음의 탁한 물이 고이고 고여 집으로 돌아오면 그 탁한 물을 여과 없이 딸에게 쏟아버립니다. 딸의 잘못을 탓하며 때리면서요. 아이가 맞는 이유는 '나쁜 아이'이기 때문입니다.

나도 웃는다. 얼굴에 가면처럼 웃는 얼굴을 붙인 채. (중략) 나는 엄마가 되고 나서 거짓말에 능숙해졌다. 아야네였다면 두 번도 용서하지 않았다. 한 번과 두 번이 얼마나 다른지 나는 엄마가 돼서 알았다. 집에 가면 당신도 하나 짱에게 손찌검을 하겠지. 공원을 나와 역 앞 슈퍼에서 간단히 장을 보고 자동잠금장치가 설치된 맨션의 4층으로 올라가 문을 열고 들어가 문을 닫으면. (중략)

몸 안에 다시 탁한 물이 고인다. 웃는 얼굴이 얼굴에서 벗겨져 떨어질 것만 같다. 나는 아야네의 머리 위로 팔을 뻗어 현관문을 열면서 가면을 쓰듯이 얼굴 위에 웃는 얼굴을 붙인다. 나도 아이를 때리니까. 그렇게 지긋지긋하게 맞았는데도 셀 수 없이 때리니까.

나는 전부 기억한다. 신발을 신겨 줄 때 엄마가 신기려는 신발과 내가 내민 발이 다르면 내 발을 매섭게 때렸다. 나는 아직 신발의 왼쪽 오른쪽을 구별하지 못했기 때문에 어느 발을 내밀어야 하는지 몰랐다. 엄마한테 맞으면 그제야 내가 발을 잘못 내민 것을 알았다. 찰싹, 소리가 날 정도로 세게 맞는 것이 무서워서 발 내미는 걸 주저했다. 그러면 왜 그렇게 굼뜨냐며 더 맞았다. 찰싹. 찰싹. 찰싹. 그럴 때 나는 늘 수를 셌다. 발을 잘못 내밀었을 때는 네 번. 학대라는 말도 없었던 시절. 나는 엄마한테 매일같이 맞았다. 그래서 나중에 어른이 되면 절대 내 아이를 학대하지 않을 거라고 다짐했다. 여성이 자립하지 않아서 학대나 가정폭력이 일어나는 거라고 생각했다.

『너는 착한 아이야』中[56]

그런 그녀에게 친구가 생겼습니다. '하나' 역시 몸에 사라지지 않는 부모의 분노의 흔적을 갖고 살아갑니다. 부모에게 학대받았지만 그녀는 가만히 미츠키를 안아 줍니다. 세상에서 가장 나쁜 아이라는 표시를 가지고 살았던 미츠키에게 소중하다고 말해 줍니다. 그제야 안아 주길 바라는 어른 미츠키가 어린 딸을 안아 줍니다.

이런 미츠키의 이야기는 우리의 이야기이기도 합니다. 부모님의 무심한 말 한마디에 받았던 깊은 상처, 내 맘대로 되지 않는 육아에 대한 회의감, 무심코 아이에게 화냈지만 뒤늦게 밀려오는 미안함은 부모라면 누구나 가졌을 마음이기도 합니다. 아이를 다정히 대하는 게 어색하기만 한 엄마, 아닌 척 지내고 있지만 부모님께 받은 상처가 마음속 깊은 곳에 남아 있는 사람들 역시 우리의 모습이기도 합니다. 그러나 가장 사랑하는 사람이 가장 아프게 한다는 말을 기억할 필요가 있습니다. 폭력은 모두 나쁘지만 나와 상관없는 사람의 폭력보다 나와 혈연관계에 있는 가족의 폭력이 더 아프고, 가정의 울타리라는 닫은 문 뒤에 숨어 폭력을 휘두르는 사람이 부모일수록 그 파장이 더 깊게 더 오래간다는 사실도 기억해야 합니다. 그래서 감정을 주체하지 못하고 아이를 야단쳐버리는 엄마 미즈키를 안아 주고 공감해 준 '하나'가 우리 사회에 많았으면 좋겠습니다.

"학대받았죠? 나도예요. 그래서 알아요. 얼마나 힘들었을지.... 계속 말하고 싶었어요. 아야네 짱 엄마한테. 힘들 거라고 생각했거든요. 나는 그걸 아니까. 나도 아줌마가 없었다면 아이를 학대했을지 모르니까. 아이가 사랑스럽다는 생각은 하지 못했을 테니까. 그렇잖아요. 자신을 사랑하지 못하는데, 어떻게 아이를 사랑할 수 있겠어요." 하나 짱 엄마는 알고 있었다. 그때의 고통을. 사라지지 않는 부모의 분노의 흔적을. 자신의 몸에 새겨진 그 증거를 볼 때마다 자신은 부모한테 미움받는, 세상에서 가장 나쁜 아이임을 뼈저리게 느낀다. 나이가 들어도 지워지지 않는, 세상에서 가장 나쁜 아이라는 표시.

『너는 착한 아이야』中, pp.133-138[57]

# 산타가 오지 않는 집

　여기에 또 한 명의 아이가 있습니다. 학교 급식을 모두 외우는 아이 '간다'는 주말에도 학교에 나와 혼자 놉니다. 집은 시간이 되어야 갈 수 있습니다. 신규 교사 '오카노'에게 처음부터 간다가 눈에 들어왔던 것은 아닙니다. 어느 주말 운동장에서 혼자 노는 아이를 발견합니다. 비가 와도 집으로 가지 않는 아이, 점심이 되어도 밥을 먹으러 가지 않고 혼자 노는 아이에게 오카노는 관심을 주기 시작합니다. 간다가 집에 들어갈 수 없는 이유와 때가 되어도 밥을 잘 못 먹는 이유는 '나쁜 아이'이기 때문입니다.

> "전 나빠요. 아빠가 나쁜 애라고. 엄마도 그래요."
> "산타가 오지 않는 건 내가 나쁜 아이라서 그래요."
> "간다는 나쁜 애가 아니야. 진심으로 아니야."

　정말 간다가 나쁜 아이라서 산타가 오지 않고 먹을 것을 먹지 못하고 부모에게 맞은 걸까요? 학대를 받은 아이들은 살아남기 위해 가해자의 논리를 내면화합니다. 아이는 밥을 챙겨 주고 옷을 사 주고 같은 집에서 사는 보호자가 절대적으로 생존에 필요하기 때문에 적극적으로 마음에 들기 위해 노력합니다. 신체적, 정서적인 학대를 가하는 가해자는 학대를 일삼으며 '나쁜 아이'라는 논리를 내세웁니다. 가해자는 애정, 훈육이란 말로 폭력을 정당화하고 아이는 생존을 위해 가해자의 논리를 내면화해서 그들이 정한 규칙을 따릅니다. 그래서 아이는 스스로 나쁜 아이라고 말합니다. 간다 역시 착한 아이에게 선물을 주는 산타가 오지 않는 이유가 자신이 '나쁜 아이라서'라고 말합니다.

　그런 간다를 지켜보는 것이 안타까운 사람이 있습니다. 놀림, 학대받는 학생을 보고도 제대로 맞서지 못하는 교사, 오카노입니다. 신규 교사 오카노는 왕따당하는 학생을 보면서도, 교실이 붕괴되는 것을 보면서도, 아동학대당하는 학생을 보면서도 섣불리 나서지 못하는 나약한 교사입니다. 학부모에게 휘둘리고 학생들의 놀림과 요구에 끌려다니며 하루하루 지쳐 갑니다. 급기야 교사가 된 자신의 직업정체성에 회의를 느끼기도 합니다. 지쳐 가던 오카노에게 힘을 준 것은 다름 아닌 조카의 포옹이었습니다. 어느 날 조카의 작은 행동이 소극적인 그를 완전히 바꿔버립니다. 누군가에게 사랑받고 있다는 느낌, 누군가에게 응원과 지지를 받고 있는 느낌은 그에게 용기를 줍니다. 그리고 학생을 지키기 위해 맞섭니다. 간다를 지키기 위해 달려가 용기를 낸 문을 두드립니다. 이미 늦었을지도 모를 영화의 마지막은 오카노의 간절함으로 가득 차 있습니다.

UN 아동권리협약은 아동이 한 인간으로서 고유한 존재이며, 스스로가 권리의 주체자임을 인식하고 적극적인 참여를 통해 자신의 권리를 향유하고 자신의 권리를 온전하게 보장받을 수 있어야 한다는 점을 강조하는 국제적 약속입니다. 아동에게는 기본적인 삶을 누리는 데 필요한 권리 생존권, 잠재능력을 최대한 발휘하는 데 필요한 권리 발달권, 유해한 것으로부터 보호받을 권리 보호권, 자신의 나라와 지역사회 활동에 적극적으로 참여할 수 있는 권리 참여권이 있습니다.[58] 아동의 이러한 권리를 보장하는 일은 개인의 책임을 넘어서는 사회의 책임이라 할 수 있습니다. 영화 속 맥락에선 학대에 대한 이유를 가정과 개인에 대한 문제로 돌리지만 『이상한 정상 가족』의 저자 김희경은 부모 혼자만의 문제가 아니라 학대는 체벌을 쉽게 생각하고 용인하는 태도, 폭력에 대한 관대한 정서, 공적 개입의 부재 등으로 인해 사회에 자잘한 구멍이 사방에서 생겨나고 결국 어디에선가는 아이가 맞아서 목숨을 잃는다고 지적합니다.[59]

분명 지나친 과잉보호로 옳고 그름의 판단을 하지 못하는 길들여지는 아이로 양육하는 것도 문제입니다. 그러나 보호자의 절대적 도움이 필요하고, 교사의 협조 역시 절실한 소외받는 아이들에게는 생존과 관련된 과도할 정도의 사회적 관심 역시 절대적으로 필요합니다.

　영화 초반에 보여지는 교사 오카노의 모습은 자녀가 부모의 소유이고 부모가 양육을 위해서는 폭력을 휘둘러도 된다는 사회적 통념에 맞서기에 한없이 나약해 보입니다. 그러나 나약함을 딛고 영화의 마지막 학대받는 아이의 가정을 방문하고 문을 두드리는 오카노는 그 누구보다도 강해 보입니다. 그런 오카노가 많은 사회야말로 아이들에게 든든한 안전망을 가진 사회라 할 수 있겠지요. 영화는 묻습니다.

산타가 오는 가정에서 자라는 아이만 선물을 받을 수 있는 사회는 과연 공정한 사회일까요?
정말 '착한 아이'라서 해마다 산타가 아이를 방문해 선물을 주는 것일까요?
스스로 '나쁜 아이'라고 믿는 아이들에게 어떤 어른이 많아져야 할까요?

# 상담 레시피

▷ 레시피 **01**: '좋은 엄마', '웃음 가면'

● 영화 감상

'미츠키' 이야기를 모은 영화의 장면

● 다리 놓기 질문 및 활동

① 미츠키가 썼던 '좋은 엄마', '웃음 가면'처럼 자신이 쓴 가면이 있다면?

그 가면의 이름은 무엇이라 붙일 수 있을까요?

② 자녀를 양육하면서 힘들었던 적이 있었나요? 힘들었던 경험을 구체적으로

이야기해 보세요.

③ 내가 자라면서 가장 서운함을 느꼈던 사건이 있었다면?

그 서운함은 어디에서 비롯된 것인가요?

# Counseling Recipe

▷ 레시피 **02**: 산타가 오지 않는 집

● 영화 감상

'간다' 이야기를 모은 영화의 장면

● 다리 놓기 질문 및 활동

① 여러분이 받았던 산타의 선물은 무엇인가요?

'간다' 집에 산타가 오지 않는 이유는 '나쁜 아이'이기 때문인가요?

② 주변에서 급식을 외우고, 집에 들어가지 못했던 '간다'와 같은 아이를 만난 경험이 있었나요?

③ 내가 '오카노'라면 어떻게 행동했을까요?

도움이 필요한 아이들 앞에서 무력감을 느낀 경험이 있었나요?

④ 나의 신규 교사 시절의 모습은 어땠나요?

# 부모와 사회에 대한 힘없는 외침,

# 가버나움(Capernaum)

## 영화 기본 정보

**제작국:** 레바논, 프랑스, 2019

**감독:** 나딘 라바키

**주연:** 자인 알 라피아(자인), 요르다노스 쉬페라우(라힐)

**장르:** 드라마

**상영 시간:** 126분

**관람 기준:** 15세 관람가

## 힐링시네마를 위한 이 영화의 키워드

가난/앵벌이/부모의 책무/돌봄받을 권리/양육

# 가버나움(Capernaum)

　영화의 제목 '가버나움'의 뜻은 '혼란', '혼돈'입니다. 이 뜻 외에도 가버나움은 갈릴리 호수 근처의 지명으로 성경에서 예수님이 기적을 행한 장소이며, 동시에 멸망할 것이라고 예언한 장소이기도 합니다. 제목이 갖는 중의적 의미는 현재 가버나움이 어떤 땅이 되었는가를 짐작하게 합니다. 기적의 땅이 멸망의 땅으로 변하면서 남은 것이라곤 혼돈과 혼란을 겪는 사람들이 살아가는 폐허의 땅, 그리고 혼돈 속에서 살아가면서 그 혼돈이 어디에서부터 왜 생겼는지도 모른 채 대물림되는 아이들의 고통의 땅, 도심의 지붕에 널린 폐타이어처럼 가난과 학대, 무지와 폭력, 착취로 얼룩진 혼돈의 땅, 이곳이 '가버나움'입니다.

　텅 빈 눈빛의 무기력한 한 소년이 묻습니다.

　"나는 왜 이렇게 살아야 하나요? 이렇게 사는 것은 당연한 것인가요? 제가 이렇게 사는 것은 누구 책임인가요? 이렇게 만든 부모는 책임이 있나요?"
　"나를 세상에 태어나게 한 부모님을 고소하고 싶어요."

출생일을 모르는 아이, '자인'

도심 지붕에 널린 폐타이어

# 출생일을 모르는 아이

주인공 '자인'은 레바논 베이루트 빈민가에 살고 있습니다. 출생기록도 없어 나이가 몇 살인지 알지 못합니다. 생일도 알지 못합니다. 그저 열두 살 정도라고 추측할 뿐입니다. 그는 자기 몸보다 더 큰 가스통을 배달하고, 각종 식료품 배달을 하는 등 매일 힘든 노동에 내몰립니다. 이외에도 다양한 일들을 해야 하지만 그중 자인이 마음을 가장 많이 쓰는 것은 동생들을 돌보는 일입니다.

12세 정도의 '자인'과 11세 정도의 여동생 '사하르', 그리고 많은 동생들에게 하루하루는 생존을 위한 전쟁의 날들입니다. 출생기록조차 없이 살고 있는 아이들은 사회적 보호에서 소외되며, 학교에도 다니지 못합니다. 이들은 부모의 가난한 삶을 전수받은 아이들이며, 사람답게 살아갈 권리를 교육받지 못한 아이들이며, 부모의 결정에 무조건 따라야 하는 힘없는 아이들이기도 합니다. 이들은 이렇게 사회에서 유령 같은 존재로 소리 없이 조용히 살고 있습니다.

영화를 보다 보면 주인공 자인에게 눈길이 갑니다. 그런데 어린 자인의 연기가 너무 선명해서 놀랍습니다. '부모를 고소한다'는 목소리, 날카로운 눈빛이 마음을 울립니다. 연기인지 삶인지 구분할 수 없는 영화의 목소리는 배우들의 실제 처한 상황에서 그 이유를 찾을 수 있습니다. 주인공 자인은 연기를 전문으로 하는 배우가 아니라 시리아 내전으로 탈출한 난민으로 시장에서 배달 일을 하다 현지 캐스팅되었습니다. 그는 영화에서와 같이 출생신고도 못하고, 학교도 못 다녔습니다. 여동생 사하르 역할 '하이타 아이잠'도 거리에서 껌을 팔다 캐스팅되었으며, 한 살 아기 역의 '트레저' 역시 촬영 중 친부모가 체포되었고, '라힐' 역할의 '요르다노스 시프로우'도 아프리카 출신의 불법체류자로 영화를 찍다 실제로 체포되기도 했습니다. 아마도 이들의 연기는 연기가 아닌 삶의 한 단면이었을 것입니다. 그래서 이들의 연기는 타인의 삶을 완벽하게 재현하는 예술이 아니라 그들이 처한 환경과 실제의 삶을 보여 주고 있다는 점에서 더욱 가슴 아픈 현실을 보여 줍니다. 이 어린이들은 완벽한 연기를 한 것이 아니라 자신의 삶을 완벽하게 재현한 것입니다.

주인공이 태어나면서 마주한 가장 작은 사회인 가정은 기능적 역할을 하지 못합니다. 그리고 아이들은 이런 불안정한 삶을 살아가는 자신을 누구보다도 잘 알고 있습니다. 이런 현실을 너무도 잘 알기 때문인지 자인의 눈빛에는 슬픔이 담겨 있으며, 여동생을 지키려는 힘없는 분노와, 탈출할 수 없는 가난에 대한 억울함이 담겨 있습니다.

**동생과 주스를 만들어 파는 자인**

**요나스를 돌보는 자인**

## 나의 부모를 고소합니다

아들이 사람을 찔렀습니다. 행복할 부모가 있을까요? 그런 부모가 피고의 신분으로 법정에 섰습니다. 아들은 자신을 낳아 준 부모를 법정에 세웠습니다. 아들은 말합니다.

**"부모님을 고소하고 싶어요. 어른들한테 말하고 싶어요. 애들을 돌보지 않는 부모가 지긋지긋해요."**

부모는 아이를 낳아 죽을힘을 다해 사는데 제 입장이 되어 보고 말을 하라고 항변합니다.

"이런 걸 바란 건 절대 아닙니다. 이게 전부 다 우리 잘못이란 말인가요?"

그런 부모에게 아들은 말합니다.

"여기서 제가 얻는 게 뭐죠? 욕먹고, 얻어맞고, 발길질당하고, 사슬과 호스와 허리띠로 맞고 제가 듣는 말이라곤 "꺼져, 개새끼야!", "쌍놈의 새끼!"뿐이에요. 사는 게 개똥 같아요. 내 신발보다 더러워요. 지옥 같은 삶이에요. 통닭처럼 구워지고 있어요. 인생이 좆같아요. 자라서 좋은 사람이 되고 싶었어요. 존중받고 사랑받고 싶었어요. 하지만 신은 그걸 바라지 않아요. 우리가 바닥에서 짓밟히길 바라죠. 배 속의 아기도 나처럼 될 거예요."
"부모에게 원하는 게 있나요?"
"애를 그만 낳게 해 주세요."

대물림되는 가난을 당연하게 여기는 부모들의 방관에 대한 책임을 고스란히 아이들이 지고 있었습니다. 그러나 부모의 잘못만은 아닙니다. 부모의 짐을 대신 짊어지고 사는 아이들의 부모도 그들의 부모들에게 가난을 물려받은 것입니다. 사회적 빈곤과 낮은 계급은 떨칠 수 없는 그들의 어두운 현실이었습니다.

**부모를 고소하고 법정에 세운 자인**　　　**우리 잘못은 아니라고 항변하는 부모**

# '아이를 돌보지 않는 부모는 고소당해 마땅하다' 정말 그런가?

영화를 치료적 관점에서 본다는 것은 영화의 화자를 3인칭인 '그'의 삶에서 1인칭인 '나'의 삶으로 방향을 옮기는 것입니다. '그'의 삶이 '나'의 삶으로 옮겨 왔을 때 내 삶에 어떤 질문을 할 수 있을지 자신에게 묻는 것입니다.

영화는 가난과 착취, 학대로 얼룩진 사회의 문제가 어린아이들에게 고스란히 대물림되는 현실을 보여 줍니다. 3인칭인 '그들의 삶'에서 1인칭인 '나의 삶'으로 시선을 옮겨 왔을 때 이 영화를 본 나는 무엇을 묻고 답할 수 있을까요? 주인공이 처한 상황을 통해 '가난한 사람들을 구제할 수 있는 길은 있는가', '인간다움이란 무엇인가' 등등의 인류 전체에 대한 물음보다 더 중요하게 내 삶의 무대를 점검할 수 있는 질문이 있다면 무엇일까요? 자신의 삶과 가난과 착취, 학대로 얼룩진 자인의 삶을 비교해 보며 지금 이 순간 자신의 마음의 상태에 집중하는 일이 치료적 관점에서는 더 중요할 것입니다. 그래서 관심의 방향을 그들에서 나로 돌리는 일, 그리고 그것을 통해 비로소 내 안의 치유의 힘이 꿈틀거리게 만드는 일을 가능하게 하는 질문을 던지는 것이 치료적 관점에서 영화를 보는 일이 될 것입니다. 치료적 관점은 자인이 '왜 부모를 고소하게 되었는가?', '정말 그 고소는 합당한가?'를 따지는 것보다 더 중요하게 자신의 불합리한 상황에 놓인 경험과 견주어 내 삶에서도 고소할 만큼의 억울함이 있는가를 되묻습니다. 여러분 삶에는 어떤 억울함이 있었나요?

**"나의 부모를 고소합니다."**

아들이 부모를 고소합니다. 굳이? 왜? 그렇게까지 한 것일까요? 우리도 마음의 억울함이 생기면 그 억울함을 풀기 위해 자인처럼 고소를 해야 하는 것일까요? 자인은 부모를 법정으로 끌고 들어와 자신의 삶을 중심부터 망친 잘못을 인정하도록 요구합니다. 그것이 바로 자인이 했던 '고소'의 본질이었습니다. 결국 고소는 부모의 잘못된 행위들에 대한 '멈춤'이란 엄중한 요구였으며, 사과를 받기 위한 절실한 요구이기도 했습니다. 다친 내 마음에 더 이상억울함이 쌓이지 않도록 '그만!'이라는 '멈춤'을 위한 엄중한 요구. 실제 고소하지 않는다고 하더라도 자신의 마음에 평화가 오기 위해서는 마음에서라도'고소'라는 철퇴를 내려야 할 필요가 있다는 것입니다. 자인의 요구는 결국 받아들여집니다. 재판 이후 비로소 자인은 마음의 평화를 얻습니다. 그리고 출생일도 모르고 살아가던 현실에서 신분증을 얻게 됩니다. 시종일관 어두운 표정을 짓던 자인이. 그제야 신분증 사진을 찍으며 활짝 웃습니다.

## 부모가 되는 일, '라힐'

세계화로 각국의 문화 차이는 눈에 띄게 줄었습니다. 인구의 이동도 많아졌으며 보다 나은 삶을 위해 국경을 넘어 새로운 삶을 찾는 사람들도 많아졌습니다. 그러나 그 수가 많아지고 빈도가 잦다고 이방인을 바라보는 시선이 포용적이며 문화의 차이를 수용하고 호의적으로 변한 것은 아닙니다. 『사피엔스』의 저자 유발 하라리는 당초 유럽연합은 프랑스와 독일, 스페인, 그리스 간의문화 차이를 초월하겠다는 약속 위에 수립했는데, 이제 유럽인과 아프리카, 중동 출신 이민자들 간의 문화 차이를 포용하지 못한 탓에 붕괴될지도 모를 상황에 처했다고 지적합니다. 다문화 체제를 건설하는 데 성공한 유럽도 이제는너무나 많은 이민자들이 몰려든 탓에 그동안 유지해 온 다문화적이고 관용적인 이상을 유지해야 할 것인지 배반하고 자국의 이익을 위한 권한 행사를 해야하는지 중요하게 논의하기 시작했습니다.[60] 영화에서 보여 주는 현실은 부모개인의 문제를 넘어 난민, 이민으로 비롯된 빈곤과 현실을 탈출할 수 없는 사회 구조적 문제입니다. 분명 이것이 힘없는 사람들에 대한 사회적 학대를 불러오지만 모두의 암묵과 외면이 만든 매정한 현실은 관용과 자국의 권한 행사라는 상충되는 이해관계 속에 방치되기도 합니다.

영화 〈가버나움〉은 시민권을 갖지 못한 계층의 차별과 가난의 대물림에 대한 이야기입니다. 차별에 익숙한 부모는 체념한 듯 사회에서 살아갑니다. 그러나 아이들은 그 현실을 받아들일 수 없습니다. 가난으로 닭 두 마리에 동생을 시집보낸 부모의 결정에 자인은 분노합니다. 그러나 그에게는 그 현실을 바꿀 힘이 없습니다. 태어나길 선택한 아이가 있을까요? 더구나 아이들은 가난과 빈곤 상태에서 지속되는 삶을 원하지도 않았습니다. 그런 힘없는 아이를 대신해 자인이 외칩니다. 부모될 자격이 없는 사람이 부모가 되는 것을 하지 못하도록 요청합니다. 자신을 태어나게 한 부모를 고소하고 더 이상 자신과 같은 동생이 생기지 않길 바라는 마음에서 부모가 아이를 더 이상 낳지 못하게 해 달라고 요청합니다.

영화에서는 자인의 부모와 대조적으로 '라힐'과 같이 자신의 아이를 끝까지 지키기 위해 노력하는 따뜻한 부모도 보여 줍니다. 라힐은 강인한 엄마의 모습을 충분히 보여 줍니다. 불안정한 신분은 라힐을 불안하게 만들었지만 그녀는 그 현실에서 도망치지 않았습니다. 아이를 키울 자신도 없는 사람이, 아이를 돌볼 환경이 되지도 못하는 사람이 왜 애를 낳았냐고 하는 비난은 여기에서 통하지 않습니다. 그건 엄마가 되지 못한 사람들이나 하는 말이라고 저는 감히 말합니다. 저에게도 엄마가 되는 일은 백화점에서 좋은 상품을 고르고, 심사숙고하여 선택의 시간을 거치는 그런 일은 아니었습니다. 어느 날 갑자기 선물처럼 아이가 와 주었고, 아이를 가진 순간부터 아이와 동행하는 그 일을 그만둘 수는 없었습니다. 자인도, 라힐도 그 숙명을 알았기에 어린 '요나스'를 정성껏 돌봤을 것입니다.

아이들은 누구나 다 존중받고 사랑받을 권리가 있습니다. 아이를 존중하고 사랑하는 것은 두말할 필요 없이 진정성 있는 존중과 사랑이어야 합니다. 그 모범을 아이를 돌보는 라힐의 삶에서 충분히 발견할 수 있습니다.

학대하는 사회에서 사회의 구조적 문제를 해결할 때 우리가 걸 수 있는 근본적인 희망 중 하나는 아이를 탄생하게 한 시작인 부모와 그들에게 거는 '부모다움'에 대한 요구일지도 모릅니다. 가족의 든든한 울타리 안에서 잘 클 수 있도록 자신의 아이를 보듬는 부모, 도망치지 않고 뚜벅뚜벅 자신의 삶을 나눠 주는 그런 부모 말입니다. 라힐을 통해 '부모다움'의 모습이란 어떤 형태일지 구체적으로 그려 보는 것은 어떨까요?

# 상담 레시피     COUNSELING RECIPE

▷ 레시피 **01**: 내 부모를 고소합니다

- 영화 감상

  '자인'이 부모를 고소하는 장면

- 다리 놓기 질문 및 활동

  ① 지금까지 자신의 삶에서 가장 억울하고 분노했던 순간을 떠올려 보세요.

      억울하고 분노하는 감정의 원인을 제공한 사람은 누구입니까?

      그 사람의 어떤 행동이 나를 그런 감정이 일어나게 만들었나요?

      그 사람에게 어떤 처벌을 내리면 문제가 해결될까요?

  ② 자인을 가장 힘들게 하는 것은 무엇일까요?

      자인은 힘든 현실을 나오기 위해 어떤 결정을 내리나요?

  ③ 살면서 내가 내린 결정 중 가장 잘했던 결정은 무엇이었나요?

▷ 레시피 **02**: 엄마 '라힐'

- 영화 감상

  아들을 정성껏 돌보는 '라힐'의 모습을 담을 장면

- 다리 놓기 질문 및 활동

  ① 어려운 상황에서도 정성껏 아들을 돌보는 라힐의 행동을 보고 어떤 감정이 일어나나요?

  ② 라힐을 통해 '부모다움'에 대한 모습을 그려 본다면 어떤 모습을 그려 볼 수 있을까요?

  ③ 나는 어떤 부모인가요? 어떤 부모가 되고 싶었나요?

# 가르치는
# 일의 의미

# 부모는 마음을 돌보는 선생님,
## 사운드 오브 뮤직(The Sound Of Music)

### 영화 기본 정보

**제작국:** 미국, 1965
**감독:** 로버트 와이즈
**주연:** 줄리 앤드류스(마리아 수녀), 크리스토퍼 플러머(본 트랩 대령)
**장르:** 드라마
**상영 시간:** 172분
**관람 기준:** 전체 관람가

### 힐링시네마를 위한 이 영화의 키워드

가족사랑/공감/소통/진로선택/무조건적·긍정적 존중/일치성/노래

영화 〈사운드 오브 뮤직〉은 주인공 마리아의 회고록이 1956년 독일 영화 〈Die Trapp Famillie(트랩 가족)〉으로 영화화되면서 트랩 일가의 이야기가 알려지고, 이 영화를 보고 감명을 받은 뮤지컬 스타 '메리 마틴'의 뮤지컬이 브로드웨이에서 흥행을 거두자 20세기 폭스영화사가 1965년 제작한 뮤지컬 영화입니다.

영화 〈사운드 오브 뮤직〉은 아름다운 영상미와 수많은 명곡, 감동 스토리 덕분에 50년이 지난 오늘날에도 명절의 TV프로그램에 빠지지 않고 편성되는 고전으로 우리나라에서는 1969년 개봉한 이래 2017년까지 네 번이나 재개봉을 한 기록을 가지고 있는 영화입니다. 영화의 배경이 되었던 오스트리아의 잘츠브루크에 있는 호텔들은 로비에서 저녁마다 이 영화를 상영하고 있으며 영화를 촬영했던 장소를 순회하는 '사운드 오브 뮤직 투어'는 꾸준한 인기를 누리고 있다고 합니다.

밝고 명랑한 성격, 어디로 튈지 아무도 알 수 없는 말괄량이, 그리고 노래를 부르다가 미사를 드리는 시간을 종종 잊어버리는 견습 수녀 마리아. 그녀는 9월까지 상주할 가정 교사를 소개해 달라는 본 트랩 대령의 편지를 받은 원장수녀에게서 "세상에 나가서 원하는 것이 무엇인지 찾아보라"는 권유를 받고 본 트랩家의 가정 교사로 가게 됩니다. 가정 교사라는 일이 처음해 보는 일이라 주저하고 망설이는 마리아에게 원장 수녀는 "주님은 한쪽 문을 닫으면 다른 쪽 문을 여신다"는 말을 해 줍니다. '가지 않던 길' 앞에서 망설이고 있는 많은 사람들이 함께 새겨들어야 할 말인 것 같습니다.

오스트리아 해군에서 지휘관을 하다가 제대한 본 트랩 대령은 아내를 잃은 후 방황을 하고 아이들을 잘 돌보지 못하며 성격이 괴팍하게 변해서 7명의 아이들을 군대식으로 엄격하게 통제하며 키우고 있었습니다. 기대와 희망으로 들뜬 마음을 안고 도착한 12번째 가정 교사 마리아와 아이들의 만남은 처음부터 팽팽한 줄다리기로 시작합니다. 부모의 사랑에 목이 말라 있는 아이들은 마리아의 주머니에 개구리를 넣어 놀라게 하고, 마리아의 식탁의자에 미리 까칠한 솔방울을 올려놓아 식사를 하러 온 마리아가 깔고 앉게 하여 신체에 고통을 주는 등 온갖 짓궂은 말썽을 부리며 난감한 상황을 만들어 냅니다.

아이들은 이렇게 새로 오는 가정 교사를 골탕 먹이는 방법을 통하여 그동안 11명의 가정 교사들이 스스로 포기하여 짐을 싸게 만들었던 것입니다. 아마도 문제를 일으키면 아빠의 관심을 받을 수 있을 것이라는 생각으로 애정을 갈구하는 마음이 아니었을까요? 이렇게 영화는 본 트랩家의 7명의 자녀들과 톡톡 튀는 자유분방한 마리아와의 흥미진진한 동거가 시작되면서 알프스에서의 환상의 하모니가 시작됩니다.

## 무조건적·긍정적존중

알프스의 아름다운 풍광과 환상적으로 어우러지는 '도레미송'으로 잘 알려진 영화 〈사운드 오브 뮤직〉에서는 나치의 압제를 피해 자유를 찾아 나서는 본 트랩 가족의 용감하고 감동적인 이야기가 펼쳐집니다. 가족들이 손을 잡고 알프스를 걸어 넘으면서 부르는 노래 '에델바이스'는 많은 사람들이 멜로디를 흥얼거릴 정도로 사랑을 받는 곡이 되었습니다.

가정 교사가 된 마리아는 굳게 닫힌 아이들의 마음에 노래로 다가가고, 노래를 통해 성공적인 관계 맺기를 이루어 냅니다. 영화 속 아름다운 노래의 선율은 관객들의 시선을 음악에 쏠리게 만들어 마리아가 아이들의 얼어붙은 마음과 어떻게 소통하는지 엿볼 틈을 주지 않지만, 교육적 관점에서 마리아의 교육활동을 바라보면 배울 점이 많습니다. 영화 속 마리아는 가정 교사로서 아이들과 만나는 순간부터 끝까지 아이들을 대하는 변함없는 태도가 있는데, 바로 무조건적·긍정적 존중입니다.

호각소리를 듣자마자 방에서 나와 일사분란하게 줄을 서고, 호각리듬에 맞추어 마치 군인이 행진하듯 팔과 무릎을 높게 치켜들고 걷는 아이들을 보고 놀란 마리아는 호각으로 아이들을 통제해 보라는 본 트랩 대령의 말에 "그런 걸로 아이들을 부를 수는 없어요. 애들의 사랑스러운 이름을 부르겠어요"라며 단호하게 거절합니다. 마리아는 아버지 본 트랩 대령이 호각소리로 아이들의 모든 행동을 통제하는 불합리한 규칙을 첫날부터 보기 좋게 무너뜨립니다.

자신의 이름과 나이를 이야기해 달라는 마리아의 부탁에 "리즐, 16살이고, 가정 교사는 필요 없어요"라고 일갈하는 첫째 딸의 말에 얼굴을 붉힐 만하지만 "말해 줘서 고마워. 좋은 친구가 되자"라고 대답하고, '브리지타'라며 자신의 이름을 일부러 동생 이름으로 바꾸어 소개하는 루이자에게 "나이는 말 안 했네, 루이자"라고 반응해 주고, 옷이 보기 흉하다고 직설적으로 이야기하는 브리지타의 비난에도 미소로 답을 대신합니다. "11살이고 구제불능이죠"라는 커트의 말에 "축하한다"고 하자 커트가 다시 "구제불능의 뜻을 아세요?"라고 되묻자 "소년답게 대우받고 싶다는 거지"라며 사춘기 소년의 자아정체성 혼란을 이해해 줍니다. 7살 마타가 분홍 양산을 갖고 싶다고 하자 "분홍색은 나도 좋아한단다"라며 공감을 해 주고, 막내 그래틀이 자신의 이름 대기를 주춤거리자 "넌 그래틀이지. 5살? 숙녀가 다 되었는걸"이라며 어린 그래틀이지만 무시하지 않고 소중하게 대하겠다는 마음을 전달합니다. 이것은 무조건적·긍정적 존중의 마음을 가지고 있지 않으면 불가능한 일입니다.

이렇게 첫째 '리즐'부터 막내 '그래틀'까지 7명의 아이들을 무조건적·긍정적 존중의 마음을 가지고 첫인사를 무탈하게 마치는 것 같았지만, 여섯째 아이 마타가 한 걸음 앞으로 나와 자기소개를 하면서 마리아의 치마 앞주머니에 슬쩍 넣어 둔 개구리의 꿈틀거림 때문에 소스라치게 놀라게 되는 혹독한 신고식을 치르게 됩니다. 하지만 마리아는 즉석에서 아이들을 야단치지 않고 아이들의 무례한 행동을 아버지에게 일러바치지 않습니다.

저녁식사 시간에 조금 늦게 참석한 마리아는 자신의 자리에 앉다가 아이들이 놓아 둔 솔방울을 깔고 앉으며 가시에 찔리는 위기를 맞이하게 되지만 특유의 유연함으로 잘 넘기고 저녁식사를 합니다. 아이들의 감정을 잘 이해하고 있는 마리아는 저녁을 먹으면서 아이들을 향하여 "아까 주머니에 좋은 선물을 넣어 줘서 고마워요. 낯선 나를 받아 줄까 하고 얼마나 불안했는지 몰라요. 제겐 아주 의미가 컸어요. 날 따뜻하고 기쁘게 맞아 줘 고마웠어요"라고 자신을 향한 아이들의 짓궂은 행동과 마음을 충분히 이해하고 존중해 줌으로써 아이들 마음속으로 한걸음 더 들어갑니다.

무조건적 존중은 어떤 것이든지 상대방이 원하는 모든 요구를 다 들어주고, 어떤 감정이든 모두 표현할 수 있도록 허락하며, 어떤 행동을 하든 괜찮다는 무조건적 허용의 의미가 아닙니다. 존중은 상대방의 감정을 이해하고 인정해 주는 것이 핵심입니다. 인간중심상담에서 무조건적·긍정적 존중은 내담자를 하나의 인격체로서 깊고 진실하게 돌보는 것을 의미하는데, 돌본다는 것은 상담자가 내담자의 감정이나 생각, 행위의 좋고 나쁨의 평가와 판단에 의해 영향을 받지 않는다는 것을 말합니다. 상담자가 내담자를 수용함에 있어 규정을 정하지 않고 조건 없이 존중하고 따뜻하게 받아들이며 내담자에게 '지금 당신을 있는 그대로 존중한다'는 의사전달을 해 줌으로써 내담자가 상담자의 신뢰와 수용을 잃을 염려 없이 자유롭게 자신의 감정과 경험을 갖도록 돕는 것입니다.

영화 〈사운드 오브 뮤직〉에서 7남매는 엄마 잃은 슬픔에서 벗어나지 못했고, 상실에 대한 애도 작업이 잘 이루어지지 않았으며 어린 마음을 기댈 곳이 없습니다. 게다가 아내가 죽은 후 마음의 갈피를 잡지 못해 방황하는 본 트랩 대령은 자녀들을 돌보아야 하는 아빠의 역할을 망각하고 '슈나이더' 부인과 사랑을 나누기 위해 아이들을 가정 교사에게 맡겨 놓은 채 장기간 집을 떠나 있는 경우가 많습니다. 그러니 자신의 아이들이 심리·정서적으로 불안정한 상태에 있다는 것을 알아차리지 못해 소통은 단절되고 대화는 이루어지지 않고 있었던 것입니다.

관심과 사랑을 갈구하고 있는 아이들의 마음을 있는 그대로 존중해 준 사람이 바로 마리아입니다. 아이들의 감정, 사고 또는 행동이 좋거나 나쁘다는 평가를 하지 않고 조건을 달지 않고 진정으로 깊이 있게 따뜻한 관심을 보여 준 것입니다. 그리고 다른 사람들과 관계 맺기에 익숙하지 못한 아이들의 서툰 감정표현 방식을 수용하고, 심리 정서적 안전을 유지하기 위해 타인을 배척하는 짓궂은 행동을 그대로 받아 줌으로써 자신만의 신념과 감정을 가진 아이들의 권리를 승인해 준 것입니다. 마리아의 무조건적·긍정적 존중은 아이들의 비뚤어진 에너지를 건설적인 방향으로 이끄는 효과를 가져와서 아름다운 노래로 변화하여 알프스의 아름다운 경치와 환상적으로 어우러지게 된 것입니다.

## 일치성과 진솔성

영화 〈사운드 오브 뮤직〉에서 가정 교사가 된 마리아의 나이는 수녀가 되기 위해 수녀원에서 견습 중이었다는 사실로 미루어 짐작해 보면 첫째 딸 리즐(17세)보다 4-5년 앞선 것으로 짐작이 됩니다. 실제로 마리아 본 트랩이 자신과 자신의 가족에 대한 이야기를 기록한 회고록을 보면 마리아와 리즐은 6살 차이였다고 합니다. 마리아에게는 어떤 매력이 있었기에 본 트랩家의 아이들이 그토록 따르고 존경하며 새엄마가 되어 달라고 간청을 했을까요? 이렇게 아이들이 잘 따르는 마리아가 학교에서 아이들을 가르치는 교사였더라면 분명히 많은 아이들에게 사랑받고 존경받는 교사가 되었을 것입니다.

약혼녀 슈나이더 부인을 만나기 위해 가정 교사 마리아에게 아이들을 맡기고 비엔나에 갔다가 한 달 만에 돌아온 본 트랩 대령은 자신의 아이들이 마리아가 낡은 커튼으로 만들어 준 놀이옷을 입은 채로 잘츠부르크 거리를 활보하고 나무타기를 하고 보트를 타다가 물에 빠져 흠뻑 젖은 모습을 보고 기가 막혀 화를 내게 됩니다. 일그러진 얼굴을 하고 화가 난 표정으로 마치 범인을 심문하는 것처럼 따지는 본 트랩 대령에게 마리아는 있는 상황을 보태거나 덜어내는 것 없이 사실을 그대로 솔직하게 이야기합니다.

본 트랩 대령: 내 애들이 낡은 커튼을 입고... 온 거리를 누볐단 말이오?

마리아: 굉장히 즐거운 시간이었죠.

본 트랩 대령: 유니폼이 있잖소.

마리아: 그건 죄수복이에요. 옷을 더럽힐까 봐 놀지도 못해요.

본 트랩 대령: 아이들에게 그런 말 못 들었소.

마리아: 아빠를 사랑해서죠, 무섭기도 하고....

본 트랩 대령: 더 이상 듣기 싫소.

마리아: 애들과 같이 있지 않으니까 모르는 것입니다.

본 트랩 대령: 듣기 싫다고 말했소!

마리아: 알아요, 그래도 들으세요.
리즐은 더 이상 아이가 아닌 여자란 걸 아셔야 돼요.
프레드릭에겐 남자가 되는 법을 가르쳐 줘야 돼요.

본 트랩 대령: 내 아들이니 상관하지 마요.

마리아: 브리지타는 이야기를 나눌 상대가 필요하고,
커트는 겉모습과 달리 상처를 받았어요. 아빠의 무관심 때문에.
모르시겠지만 루이자는 사랑이 필요해요.
제발 모두를 사랑해 주세요.


영화 속 본 트랩 대령과의 대화 장면에서 보듯 마리아는 기만적인 겉치레나 거짓된 태도가 없고, 내적 경험과 외적 표현이 일치하는 인물이라는 것을 알 수 있습니다. 일치성은 진실하다는 의미와 맥을 같이 합니다. 일치한다는 것은 분노, 좌절, 호감, 매력, 관심, 지루함, 성가심 등 인간관계 안에서 경험하게 되는 감정들을 적당한 시기에 적절하게 표현한다는 의미입니다. 사람들과의 관계에서 일어나는 감정이 긍정적이건 부정적이건 솔직하게 표현하고 수용함으로써 진정성 있게 소통하는 진솔한 모습은 강한 믿음을 갖게 만듭니다. 일치성과 진솔성은 감정을 충동적으로 표현하는 것과는 확연하게 구분이 되는 것입니다. 그러므로 진솔성은 상대방을 비난하지 않으면서 자신의 감정을 표현하고, 내가 원하는 것이 무엇인가에 대해서 상대방에게 분명한 정보를 제공해 주는 나 – 전달법(I – Message)을 통해 효과적으로 구현될 수 있습니다.

가르치는 장면에서의 진솔성은 지금 현재 관심을 두고 있는 일이나 상황과 관련된 일이어야 하고, 교사가 심층적으로 탐색한 느낌에 대한 인식이 선행되어야 합니다. 이러한 인식의 바탕 위에 자신의 느낌에 대한 각성을 통하여 이 것을 정확하게 표현해야 진솔성이 품고 있는 긍정의 힘을 발휘할 수 있습니다.

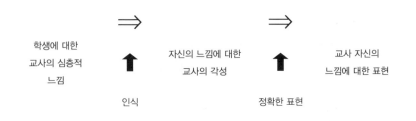

**나 – 전달(I – Message) 대화방법**

## 공감적 이해

가르치는 장면에서 교사의 주요 과제 중 하나는 가르치는 동안 모든 순간의 상호작용에서 드러나는 학생의 경험과 감정들을 민감하고 정확하게 이해하는 것입니다. 그러므로 교사는 학생의 주관적인 경험, 특히 지금 – 여기에서의 경험을 감지하려고 노력해야 합니다. 이것을 공감적 이해라고 하는데, 교사가 학생의 감정에 빠져들지 않으면서 자신의 정체성(identity)의 분리 없이 학생의 감정을 자기 자신의 감정인 것처럼 느끼는 것을 의미합니다. 영화 〈사운드 오브 뮤직〉에서 마리아는 다른 사람의 상황이나 기분을 같이 느낄 수 있는 공감 능력이 뛰어난 사람입니다.

사랑하는 남자 친구 '랄프'와 사이가 점점 멀어지게 되어 가슴앓이를 하고 있던 큰딸 '리즐'은 신혼 여행에서 돌아온 새엄마 마리아를 보자마자 손을 잡아끌고 심각하게 자신의 고민부터 털어놓습니다.

리즐: 아주 많이 누군가와 사랑하다가 잘 안되면 어떻게 하죠?
　　　날 사랑하지 않으면요?
마리아: 조금 울다가 다시 해가 뜨길 기다려. 해는 항상 뜨니까.
리즐: 많은 것을 알아야 하는데 전 아무것도 몰라요.
마리아: 어떻게 알겠니?
리즐: 어떨 땐 세상이 끝난 것 같고.
마리아: 그 다음엔 시작인 것 같지?
리즐: 맞아요!
마리아: 그렇다면 좋아질 거야. 내가 약속할게.
리즐: 정말 그럴까요?

공감적 이해는 자신의 고민을 이야기하는 학생이 자신의 내부에 존재하는 자신에게 더욱 밀접하게 다가가게 하고, 더욱 깊고 강한 감정을 경험하여 자신의 내부에 존재하는 불일치성을 인식하여 해결하도록 격려하기 위한 것입니다. 마리아의 공감적 이해는 애정 문제로 고민하던 리즐을 따뜻하게 위로해 주었을 뿐 아니라 그 고민에서 스스로 해결책을 찾을 수 있는 길잡이가 되어 주었을 것입니다.

# 상담 레시피

▷ 레시피 **01**: 저 푸른 초원 위에

● 영화 감상

마리아가 알프스의 아름다운 자연 속에서 노래를 부르는 장면

● 다리 놓기 질문 및 활동

① 잠시 눈을 감고 영화 속 푸르른 알프스 언덕에 서 있다고 상상해 보세요.
어떤 느낌이 다가오나요?

② 그곳에서 노래를 부른다면 어떤 노래를 부르겠습니까?
당신의 노래를 들려주고 싶은 사람은 누구인가요?
당신의 노래를 들려주고 싶지 않은 사람은 누구인가요?

# COUNSELING RECIPE

▷ 레시피 02 : 애정결핍 채우기

● 영화 감상

마리아가 본 트랩家의 가정 교사가 되어 저택에 도착한 직후 본 트랩 대령과 아이들을 만나 호된 신고식을 치르는 장면

● 다리 놓기 질문 및 활동

① 처음 만난 아이들은 마리아에게 짓궂은 장난을 하고 괴롭히며 쉽게 다가가지 못합니다. 그런 행동에는 어떤 마음이 깔려 있을까요?

② 당신이 만났던 사람들 중에 아무 이유 없이 짓궂게 장난을 걸고 괴롭히고 싶었던 사람이 있었나요? 그 사람은 누구였으며 그 사람의 어떤 특징이 당신을 그렇게 행동하도록 했는지 종이에 적어 보세요.

③ 당신이 짓궂게 굴었던 사람과는 지금 어떻게 지내고 있나요?
그때 당신에게 어떤 일이 있었습니까?

# 취약성 수용하기, 원더(Wonder)

## 영화 기본 정보

**제작국:** 미국, 2017

**감독:** 스티븐 크보스키

**주연:** 제이콥 트렘블레이(어기), 노아 주프(잭 윌)

**장르:** 드라마

**상영 시간:** 113분

**관람 기준:** 전체 관람가

## 힐링시네마를 위한 이 영화의 키워드

친구관계/안면기형장애/편견/차별/부모역할/교육자/홈스쿨링

영화 〈원더〉는 그래픽디자이너로 일하던 R. J. 팔라시오가 영화 속 '어기'와 비슷한 여자아이를 아이스크림 가게 앞에서 만났던 경험을 바탕으로 쓴 소설 『원더』를 원작으로 만들어진 영화입니다. 소설 『원더』는 출판된 이래 아마존 선정 이달의 책(Amazon Best Books of the Month for Kids, February 2012), 북리스트 선정 2012년 최고의 아동 도서(A Booklist Best of Children's Books, 2012) 등에 오르며 출판계에 파란을 일으켰고, 지금까지 미국의 베스트셀러 목록과 추천도서 목록에서 빠지지 않는 책이라고 합니다. 우리나라에서는 『아름다운 아이(2012)』로 출간이 되어 서울시교육청과 전라북도교육청이 선정한 추천도서 목록에 올랐고, 각종 학회와 도서관, 단체 등에서 '반드시 읽어야 할 책'으로 선정되었습니다.

## 편견과 차별 벗기

영화 〈스타워즈〉를 좋아하고 게임 〈마인크래프트〉를 사랑하며 과학에 흥미를 가지고 있는 소년 '어기'는 '트리처 콜린스 증후군'[6]을 가지고 태어났습니다. 안면기형장애로 스물일곱 번의 성형수술을 했지만 어기를 만나는 사람들은 마치 외계인을 만난 것 같이 놀라서 뒤로 물러나고, 어린아이들은 울음을 터뜨립니다.

많은 수술 흔적, 부어오른 얼굴, 뭉툭하게 솟은 코와 자연스럽지 못한 입술, 그리고 얼굴에 붙어 있는 것 같은 귀를 보면 아프지 않은 곳이 거의 없을 것 같은 어기는 집에서도 NASA마크가 새겨진 헬멧을 쓴 채 자신을 감추며 살아갑니다. 10살이 될 때까지 엄마의 도움을 받아 홈스쿨링을 했기 때문에 학교에 다닌 적이 없을 뿐만 아니라 친구를 사귀어 본 적도 없습니다. 그랬던 어기가 학교에 다니자는 부모님의 권유에 용기 있는 결정을 하고 드디어 헬멧과 집에서 나와 세상과 마주하게 됩니다.

온실 속에서 가족들의 따뜻한 보살핌과 사랑만 받아 오던 어기는 사전 안내를 받기 위하여 학교를 방문하게 되고 그곳에서 '투쉬맨' 교장 선생님이 학교를 안내해 주라고 미리 준비시킨 잭 월, 줄리안, 샬롯을 만나게 됩니다. 그들을 처음으로 만나 인사하는 장면에서 어기는 "아이들을 만나는 것이 어른들을 만나는 것보다 더 힘들어요. 처음에는 다들 똑같은 표정을 짓죠. 그런데 애들은 표정을 잘 못 숨기잖아요. 그래서 저는 주로 바닥을 봅니다"라고 독백을 합니다. 눈에 보이는 것이 전부인 줄 아는 아이들에게 자신과 조금 다른 얼굴을 하고 있는 어기는 가까워지기 힘든 존재입니다. 특히 잘난 척을 하고 다른 사람을 선동하며 약한 친구를 무시하는 인성을 가진 줄리안 같은 아이들은 더욱 그럴 것입니다.

　　전염병 환자처럼 여기며 주변에 앉기조차 꺼리는 아이들, 어기의 얼굴에 대고 괴물이라 부르며 놀리는 아이들, 어기가 예상한 대로 학교생활은 고난과 역경의 연속입니다. 편견과 차별이 가득한 세상으로부터 상처를 받고 혹독한 고통과 아픔을 겪게 되지만 의지가 강한 어기는 차츰 학교에 적응하여 나름대로 지낼 만하게 됩니다. 하지만 시간이 지나도 어기가 적응하지 못하는 것이 있었는데 그것은 체육수업 중에 실시하는 '피구'입니다. 우리나라 영화 〈우리들〉에서도 피구라는 게임이 친구들을 이간질시키고, 갈등을 부추기고, 친구를 따돌리는 역할을 하는 도구로 사용된 것을 보면 어기가 피구게임을 개발한 사람을 사악하다고 표현한 것에 일리가 있는 것 같습니다. 앞으로 교사들은 수업 중에 피구를 실시할 때 이런 점을 고려하여 마음에 상처를 받는 아이들이 없도록 각별히 신경을 써야할 것입니다.

　'편견'과 '차별'을 벗는다는 것은 말처럼 쉬운 일은 아닌 것 같습니다. 어기와 가장 처음 친구가 된 '월'은 처음에는 "어기를 도와주어야 한다"는 엄마의 부탁을 거절하지 못해 의무감으로 어기에게 잘해 줍니다. 그런데 서서히 어기의 장점을 발견하고 어느새 진정으로 어기를 좋아하게 된 월은 교내 과학 박람회에 출품할 작품을 만드는 과제에서 어기와 한 조가 됩니다. 그런 월에게 줄리안이 "너 진짜 그 괴물이랑 같은 조 하고 싶은 거야?"라고 하는 말에 격분하여 폭력을 휘두르게 되어 정학처분을 받게 됩니다. 이틀 동안 정학처분을 받은 월이 교장 선생님께 쓴 글은 어기에 대한 월의 우정과 마지막까지 버리지 않고 싶었던 줄리안에 대한 신의가 담겨 있는 것 같아 마음이 훈훈해집니다.

투쉬맨 교장 선생님

줄리안을 때려서 정말 죄송합니다. 정말 옳지 못한 행동이었습니다.

제가 퇴학을 당할 수도 있겠지만, 제가 왜 그랬는지 말씀드리지 않는 것이 더 나을 것 같습니다.

줄리안을 곤경에 빠뜨리게 하는 것은 부당한 것 같습니다.

진심을 담아서 잭 윌 올림

이런 윌 덕분에 어기는 타인의 시선을 두려워하는 헬멧을 벗고 소통을 시작하지만, 다른 아이들은 '편견'과 '차별'이라는 헬멧을 벗지 않고 있었기 때문에 상처를 받은 어기는 인간에 대한 신뢰를 잃을 위기에 처하게 됩니다.

영화 〈원더〉는 장애를 다룬 대부분의 영화들이 해 왔던 주인공의 인간승리에 초점을 맞추는 형식을 따라가지 않습니다. 어기와 친해지고 싶지만 한편으로는 다른 친구들의 놀림이 두려운 같은 반 친구 윌, 이해심이 깊고 속이 깊은 마음을 가졌지만 동생 어기가 태어나는 순간부터 모든 것을 스스로 잘해 내야 했고 부모님을 어기한테 양보해야 했기 때문에 상대적인 외로움과 소외감으로 상처받는 어기의 누나 비아, 그리고 비아네 가족을 두 번째 가족이라고 생각할 만큼 소중하게 여기지만 부유하고 화목한 비아의 가정환경이 부러워 열등감을 느끼는 비아의 친구 미란다의 이야기가 펼쳐집니다. 이 영화는 장애에 대한 부정적인 시선을 극복한 어기의 특별한 이야기가 아닌 평범한 사람이 주인공이 될 수 있음을 보여 주면서 자신의 인생에 대해 생각해 보게 만듭니다.

## 힘겨운 싸움을 하고 있는 모두에게 친절하라

영화 〈원더〉에서 타인의 시선이 두려워 헬멧을 벗고 세상에 나오는 것을 두려워했던 어기가 학교에 다니는 것을 선택하고, 꾹꾹 눌러쓰고 다니던 헬멧을 벗어버리고, 편견과 선입견을 용기 있게 마주하며 성공적으로 적응할 수 있도록 만든 것은 무엇 때문이었을까요? 그것은 어기를 사랑하는 여러 사람들의 무조건적 존중, 진정성 있는 공감과 이해 그리고 소통이 있었기에 가능한 일이었습니다.

선천성 안면기형장애를 가지고 태어난 어기에게는 다행스럽게도 강한 모성애를 가진 따뜻한 엄마 '이사벨', 유머가 풍부하고 소통을 잘하는 아빠 '네이트', 이해심 깊은 베스트 프렌드 누나 '비아', 마음이 곱고 정의로운 친구 '윌'과 '썸머', 그리고 체계적으로 학급을 경영하는 담임 선생님 '브라운'과 사사로움이나 치우침이 없는 공정하고 명백한 마음과 원칙에 충실한 교육철학과 가치관으로 학교를 경영하는 투쉬맨 교장 선생님이 있었습니다.

학급은 비슷한 연령의 학생들이 모여 삶을 체험하는 생활의 현장입니다. 학급에서는 그들만의 기쁨, 슬픔, 소통과 갈등, 협력과 경쟁 등이 다양하게 일어나기 때문에 학급에서의 생활은 학생들의 신체·정서·사회성 발달에 많은 영향을 줄 수밖에 없습니다. 그러므로 학급 구성원 개개인이나 학급 전체의 활동에 많은 영향을 미치고, 교실에서 일어나는 여러 상황들을 조정하고 통제할 수 있는 위치에 있으며 변화를 일으키는 독특한 역할을 수행할 수 있는 담임교사의 역할은 매우 중요합니다.

토마스 고든(Thomas Gordon, 1974)이 그의 저서 Teacher Effectiveness Training에서 "교사가 아무리 학생 문제를 개인사로 생각한다고 해도 학생이 자기 문제를 집에 놔두고 등교하는 것은 아니다. 학생은 어쩔 수 없이 문제들을 안고 등교하게 되며, 그럴 경우 학습은 심각하게 방해받는다"라고 한 것은 학생이 문제를 소유하고 있을 때 교사가 적절하게 대처해야 한다는 가르침일 것입니다. 영화 〈원더〉에 등장하는 많은 소년과 소녀들은 외모, 학업, 넉넉하지 못함 등 각자의 문제를 책가방에 가득 담아 가지고 학교에 등교하여 기회가 있을 때마다 보따리를 하나둘씩 풀어냅니다. 그중에서 주인공 어기는 쉽게 풀어 보일 수 없는 가장 무거운 가방을 짊어지고 학교에 오는데 담임인 브라운 선생님은 어기가 열기 어려워하는 가방을 스스로 천천히 열어젖히게 분위기를 조성합니다.

개학하는 날 학급 담임 시간에 자신에 대하여 다른 사람이 알아야 할 것을 두 가지씩 떠올리고 이야기하기 활동을 통하여 담임을 맡은 자신은 물론 학급 구성원들이 발표하는 친구에게 자연스럽게 관심을 가질 수 있는 분위기를 만드는 학급 운영 기술은 참 신선하고 흐뭇합니다. 덕분에 어기는 마음에 썩 내키지는 않았지만 용기 있게 일어나 자신에 대하여 세 가지씩이나 어렵지 않게 소개를 할 수 있었습니다. 또한 이달의 교훈을 만들어서 학생들이 직접 읽고 마음에 간직하도록 유도하는 방법도 훌륭한 학급 경영 기술이라 하지 않을 수 없습니다. 그래서일까요? '옳음과 친절함 둘 중 하나를 골라야 할 때에는 친절함을 선택하라'는 첫 시간에 아이들에게 던져 준 교훈이 참 인상 깊게 다가옵니다.

한편, 개학 전에 세 명의 친구에게 부탁해서 어기가 학교 생활에 잘 적응할 수 있도록 적극적으로 친구관계 네트워크를 마련해 준 투쉬맨 교장 선생님의 이해와 배려는 더욱 인상 깊게 다가옵니다. 또한 월과 줄리안이 연루된 학교 폭력 사건을 처리하는 과정에서 보여 주는 공정함과 인간적인 따스함은 존경을 받기에 충분합니다. 줄리안을 때려 2일 정학처분을 받은 월에게 투쉬맨 교장 선생님은 다음과 같은 위로와 격려의 편지를 보냅니다.

월 군에게

20년간 선생으로서 배운 게 하나 있다면 모든 일에는 양면이 존재한다는 거란다.

어쩌다가 싸우게 되었는지 짐작이 가는구나. 다른 친구를 때리는 것을 정당화할 수는 없지만 좋은 친구는 지켜 낼 가치가 있지. 2일 정학이 지난 후에 다시 장학금을 받을 수 있단다.

계속 모범이 되어 주길 바라며, 우리가 아는 착한 소년의 모습을 잃지 않기를 바란다.

교육은 사람과 사람의 관계에서 만들어지는 것입니다. 가르치는 사람과 배우는 사람이 있어야 가능해지는 교육 장면에서 가장 중요한 것은 학생과의 관계입니다. 교사가 잘 가르쳐도 학생이 잘 배우지 않는다면 교육은 이루어지지 않습니다. 그런데 배움은 마음에서 일어나는 일이기 때문에 마음에 배움이 잘 자리 잡기 위해선 따뜻한 인간관계가 필요한 것입니다. 그러기 때문에 교사와 학생의 인간관계, 학생들 간의 인간관계는 교육의 질을 좌우하는 가장 큰 결정요인입니다.

학교폭력 사건을 처리하는 투쉬맨 교장 선생님의 태도와 행동은 우리에게 '교육자는 어떤 가치관을 가지고 아이들을 가르치고 훈육해야 하는가?', '어떤 나침반을 가지고 방향을 제시해야 하는가?'를 돌아보게 합니다.

한편, 교내 과학 박람회에서 어기와 윌이 제작한 '카메라 암상자'가 아이들에게 최고의 인기를 얻고 최우수작품으로 선정이 됩니다. 이것 때문에 질투가 생긴 '줄리안'은 포토샵을 이용해 학급 사진에서 어기를 삭제하고 사진 앞면에 'No Freaks Allowed(괴물은 허용되지 않는다)', 사진 뒷면에 'Do everyone a favor and die!(모든 사람들에게 호의를 베풀고 죽다!)'라고 써서 어기의 사물함에 붙여 놓고, 어기의 책상과 의자에 어기를 혐오하고 조롱하는 글과 그림을 그려 놓는 등 노골적으로 학교폭력을 행사합니다.

모든 학교폭력의 진상을 파악한 투쉬맨 교장은 줄리안의 부모를 불러 괴롭힘은 학교에서 가장 심각한 문제이고, 처벌은 무관용이 원칙이라고 제시하며 2일간의 정학처분을 내립니다. 이를 수용하지 못하는 줄리안의 부모는 자신들이 낸 학교 기부금을 거론하고 학교 이사들의 권력을 이용하여 상황을 모면하려 들지만 투쉬맨 교장의 처벌의지는 단호합니다. 자신의 잘못을 인정하고 뉘우친 줄리안은 지금 친구들과 학교를 계속 다니고 싶다고 애원하지만 비뚤어진 특권의식을 가진 줄리안의 부모는 아이의 바람은 듣는 척도 하지 않고 다른 학교로 전학시키겠다며 줄리안을 데리고 교장실에서 무례하게 나갑니다.

인지적 역량 성숙은 학교에서 많은 부분을 담당하지만 아이들의 사회·정서적 역량 성숙에는 부모의 양육태도와 가치관이 대단히 중요한 역할을 합니다. 줄리안의 빗나간 경쟁의식과 특권의식은 분명 부모의 행동을 보고 그래도 괜찮다는 강화를 받은 것임에 틀림없어 보입니다. 그래도 부모에게 끌려 나가면서 투쉬맨 교장 선생님께 "정말 죄송하다"는 말을 하며 뉘우치는 줄리안의 행동에서 앞으로 편견 없이 모든 사람들을 존중하는 마음을 가지고 살아갈 것이라는 희망을 보게 되어 다행이다 싶습니다. 학교에 기부금을 많이 냈다고, 이사회에 아는 사람들이 있다고 생색을 내고, 가진 자의 특권의식으로 똘똘 뭉쳐 자신의 아들을 선처해 줄 것을 요구하는 줄리안의 부모에게 "여기는 외모를 바꿀 수 없습니다. 그러면, 우리가 보는 방식을 바꿔야 하지 않을까요?"라고 했던 투쉬맨 교장 선생님의 진정성 있는 말씀이 가슴에 깊은 울림을 던집니다. 우리 대한민국의 학교에도 부당한 요구와 금전적 회유에도 눈 하나 깜빡하지 않고 오직 교육적인 가치관을 잣대로 삼는 투쉬맨 같은 교육자들이 많아지기를 기대합니다.

어기, 도움이 필요하면
요청하면 된단다

인간이 모두 다르고 각자 개성이 있다는 것은 누구나 알고 있는 사실입니다. 하지만 나와 다른 누군가를 친절하게 대하는 것은 혈육을 나눈 가족이라 할지라도 쉬운 일이 아닙니다. 이렇게 어려운 것을 해내도록 용기를 북돋아 주고, 성숙하지 못한 캄캄한 마음에 빛을 비추어 주는 등대 같은 교훈을 학생들에게 선물해 준 어기의 담임 브라운 선생님의 목적 분명한 학급경영 활동에 박수를 보냅니다. 종업식에서 헨리 워드 비처상(선행상)을 수상한 어기는 분명히 브라운 선생님이 심어 준 '힘겨운 싸움을 하고 있는 모두에게 친절해라. 그리고 다른 사람들이 어떤지 정말 알고 싶다면, 오직… 바라보는 것이다'라는 교훈을 고맙게 기억하고 있었습니다. 교사가 펼치는 교육활동은 마치 아픈 사람을 치료하는 의사의 인술과 다르지 않아서 학생들에게 새로운 희망을 줄 수 있는 생명력이 있다는 것을 새삼 절실하게 깨닫게 됩니다.

두려움의 헬멧을 벗고 작은 변화를 일으켜 세상에서 '나'로 우뚝 선 어기의 성장이야기가 담긴 영화 〈원더〉는 편견과 차별로 가슴앓이를 하고 있는 청소년들에게, 그리고 희망과 용기가 필요한 사람들에게 꼭 추천하고 싶은 영화입니다.

# 상담 레시피

## ▶ 레시피 01: 취약성 수용

● 영화 감상

어기의 기형적 안면장애 탄생과 어기의 성장, 그리고 엄마 이사벨, 아빠 네이트, 누나 비아가 어기와 소통하는 장면

● 다리 놓기 질문 및 활동

① 지금 또는 과거의 나에게 변할 수 없는 사실은 무엇인가요?

　나는 그 사실을 받아들였나요? 억지로 변화시키려고 하였나요?

② 나의 취약성을 받아들인 것은 언제인가요?

　나는 그 취약성을 어떤 계기로 받아들였나요?

## ▶ 레시피 02: 우정이란?

● 영화 감상

윌이 어기에게 먼저 다가가는 점심식사 장면, 윌과 어기가 일상생활에서 우정을 나누는 장면, 그리고 캠프에서 어기와 힘을 합해 다른 학교 7학년 학생들의 강압적인 폭력에 당당하게 맞서는 장면

● 다리 놓기 질문 및 활동

① 학교에서 나와 함께 점심식사를 많이 하는 친구는 누구인가요? 그 친구는 나에게 어떤 의미를 주는 존재인가요?

② 어기를 대하는 윌과 같은 진솔한 우정이 나에게도 있나요?

　돌봐 주고 싶은 친구가 있다면 그 친구는 누구인가요?

# COUNSELING RECIPE

▷ 레시피 **03**: 부모의 역할

- 영화 감상

  어기 부모의 양육행동 장면 vs. 줄리안 부모의 양육행동 장면

- 다리 놓기 질문 및 활동

  ① 영화 속 어기와 줄리안의 부모역할 중 장점과 단점을 적어 보세요.

  두 부모의 양육행동 중에서 나에게도 있는 모습은 무엇인가요?

  두 부모의 역할 중에서 어떤 면을 닮고 싶나요?

  ② 부모란 어떤 존재일까요?

  좋은 부모는 어떤 모습을 가지고 있어야 할까요?

▷ 레시피 **04**: 내 마음속의 교훈

- 영화 감상

  담임인 브라운 선생님이 학생들에게 이 달의 교훈을 이야기하는 장면

- 다리 놓기 질문 및 활동

  ① 내 인생의 길잡이가 되어 주는 교훈은 무엇인가요?

  ② 내 마음속에 깊은 울림을 주는 말씀을 주셨던 선생님은 누구인가요?

# 잠재력과 고유성 깨우기,

# 죽은 시인의 사회(Dead Poets Society)

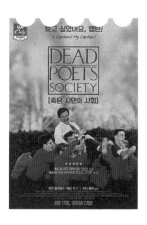

## 영화 기본 정보

**제작국:** 미국, 1989

**감독:** 피터 위어

**주연:** 로빈 윌리엄스(키팅), 로버트 숀 레오나드(닐), 에단 호크(토드)

**장르:** 드라마

**상영 시간:** 128분

**관람 기준:** 12세 관람가

## 힐링시네마를 위한 이 영화의 키워드

입시/바람(wish)/공부/고유성/잠재력/카르페 디엠/다르게 보기

톰 슐만의 소설을 스크린으로 옮겨 놓은 영화 〈죽은 시인의 사회〉는 1959년 미국의 명문고등학교 중 하나인 '웰튼 아카데미'의 입학식 장면으로부터 시작됩니다. 전통(tradition), 명예(honor), 규율(discipline), 탁월함(exellence)이라는 교훈을 바탕으로 100년의 역사를 이어 내려온 웰튼 고등학교는 졸업생의 75%를 '아이비 리그'[62]에 입학시키는 높은 명문대학교 진학률을 자랑으로 삼고 있습니다. 학생 전원이 무조건 기숙사 생활을 해야 하고, 오직 입시만을 위해 교과서를 철저하게 암기하는 사립학교인 웰튼 아카데미는 학업성적이 우수한 학생들에게만 입학 자격이 주어지며 명문대학 입시에 특화된 교육 시스템을 갖추고 있습니다.

학생들은 엄격한 규율과 규칙에 따라 철저하게 통제되고 관리되며, 공부가 학창시절의 전부인 것으로 알고 공부벌레처럼 살아야 합니다. 학부모들은 명문대학 진학만이 미래의 좋은 삶을 보장받을 수 있다는 맹신을 바탕으로 자녀들이 공부기계가 되기를 기꺼이 바랍니다. 웰튼의 학생들은 자신의 꿈이 아닌 부모와 학교의 기대를 미래의 꿈과 목표로 설정하고 마치 '아바타'[63]와 같은 삶을 살고 있습니다. 그래서 대부분의 학생들은 부모와 학교가 만들어 놓은 틀을 벗어나면 안 되고 성실하고 모범적이어야 하며 항상 주위의 기대에 부응하는 삶을 살아야 한다는 착한 아이에 대한 강박관념을 가지고 있습니다.

새로운 학기가 시작되면서 영문학을 가르치는 선생님으로 웰튼 출신 '키팅'이 부임합니다. 학생들은 모교 출신 선생님의 첫 수업을 기대와 설렘을 가지고 기다리고 있는데, 키팅 선생님은 학생들을 웰튼 고등학교를 졸업한 선배들의 사진과 기념물이 전시되어 있는 역사관으로 데리고 갑니다. 그곳에서 그는 찬송가 '시간을 버는 천사들'에 나오는 '시간이 있을 때, 장미꽃을 거두라'라는 시구를 들려주면서 학생들에게 '카르페 디엠'[64]의 의미를 일깨워 줍니다.

키팅 선생님의 수업은 학생들에게 자기 존재의 발견을 촉구하고, 셰익스피

어의 작품을 공식으로 재단하듯 설명한 교재를 찢어버리게 하고, 학생들 스스로 자신의 심성에서 우러나오는 언어들을 활용하여 시를 지어 보게 하는 등 그동안 오직 명문대 입시만을 위한 웰튼 아카데미의 전통적인 주입식 수업과는 전혀 다른 방식으로 진행됩니다.

주어지는 과제를 충실하게 수행하고 기계처럼 쉼 없이 문제를 풀어내는 수업방식에 젖어 있던 학생들은 처음에는 키팅 선생님의 수업방법이 익숙하지 않아서 어리둥절해하지만 점차 그의 독특한 수업방식에 매료되기 시작하고 자기 자신에 대하여 진지한 관심을 갖고 자아를 탐색하게 됩니다. 그중에서 일곱 명(닐, 녹스, 찰리, 카메론, 피츠, 믹스, 토드)의 학생들은 키팅 선생님이 학창시절에 활동했던 전설의 비밀동아리 '죽은 시인의 사회'를 부활시켜 삶의 근본적인 의미에 질문을 던지고 진솔하게 자신을 바라보는 눈을 키우며 주체적인 행동을 시도하는 학생들로 서서히 변해 갑니다.

## 영감을 주고 잠재력을 깨워 주는 교사

자신의 모교에서 영문학을 가르치게 된 키팅 선생님은 100년 전 졸업생들의 사진을 보여 주며 '현재를 즐기라'고 강조하고, 시를 평가하는 방법을 논하고 있는 교과서의 서문은 쓰레기라며 모두 찢어버리라고 시킵니다. 휘트먼의 시 구절을 인용해 자신을 '오 캡틴, 마이 캡틴'이라고 부르도록 하고, 수업 중에 책상 위로 올라가 획일적인 시각으로 사물을 보지 말고 자유롭게 사고하고 느끼라고 강조하며 자작시를 발표하게 하고, '헨델'의 수상음악 모음곡 제2번 D장조 중 '알레그로'가 울려 퍼지는 운동장에서 세상을 향해 도전하는 글귀를 외치며 공을 차게 하는 파격적이고 독특한 수업을 진행합니다.

어느 날 키팅 선생님은 수업 중에 느닷없이 교탁 위로 올라서서 학생들에게 묻습니다.

키팅: 내가 왜 이 위에 섰는지 이유를 아는 사람?

찰리: 크다는 기분을 느끼려구요.

키팅: 아니요. 다음 기회에 모시겠습니다.

학생들이 모두 크게 웃는다.

키팅: 내가 이 위에 선 이유는 사물을 다른 각도에서 보기 위해서야.

책상 위에서 한 바퀴 빙글 돌아본다.

키팅: 이 위에서 보면 세상이 무척 다르게 보이지. 믿기지 않는다면 너희들도 한 번 해 봐. 어서, 어서.

학생들이 하나둘씩 일어나 교탁을 향해 앞으로 걸어 나아간다.

키팅: 어떤 사실을 안다고 생각할 때 그것을 다른 시각에서도 봐야 해. 틀리고 바보 같은 일일지라도 시도를 해 봐야 해. 책을 읽을 때 저자의 생각만 고려하지 말고 너희들의 생각도 고려해 보도록 해라.

학생들이 차례차례 교탁 위로 올라가 주위를 둘러보고 내려와 자기 자리로 되돌아간다.

키팅: 너희들의 목소리를 찾을 수 있도록 투쟁해야 해.
늦게 시작할수록 찾기가 더 힘들 것이다. 소로우는 대부분의 사람들이 절망적으로 산다고 했다. 그렇게 물러나지 마라. 그냥 그렇게 가장자리만 빙빙 돌지 말고 주위를 둘러봐라.

자기 내면의 소리에 귀를 기울이게 하는 키팅 선생님의 수업을 통하여 자신의 진정한 욕구에 눈을 뜨기 시작하고, 생각하는 힘이 길러진 학생들은 부모와 사회의 요구에 순응하기 위하여 어쩔 수 없이 쓰고 있었던 껍데기를 벗어버리고 자기 스스로의 뜻과 의지로 인생의 방향을 찾아가는 발걸음을 떼기 시작합니다. 그렇지만 인생의 참된 가치와 자신들이 살아야 할 이유를 제시해 주는 키팅 선생님의 수업방법은 무조건적인 지식 암기 위주의 교육을 선호하고, 모든 것이 명문대학교 입시에 맞추어져 있는 웰튼 아카데미의 전통적이고 획일적인 학교 교육방침을 따르지 않는 것이었기 때문에 다른 동료 교사들의 염려를 듣게 되고 학부모들의 우려는 점점 커져 갑니다.

그러던 중에 아버지의 눈을 피해 몰래 연극활동을 하던 '닐'에게 비극적인 사건이 벌어지게 됩니다. '죽은 시인의 사회' 모임을 적극적으로 이끌던 닐은 연극에 심취하게 되고, 주인공에 캐스팅되어 열심히 연습을 하지만 아버지 '페리'에게 발각이 되고, 오로지 공부에 집중하기를 바랐던 아버지는 불같이 화를 내면서 당장 그만두라고 윽박지릅니다.

권위적인 아버지의 무조건적인 반대 때문에 고민을 하던 닐에게 키팅 선생님은 "너의 연극에 대한 열정을 아버지에게 보여 드려. 아버지에게 네가 어떤 아이이고 무엇을 원하는지 확신을 보여 드리고 열정으로 그것을 증명해라"라고 조언을 합니다. 하지만 아버지의 권위적인 양육태도에 눌려 자신이 원하는 것을 한 번도 해 본 적이 없던 닐은 아버지에게 말 한 마디도 꺼내지 못합니다.

그럼에도 불구하고 연극이 너무나도 하고 싶었던 닐은 용기를 내어 무대에 올라 주인공 역할을 훌륭하게 해냅니다. 하지만 아들이 하버드에 입학하여 의대를 나와 의사가 되기를 원했던 그의 아버지는 관객들의 기립박수를 받았던 연극무대의 감동과 여운이 채 가시기도 전에 아들을 끌고 나와 차에 태워 집으로 향합니다.

집에 돌아온 아버지는 '연극을 당장 그만두라'는 자신의 명령을 거역한 아들의 마음속 이야기를 들으려 하지 않습니다. 닐의 아버지는 자신의 체면을 지키느라 다른 사람들 앞에서 내지 못했던 화를 쏟아부으면서 "내일 학교를 자퇴시키고 육군사관학교에 입학을 시키겠다"고 윽박지르며 으름장을 놓습니다. 아버지의 비난과 질책에 겁을 먹은 닐은 한 마디도 대꾸하지 못합니다. 아버지의 권위에 저항할 수 없음을 깨달은 닐은 자신의 의지대로 살아가기 어려운 현실에 좌절하게 되고, 결국 자신의 생명을 스스로 끊는 돌아올 수 없는 선택을 하게 됩니다.

닐의 자살 사건이 있은 후 일을 조용히 마무리 짓고 싶었던 학교당국과, 학부모들은 어느 누구에게라도 사건의 원인을 돌릴 희생양이 필요했습니다. 그래서 사건의 모든 원인과 책임을 키팅 선생님에게 뒤집어씌우고 그를 쫓아내기 위해 학생들을 회유하고 협박을 시도합니다. 결국 학교당국이 비밀동아리 '죽은 시인의 사회' 활동을 했던 제자들을 징계하려고 하자 키팅 선생님은 제자들을 보호하기 위하여 스스로 사직서를 내고 학교를 떠나게 됩니다.

그가 사무실의 짐을 정리하여 교실을 떠나는 순간, 학교의 회유와 협박으로 거짓말을 하고 퇴학당하지 않기 위해 조작된 서류에 어쩔 수 없이 서명할 수밖에 없었던 학생들은 '토드'를 선두로 책상 위로 하나둘 올라서서 떠나는 참 스승 키팅 선생님을 향해 "오 캡틴, 마이 캡틴"을 외칩니다. 진정한 자유와 용기, 그리고 삶의 의미를 깨우쳐 준 스승을 향해 마음에서 우러나오는 깊은 존경과 감사를 표현한 것입니다. 영화 〈죽은 시인의 사회〉의 마지막 장면은 영화가 만들어진 지 30여 년이 지난 오늘에도 우리에게 큰 울림을 안겨 주는 명장면으로 남아 있습니다.

반복적인 주입식 지식 암기교육, 명문대학에 진학하기 위한 경쟁으로 가득한 웰튼 고등학교 교실에서 절대적인 교권에 눌려 신음하는 학생들을 위로하고 저마다의 꿈을 향해 나아가도록 깨우쳐 준 '키팅' 선생님을 통해 가르치는 일의 진정한 의미를 생각해 봅니다.

세 명(피츠, 카메론, 오버스트리)이 일렬로 걷기 시작한다.
바라만 보고 있던 나머지 학생들이 손뼉을 치기 시작하자 차츰 손뼉 소리에 보조를 맞추어 걷는가 싶더니 어느새 세 명의 학생은 마치 군인처럼 정확히 보조를 맞추어 발소리를 내며 걷는다.

키팅: 처음에는 각자 제멋대로 걷기 시작했다. 핏츠는 시간이 좀 걸렸지만, 결국 발을 맞추었다. 카메론은 마음속으로 '내가 맞는 것일까? 아마 맞겠지. 맞을 수도 있고 틀릴 수도 있다'고 생각했다. 오버스트리트 군은 어떤 힘에 의해 이끌렸다. 타인과의 관계에서 자신의 신념을 지키기는 어렵다. 여러분 중 나라면 다르게 걸었을 거라고 생각하는 사람이 있다면 스스로에게 대답하라. "왜 나도 손뼉을 쳤지?" 타인의 인정을 받는 것도 중요하지만 자기신념의 독특함을 믿어야 한다. 다른 사람이 이상하다고 보든, 나쁘다고 생각하든....

————— 중　략 —————

다들 다시 걷기 시작한다. 이번엔 제각기 다른 걸음걸이로 걷는다.
달튼은 혼자 가만히 서 있다. 키팅은 잠시 아이들을 쳐다보다가 달튼에게 말을 건다.

키팅: 달튼군은 안 걸을 건가?
달튼: 저는 걷지 않을 권리를 행사하고 있습니다.
키팅: 고맙네, 달튼 군. 아주 정확한 대답이야. 전통에 도전하라.

영화 〈죽은 시인의 사회〉에 등장하는 키팅 선생님의 여러 수업 장면 중에서 학생들을 교정에 모아 놓고 영문학과 전혀 관계없는 것처럼 보이는 걸어 다니는 수업은 참 흥미롭습니다. 학생들을 걷게 해 놓고 그는 자기신념의 독특함을 믿으라며 이렇게 외칩니다.

"로버트 프로스트는 말하길 '숲속의 두 갈래 길에서 난 왕래가 적은 길을 택했고, 그게 날 다르게 만들었다'고 했다. 이제부터 여러분도 나름대로 걷도록 해라. 방향과 방법은 여러분 마음대로 선택해라. 그것이 자랑스럽든 바보 같든.... 걸어라. 걷고 싶은 대로 걸어."

학생들은 웃고 떠들면서 수업에 참여했지만 가슴에 있는 고유성을 찾고 싶은 욕구를 건드리기에 충분한 수업이었습니다. 그날 밤 모든 학생이 야간학습을 위해 학습실로 이동해 가지만 단 한 사람 토드는 쓸쓸하게 웅크리고 앉아 혼자 고독을 삼키고 있습니다. 닐이 다가가 말을 걸자 오늘이 자신의 생일이라며 부모님께서 보내 주신 선물을 가리킵니다. 토드가 받은 선물은 '필기구 세트'입니다. 아마도 열심히 공부하라는 부모님의 간절한 소망을 담아 보낸 것이겠지요. 그런데 토드는 이미 지난해에도 똑같은 선물을 받았고 그는 처음부터 이 선물을 좋아하지 않았습니다. 그래서 토드는 부모님이 자신에 대해 아무 생각도 하지 않는다는 생각이 들었고 그것이 서운했던 것입니다. 토드는 부모님의 사랑을 느낄 수 있고, 행복을 느낄 수 있는 정성 어린 선물을 받기를 원했습니다. 토드의 마음을 잘 아는 닐이 '필기구 세트가 공기역학적이어서 날고 싶을 거'라고 말해 주자 토드는 벌떡 일어나서 필기구 세트를 공중에 날려버립니다. 토드의 고유성을 전혀 고려하지 않고 보낸 부모님의 필기구 세트 생일선물이 '세계 최초의 날아다니는 필기구 세트'로 기록되는 순간입니다.

인간에게는 자신만의 독특한 개성이 있고 우리는 이것을 고유성이라고 이야기합니다. 자기의 고유성을 알기 위해서는 보는 것이 가장 중요합니다. 우리가 바라보는 사물은 보는 각도와 방향에 따라 다르게 인식되는데 사물을 다양한 각도와 시각에서 보는 것은 사고의 영역을 확장시키는 것에 기여합니다. 어디에서 보느냐에 따라 다양한 모습으로 나타날 수 있다는 것을 우리는 알고 있습니다. 하지만 그럼에도 불구하고, 우리는 자신이 서 있는 곳에서 자기가 보고 싶은 방향과 시각으로만 바라보려는 경향성을 가지고 있습니다. 인간은 태어나면서부터 자기가 좋아하는 각도와 방향을 가지고 있고 그렇게 보는 것에 길들여져 있기 때문입니다.

일 년 중 절반이 눈에 덮여 있는 미국 버트먼주에 살고 있는'윌슨 앨윈 벤틀리'[65]는 열다섯 살 생일날 어머니로부터 선물로 받은 낡은 현미경을 사용하여 손에 올려놓는 순간 눈 깜짝할 새에 흔적도 없이 녹아버리는 눈송이를 사진기로 촬영하는 데 성공합니다. 그리고 그는 자신이 촬영한 5,000장이 넘는 눈송이 사진 중 똑같은 모양을 가진 눈결정체가 하나도 없다는 놀라운 사실을 발견합니다.

지상에 내리기까지 충동, 만남, 헤어짐의 경험에 따라 제각각 모양을 갖는 하나하나의 눈송이처럼 인간은 모두 각각 다릅니다. 나는 네가 아니고, 너는 내가 될 수 없습니다. 나는 언제나 나이고, 너는 언제나 너일 뿐입니다. 사람마다 모두 다른 모양을 가지고 있는 지문처럼 각 개인들은 유전적이고 경험적인 방식에서 독특한 존재입니다. 그렇기 때문에 개인과 개인 사이에는 반드시 채울 수 없는 거리가 존재합니다.

타인은 절대 대체할 수 없는 존재의 차이를 고유성(uniqueness)이라고 합니다. 고유성은 '어떤 사물이 가지고 있는 본래의 성질이나 그 사물 특유의 속성'인데 인간의 모든 감정과 생각은 자신의 고유성에서 시작되는 것입니다. 개개인이 자신이 가지고 있는 고유성과 장점을 찾아내어 빛이 나게 만드는 순간, 비로소 세상은 살 만한 곳이 되고 그 속에서 살아가는 의미를 발견하여 행복감을 느끼게 됩니다. 개인이 자기의 고유성을 찾는 것은 분석심리학자 융이 이야기한 개별화[66]를 향한 첫 걸음인데, 자신의 고유성을 고려하지 않고 사는 사람은 혼란스러운 상태가 되어 정신적으로 황폐해질 수 있습니다.

학생들의 주된 생활공간인 학교는 학생들에게 삶의 현장이고 소통의 통로입니다. 학생들은 잘 짜여진 시간표에 따라 수업을 하고, 쉬고, 급식을 먹으며, 교칙에 따라 행동규범을 익히고, 친구를 만나 관계를 맺고, 비슷한 학습활동을 반복하고, 특별한 활동에 몰입을 하고 때론 일탈을 경험하면서 성장해 갑니다.

학교가 학생 개개인의 고유성을 존중하는 다채로운 배움터가 되려면 학생들의 다양한 상상과 실험을 지지하고 격려하며 촉진할 수 있어야 합니다. 하지만 선별적 교육관에 따라 이루어지는 현대사회의 교육현장에서 교사는 자신에게 익숙한 각도와 방향으로 바라보는 경향성으로 인해 학생의 고유성과 존엄성을 자주 간과하게 됩니다. 대부분의 교사들은 수업과 관계없는 이야기를 하는 학생, 우물쭈물하는 학생, 산만한 학생, 질문을 너무 많이 하는 학생, 과제를 성실하게 수행하지 않는 학생들을 좋아하지 않습니다. 따라서 이와 같은 행동은 당연하게 문제 있는 행동으로 분류되고 학교교육은 문제행동을 수정하기 위해 다양한 노력을 기울이게 됩니다. 그러나 사실 이 학생들의 행동을 보고 우리가 문제행동이라고 규정해 버린 것은 문제가 아니라 그 학생들의 고유성이기도 합니다. 행동은 어떤 시각과 방향에서 바라보느냐에 따라 다르게 보이고 평가되기 때문입니다.

자신의 고유성을 잘 알고 있는 사람이라고 하더라도 자신의 고유성을 삶의 중심에 두지 않으면 자신의 존재는 자연스럽게 최소화하게 되고, 사회적 역할을 최대화하는 방향으로 삶을 살아가게 될 것입니다. 그러므로 평범한 일상도 제대로 보려면 여러 각도에서 바라봐야 합니다. 자신의 취향, 자신의 생각, 자신이 좋아하는 각도와 방향만을 옳다고 생각하고 고집한다면 자신만의 독특함을 있는 그대로 바라볼 수 있는 여유와 너그러움은 사라지고 말 것입니다.

일상을 벗어나 다른 지역이나 외국여행을 하다 보면 그곳에서만 볼 수 있는 자연, 그곳에서만 맛볼 수 있는 음식, 그곳만의 독특한 생활양식과 전통적인 풍습 그리고 그곳에 사는 사람들의 정신세계를 만날 수 있습니다. 이것은 분명히 그 지역이나 나라의 고유성입니다. 이렇게 여행을 통하여 눈으로 보고 몸으로 느낀 다양한 고유성은 나의 삶에 다채로움을 입히는 가장 훌륭한 방법이 될 수 있습니다. 그럼에도 불구하고 인간은 고유성만으로 세상에 존재할 수 없습니다. '인간은 사회적 존재'라는 명제에는 사람은 홀로 존재할 수 없다는 의미가 포함되어 있습니다. 그러므로 인간이 자기의 고유한 존재 기반을 벗어나 타인의 존재영역으로 다가가서 교감을 이룰 때 존재의 기쁨은 배가 될 수 있습니다.

'나와 너'가 서로의 존재영역을 넘나들어 개인의 존재영역을 넓히고, 타인과 함께 나누는 영역이 넓어지는 것을 소통이라 할 수 있습니다. 그러므로 소통은 '나'가 자기 고유성의 존재영역에만 머물고자 하지 말고 '너'의 존재영역 안으로 들어가고, '너'는 타인이 두드리는 노크소리에 귀를 기울여 자기의 존재영역에 타인이 열고 들어올 수 있는 작은 문을 열어 두는 것입니다.

그렇지만 단순하게 '내가 너에게 다가가는 것' 그리고 '그가 나에게 다가오는 것'을 기다리는 것만으로는 소통이라는 열매를 맺기 어렵습니다. 나와 너의 만남, 서로의 존재영역 안으로 들어가고 들어오는 것을 받아들이는 과정을 통해서 이루어지는 소통의 길에는 참되고 애틋한 마음, 즉 진정성이 함께 동행해야 합니다. 진정성은 '나'가 '너'의 존재영역 안에 들어가 너의 생각과 느낌에 일치시키는 일입니다. 따라서 진정성에서 반드시 있어야 할 중요한 덕목은 우리가 이미 잘 알고 있는 역지사지(易地思之)입니다.

영화 〈죽은 시인의 사회〉에서 키팅 선생님은 학생들에게 '오늘을 살라'고 역설하며 참다운 인생에 눈을 뜰 수 있는 길을 안내합니다. 그는 학생들에게 자신에 대해 얼마나 알고 있는지? 자신이 정말 하고 싶은 것이 무엇인지? 들여

다보게 하고, 남과 자신을 비교할 것이 아니라 바로 자신의 독특한 개성을 찾을 수 있는 시간을 만들어 주어 자신의 고유성을 찾을 수 있도록 안내해 주었습니다. 처음에는 그의 파격적인 수업과 교수방법에 냉소적이던 학생들이지만 지식을 전수하기보다는 살아있는 경험을 공유하는 키팅 선생님의 진정성에 감화를 받은 학생들은 점차 변화하게 되고 자아상을 구축하게 됩니다.

진정성이 결여되면 인간은 필연적으로 고독을 느끼게 됩니다. 그러므로 자신의 삶에 진정성 있는 소통이 이루어지고 있는지 자주 돌아보고 다른 시각과 방향에서 둘러보는 생활양식이 필요합니다. 그리고 진정성 있는 소통의 중심에서 가장 중요한 것은 나의 고유성을 존중하고 너로부터 나의 소중한 고유영역을 침범당하지 말아야 한다는 것을 기억해야 합니다.

## 상담 레시피     Counseling Recipe

▷ 레시피 **01**: 키다리 선생님

- ● 영화 감상
  키팅 선생님의 수업 장면 모음

- ● 다리 놓기 질문 및 활동
  ① 키팅 선생님의 수업 장면 중 가장 인상 깊게 남는 장면은?
  ② 좌우명을 크게 외치면서 축구공을 찬다면, 당신이 선택하고 싶은 좌우명은 무엇인가요?
  ③ 키팅 선생님의 어록 중에 가슴에 울림을 주는 말은 무엇인가요?
  ④ 당신의 삶에 '키팅' 같은 선생님이 존재한 적이 있나요?
     있다면 그분에 대하여 이야기해 보세요.

▷ 레시피 **02**: 몰래한 일

- ● 영화 감상
  닐이 키팅 선생님에게 자신의 고민을 상담하는 장면

- ● 다리 놓기 질문 및 활동
  ① 아버지에게 숨긴 채 연극을 하는 닐의 마음은 어땠을까요?
  ② 누군가에게 사실을 숨기면서 자신이 하고 싶은 활동을 한 적이 있나요? 그렇게 몰래 활동했어야만 하는 어떤 사정이 있었나요?
  ③ 만약 당신이 키팅 선생님이라면 닐의 고민을 듣고 어떤 말을 해 줄 수 있을까요?

# 교실붕괴와 교권추락,

# 디태치먼트(Detachment)

## 영화 기본 정보

**제작국:** 미국, 2014

**감독:** 토니 게이

**주연:** 애드리언 브로디(헨리 바스), 사미 게일(에리카), 베티 케이(매러디스)

**장르:** 드라마

**상영 시간:** 97분

**관람 기준:** 청소년관람불가

## 힐링시네마를 위한 이 영화의 키워드

교실붕괴/교권추락/위기학생 상담/거리두기/교사 치유

# 교실붕괴

영화 〈디태치먼트〉의 무대가 되는 미국 고등학교 학생들의 품행에는 기본적인 질서가 무너지고, 폭력과 폭언 그리고 패배주의에 젖은 무기력이 일상화되어 있습니다. 교사에게 대들거나 반항하는 건 흔한 일이며 심지어 어떤 여학생은 여교사에게 "친구들을 시켜서 집단강간을 해 버리겠다"는 입에 담지도 못할 협박까지 난무합니다. 이 학교는 학생들만 싫어하는 공간이 아니라, 교사와 학부모에게도 우울한 학교로 인식되어 '더 이상 이런 곳에 있을 수 없다'며 등을 돌리고 떠나는 일이 빈번하게 일어납니다.

배움에 대한 의지가 전혀 없고 아무 거리낌 없이 거친 언행을 일삼는 학생들, 더 이상 떨어질 곳이 없는 교사 효능감에 신음하는 선생님들이 남아 있는 학교. 이미 오래 전에 교육적 기능을 잃어버려 배움과 가르침이라는 교육 활동의 의미가 사라진 학교에 '헨리 바스'가 한 달이라는 짧은 기간 동안 임시 교사로 부임을 합니다. 헨리는 교과를 가르치는 능력이 탁월하고, 학생 생활 지도에 능숙한 지도력을 가지고 있습니다. 하지만 그는 일부러 정규직 교사가 되는 것을 마다하고 철새처럼 이 학교 저 학교를 옮겨 다니는 기간제 교사로서의 삶을 선택하며 살아갑니다.

처음 만나는 시간부터 "당신 게이지?"라는 모욕적인 말로 도발해 오는 '마커스'와 "당신을 박살내기 전에 여기서 꺼져"라고 험악한 말을 하면서 헨리의 가방을 집어 던지는 폭력적인 행동을 하는 학생을 마주한 헨리는 당황하는 기색이 전혀 없이, 마치 감정이 없는 사람인 듯 침착하게 대처하며 학생들의 의도적인 도발에 휘말려들지 않습니다.

시간이 지나면서 엄하면서도 부드러운 면을 가진 헨리의 모습에 학생들은 조금씩 마음을 열고 진정성을 느끼게 됩니다. 그렇게 한 달이 지난 후 학생들은 헨리와의 마지막 수업을 매우 아쉬워하게 됩니다. 특히 헨리의 가방을 던지며 도

발했던 학생은 "어디 가세요? 그리울 거예요. 그것도 엄청"이라고 자신의 마음을 고백하기도 합니다. 하지만 잊히지 않는 어린 시절의 트라우마 때문에 상처가 난 가슴을 끌어안고 살아가는 헨리는 누군가를 돌봐 주거나 이끌어 줄 여력이 없습니다. 비틀거리는 자기 자신 하나 추스르는 것도 벅차서 쓰러질 지경입니다.

누군가와의 거리가 가까워지는 것이 두려워 학생들에게도 애정을 주지 않으려 애를 쓰는 헨리지만 외모 때문에 놀림을 받고 학교에서 카메라 셔터만 눌러 대는 왕따 소녀 '메러디스'에게 관심을 주고 용기를 북돋아 줍니다. 그는 수학을 가르치는 동료 교사 '메디슨'과도 좋은 감정을 나누는 사이로 발전하게 되지만 더 이상의 밀접한 관계를 허용하지는 않습니다.

자신을 길러 준 할아버지와도 일정한 간격을 유지하며 살아가는 냉철한 헨리. 그러던 그가 어느 날 거리에서 성(性)을 파는 10대 소녀 '에리카'와 운명적으로 마주치게 되고, 성폭행을 당한 그녀를 자신의 집으로 데리고 와서 상처를 치료해 주고 굶주린 배를 채워 주고 재워 주기 시작하면서 굳게 닫혔던 마음의 문을 서서히 열어 갑니다.


## 교권추락


대화가 통하지 않아 소통이 안 되는 학생들, 쉽게 분노하고 저속한 언어를 마구 내뱉는 학생들, 미래에 대한 비전도 없고 자존감이 낮아 삶에 아무런 의욕이 없는 학생들, 무례하기 짝이 없으며 약한 사람을 집단적으로 야유하고 비난하는 학생들, 성(性)에 일찍 눈을 떠서 왜곡된 성행위를 하고 성매매도 서슴지 않고 시도하는 학생들. 이것이 영화 〈디태치먼트〉에 나오는 미국 교실의 학생들 모습입니다.

지금 대한민국 교실에 있는 학생들의 모습은 어떨까요? 미국의 교실과 얼마나 다를까요? 물론 모든 교실이 아닌 영화와 비슷한 환경에 있는 일부 학교에서 일어나는 일입니다만 수업시간에 책상에 엎드려 잠을 자고, 깨우는 교사에게 욕을 하면서 화를 내고, 교과서 대신 만화책이나 잡지를 보고, 수업시간에 보란 듯이 휴대폰 게임을 하고, 수업 도중에 이리저리 돌아다니거나 허락 없이 교실을 빠져나가고, 과도한 애정표현을 거리낌 없이 하고, 교사의 지시를 거부하며 아무렇지도 않은 듯 교권침해 행동을 하는 모습은 영화 〈디태치먼트〉의 미국 교실과 크게 달라 보이지 않습니다.

교실은 학생들이 하루 일과 중 가장 많은 시간을 보내는 곳이기 때문에 학생들의 삶에서 가장 중요한 공간입니다. 그러므로 학생문화의 대부분은 교실이라는 공간에서 생산된다고 할 수 있습니다. 그러나 현재 우리의 교실은 만족스러운 공간을 제공하지 못하고 있고, 신뢰를 잃어버린 교실은 차별과 편견, 따돌림과 학교폭력, 교실붕괴와 교권몰락이라는 사회적 이슈를 만들어 내는 교육 불신의 중심에 서 있습니다.

영화 〈디태치먼트〉는 학생들을 가르치는 교실에서 겪는 참담한 현실과 고뇌와 어려움을 토로하는 교사들의 인터뷰로 시작합니다. 영화의 주인공 헨리는 인터뷰에서 교사로서 가지는 이상과 현실 사이에 얼마나 크고 깊은 괴리가 있는지에 대하여 "처음에는 세상을 변화시킬 수 있다고 믿으면서 시작하지만 이내 하나둘씩 지치고 포기한다"고 솔직하게 이야기합니다. 학생들에게 세상을 살아갈 수 있는 가르침을 주려고 노력하는 교사들, 하지만 소통이 되지 않아 가로막혀 버린 벽 앞에서는 손을 쓸 방법을 찾지 못해 안타까워하는 교사들의 모습이 화면 가득 담깁니다.

인터뷰를 하는 교사들 중 어떤 사람은 교사라는 직업을 선망하지만, 어떤 사람은 다시는 절대로 교사를 하지 않겠다고 단호하게 이야기합니다. 동료 교사에게 완전 호구였던 선생 '클라우센'을 추도하는 장면에서는 음성이 재생되는데, 그는 선생이라는 직업이 문제였다고 대놓고 비난을 합니다.

선생이란 직업은 고역이에요.

정학, 퇴학.

직원회의, 서류작업.

멍청한 부모, 사악한 학생.

그들은 인간쓰레기고 내 영혼을 죽였어요.

더 이상의 치욕은 없어야 해요.

학생들은 우리를 가지고 놀고 있어요.

체벌은 부활해야 해요. 다들 미쳤어요.

애들이 소중요? 있는 집 자식들이나 그런 거겠죠.

희망도 없고 미래도 없는 구제불능의....

그럼에도 불구하고 영화 〈디태치먼트〉에 나오는 대부분의 교사들은 가르치는 것을 사명으로 여기며 어떻게든 가르치는 활동을 하려고 애를 씁니다. 그러나 학생들은 온통 분노와 경멸에 휩싸여 있고, 학부모들은 자녀에게 관심을 기울이지 않으며, 교사들이 학부모 방문의 날을 정성들여 준비하지만 텅 빈 교실에는 교사만 홀로 자리를 지키고 오지 않는 학부모를 기다리고 있을 뿐입니다. 마치 메러디스가 헨리 선생님에게 선물한 사진 속의 교실 모습처럼....

설상가상으로 학교를 정상화시키는 방법을 강구하기 위하여 교육청에서 나온 장학 컨설턴트들은 학업성취도를 높여야 주변의 부동산 가격이 상승된다며 교육의 본질과 전혀 관계가 없는 동떨어진 이야기로 교사들의 공분을 일으킵니다. 감정적으로 불편해진 교사들은 워크숍 자리를 박차고 나가버립니다. 이 자리를 마련한 학교장과 장학 컨설턴트들은 염불보다 잿밥에 관심이 있었던 것입니다.

영화 〈디태치먼트〉의 교사들이 현실에서 마주한 교육여건은 척박하기만 합니다. 사회적 시스템이 흔들리면서 교육행정과 학교경영이 정상적으로 작동하지 않기 때문에 효율적인 대책이나 뾰족한 개선방법을 찾는 것이 쉽지 않습니다. 결국 어디에서부터 단추가 잘못 끼워졌는지 모르는 교육당국은 학교장에게 책임을 돌리고, 교장 자리에만 연연하는 학교장은 교사들에게 책임을 떠넘기는 씁쓸한 현상이 빚어지게 됩니다. 바람 앞의 등불처럼 위기에 처한 이 학교 교사들의 모습을 한번 살펴보겠습니다.

닥터 '도리스 파커'

문학 교사 '헨리 바스'

정신과 의사로 교실에서 학과를 가르치는 선생님들이 포기한 아이들을 직접 상담하는 일을 하면서 아이들에게 먼저 다가가 변화하기를 바라며 최선을 다해 상담을 하고 있습니다. 하지만 가난에 찌들고 무기력함에 빠져 미래에 대한 비전도 없으며, 스스로 패배자로 낙인을 찍은 아이들은 자신들의 삶이 얼마나 소중한지 모르고 인생을 되는 대로 살아가는 모습을 가감 없이 드러냅니다.

결국 닥터 '도리스 파커'는 자신의 일에 염증을 느끼게 되고, 상담을 하던 도중 내담학생에게 소리를 지르며 억눌렀던 감정을 폭발하게 됩니다.

영화 주인공 '헨리 바스'는 학생들과 관계를 맺고 정서를 나누기보다는 피상적인 관계만을 유지하려 합니다. 자질이 뛰어난 교사지만, 그는 스스로 한 학교에 오래 근무하지 않습니다. 여기저기 옮겨 다니는 기간제 교사를 선호하는 그는 '대리 교사의 의무는 단지 반에서 사고만 발생하지 않도록 통제하면 된다'는 가치관을 가지고 있습니다.

이를 통해 그는 본인 스스로가 피상적인 교사로서의 책무만 하려고 한다는 점을 미루어 짐작해 볼 수 있습니다.

**수학 교사 '사라 메디슨'**

학부모의 막무가내 항의와 이성을 잃은 학생이 "한 번만 더 이러면 친구들을 시켜 강간시켜 주겠다"는 막말과 함께 얼굴에 침을 뱉는 행동에도 아무런 대응을 하지 못하는 수학교사 '사라 메디슨'. 헨리와 인사를 나누며 "별거 아니니 걱정하지 말라"며 이미 이런 일이 익숙한 일인 듯 아무렇지 않게 행동합니다.

**교사 '와이엇'**

수업시간에 학생들을 전혀 통제하지못하고 그저 하루하루 연명하는 느낌을 주는 '와이엇'은 매일 학교 철망을 부여잡고 절규를 합니다. 모두에게 투명인간 취급을 당하고, 가정에서도 무시받고, 학교에서는 교사로서 대우를 받지 못합니다.

교장 '캐롤 디어슨'

상담 교사 '찰리 시볼트'

교장의 자리에서 밀려나지 않기 위하여 노심초사하는 교장 '캐롤 디어슨'. 교육당국으로부터 받는 부실한 학교경영 책임을 교사들에게 전가하며 '학업성취도를 높이는 것만이 학교를 살리는 길'이라며 성적 향상을 강요합니다. 하지만 그녀는 결국 학교를 살리지 못하고, 가정에서도 인정받지 못하는 처지가 됩니다.

학교에서 경력이 가장 오래 되었으며 산전수전 다 겪은 베테랑으로 학생들의 공격적인 행동에도 유연하게 대처할 수 있는 유머와 노련함으로 학생들에게 존중받는다는 것이 무엇인지를 알려 주는 '찰리 시볼트'. 하지만 정작 자신은 학생들과의 상담 활동으로 받는 스트레스 때문에 약의 힘에 기대지 않고는 하루도 버티기 힘든 자기파괴적인 생활을 합니다.

## 자존감 제로의 무기력한 학생 '메러디스'

영화 〈디태치먼트〉에서 헨리 선생님에게서 받은 관심과 인정 때문에 잠시 웃음과 자신감을 찾는 '메러디스'는 자신의 흥미에 대하여 이해하지 못하는 아버지를 둔 우울한 소녀입니다. 사진을 찍고 사진을 합성하여 콜라주기법을 활용해 만든 창의적인 작품을 메러디스의 아버지는 이해를 하지 못하고 면박을 줍니다. 모든 것이 다 메러디스의 잘못이라고 이야기를 하고 세상에 들어갈 준비를 하라는 이야기만 하면서 메러디스가 정말로 하고 싶은 것이 무엇인지에 대해서는 관심도 갖지 않습니다.

메러디스는 자신이 진정으로 원하는 것을 더 이상 할 수 없게 된 것에 대한 좌절감, 아버지의 인정을 받을 수 없었던 것에 대한 분노와 자괴감을 오랫동안 안고 살았던 학생입니다. 그녀는 상황을 변화시키기 위해 스스로 아무것도 할 수 없다는 무력감과 자신의 인생이 자기 뜻이나 소망과는 무관하게 흘러갈 것이라는 절망감에서 벗어나지 못합니다. 메러디스는 자신을 이해해 주고 지지해 주는 헨리 선생님에게 묘한 감정을 느끼고 의지하게 되지만 그와 형성된 정서적 유대감마저 상실하게 되자 결국 극단적인 선택을 하는 불행한 소녀입니다.

권위적인 부모는 자녀에 대해 요구는 많이 하지만 자녀에게 긍정적 반응은 거의 하지 않는 경우가 많습니다. 절대적 기준을 정해 놓고 그에 따라 자녀의 행동과 태도를 통제하고 평가하려는 경향이 많으며 자녀가 부모에게 자기 의견을 표현하거나 말대꾸하는 것을 허용하지 않습니다. 또한 전통이나 일, 질서 유지와 복종에 중요한 가치를 두며, 자녀의 개별성, 자립성 및 자율성을 인정하지 않는 경향이 매우 강합니다. 권위적인 양육방식은 자녀의 사회성 함양과 인지적 능력에 부정적인 영향을 미칩니다. 따라서 권위적인 부모에게서 양육된 자녀의 또래관계는 위축되어 있고 주도적인 역할을 하지 못하며 또래와 상호작용을 할 때도 불안해하며 관계형성을 염려하는 경향이 높게 나타납니다.

권위적인 부모는 자녀의 능력에 대하여 불신하기 때문에 자녀는 자신의 능력을 시험하고 펼칠 기회를 갖지 못해 자기 효능감이 떨어지게 됩니다. 또한 권위적인 부모 밑에서 양육된 자녀들은 자신에게나 타인에게 높은 공격성을 보이는 경향이 있습니다. 강력하게 통제하는 부모, 권위적인 부모, 자율성과 주도성을 가로막는 부모가 자녀들에게 얼마나 좋지 않은 영향을 미칠 수 있는지 우리는 영화 〈디태치먼트〉에서 분명하게 볼 수 있습니다.

## 어른이 존재해야 하는 이유

　'에리카'는 길거리에서 성(性)을 파는 소녀입니다. 배고픔을 면할 수 있는 빵을 살 수 있는 돈을 벌기 위해서라면 장소를 가리지 않고 어떤 남자에게라도 몸을 파는 행동을 합니다. 자신을 스스로 내던지며 아무 희망도 없이 하루하루를 살아가던 에리카는 성폭행을 당해 몸이 만신창이가 되던 날 우연히 헨리 선생님에게 따뜻한 보살핌을 받습니다.

　자신을 성매매 대상으로만 취급하는 비정상적인 어른들만 만나 왔던 에리카는 헨리에게 처음으로 돌봄과 존중을 받는 경험을 하게 됩니다. 성폭행당한 상처를 치료해 주고 자신의 침대를 기꺼이 내어 주는 헨리에게 "왜 이렇게 잘해 주세요?"라고 묻는 에리카. 그 소녀의 말은 가슴을 아프게 합니다. 에리카가 묻는 것 같습니다. '어른이란 무엇인가요?'

　많은 어른 중에 에리카에게 매춘이 아닌 다른 삶의 방법이 있다는 것을 알려 준 사람은 아무도 없었습니다. 더군다나 에리카를 보호받아야 할 어린 소녀로 보살펴 주거나 존중해 준 사람도 없었을 것입니다. 아마도 에리카는 안전하게 돌보아 주는 헨리에게 아버지의 따뜻한 정을 느끼게 되었을 것입니다.

며칠 후 에리카는 샐러드가 곁들여진 파스타를 만들어 헨리의 퇴근을 기다립니다. 그리고 자신이 준비한 아침식사를 먹는 헨리를 행복하게 바라보는 에리카의 모습에서 사람을 변하게 만드는 것은 관심과 존중이라는 것을 새삼 깨닫게 됩니다. 버림받고 학대받은 아픔을 지닌 에리카는 헨리의 돌봄으로 진정한 사랑이 무엇인지 깨닫게 되면서 잃어버렸던 소녀다운 맑고 순수한 영혼을 다시 찾고 세상을 다른 시선으로 바라보게 됩니다.

## 교사가 건강해야 학교도 건강하다

인간은 사랑을 받음으로써 따뜻한 마음을 가지고 온전하게 살아갈 수 있습니다. 사랑을 받지 못한다면 그 사람은 반드시 사랑고픔증에 걸리고 맙니다. 사랑고픔증에 걸리면 현실을 있는 그대로 받아들이지 못하게 되고 오해를 하거나, 억측과 상상 그리고 심한 열등감을 방어기제로 사용합니다. 특히 정서적으로 민감한 10대 청소년기에 충분한 사랑을 받지 못한 학생들은 이성적으로 대처하지 못하고 충동적인 말과 행동으로 사람들을 공격합니다. 마음이 아파도 아프다고 소리치지 못하기 때문입니다.

이런 학생들을 가르치고 상담하는 것이 어렵다고 호소하는 교사들이 적지 않습니다. 가출, 약물복용, 절도, 성매매, 폭력행위 등 소위 비행이라 불리는 행동을 하는 학생들과 마주하는 것은 교사를 긴장하게 만드는 것이 사실입니다.

그런데 말입니다. 영화 〈디태치먼트〉는 상처에 노출된 아이들보다 그런 상황을 보고도 무감각하고, 속수무책인 교사들이 더 위태롭다는 것을 보여 줍니다. 학생들과 동료 교사들에게 무시당하는 와이엇, 참는 것이 한계치에 이른 상태를 무시하고 상담을 하다가 학생에게 감정을 폭발시키는 도리스, 기분이 좋아지는 약물에 의존하지 않고는 버티기 힘든 상태에 있는 찰리, 학생으로부터 자신의 얼굴에 침을 뱉는 모욕적인 교권침해 폭력을 당하고도 아무 일도 아니라는 듯 참는 수학 교사 사라, 어린 시절 엄마의 자살 광경을 목격했던 트라우마에서 벗어나지 못해 사람들과 적절한 거리두기를 하는 헨리. 영화 〈디태치먼트〉에 등장하는 교사들 모두 치유가 필요한 교사들입니다.

하지만 우리 교육현실에서는 "나는 아이들을 돌보고 가르쳐야 하는 선생님이니까 나약해져선 안 돼"라고 자기암시를 걸어 놓고, 속은 곪을 대로 곪았는데 겉은 멀쩡해 보이도록 두꺼운 '가면'을 쓰고 사는 교사들이 많습니다. 이것은 교사라는 직업적 역할이 주는 무의식적인 스트레스이고 비합리적인 신념입니다.

가르침에 대한 소명의식을 가지고 교단에 섰지만 학생들과 관계를 맺고 교육적인 활동을 하는 것이 어렵고 힘들게 느껴지는 순간은 누구에게나 찾아옵니다. 그리고 교육현장에서 자신도 모르게 받는 크고 작은 상처들이 하나둘 누적됩니다. 이런 경우 대부분의 교사들은 학생들과 '거리두기'를 시도합니다. 거리두기가 가장 편하고 쉬운 방법이기 때문에 회피라는 방어기제가 자연스럽게 발동이 되는 것입니다.

아무 생각 없이 시비를 거는 행동을 하는 학생에게 관심을 끄고 거리를 두면 그 학생은 몇 번 더 시비를 걸다가 스스로 지쳐 그만두게 됩니다. 이런 이유로 적당한 거리를 두는 것, 즉 '거리두기'가 교사들에게 미덕으로 받아들여지는 것 같습니다. 하지만 교실에서 '거리두기'가 점점 익숙해지면 그것은 무관심으로 이어집니다. 무관심은 결국 소통의 어려움으로 이어지는데, 소통의 어려움은 감정의 교류를 차단하기 때문에 관계의 단절을 낳게 됩니다.

교사가 학생을 대하면서 거리두기를 한다는 것은 자신의 연약함과 상처를 감추기 위한 방어기제 수단입니다. 이런 거리두기는 자신의 의지로부터 나오는 것이 아니기 때문에 긍정적인 교사 효능감으로 연결되지 않습니다.

영화 속에서 상담 교사가 어떤 학생에게 "무관심은 차라리 쉬워. 관심을 가지는 데에 오히려 많은 용기가 필요한 법이지"라고 하는 장면이 있습니다. '거리두기'에 익숙해져 있던 마음과 몸을 '거리 좁히기'로 전환하는 것은 쉬운 일이 아닙니다. 많은 용기가 필요한 일입니다. 그럼에도 불구하고 교사는 익숙함을 지나고, 두려움을 넘고, 새로움을 향해 나아가는 것을 포기하지 말아야 합니다. 이것이 교사의 사명이기 때문입니다.

교사가 가지고 있는 상처는 고스란히 학생들에게 전달됩니다. 그러므로 교사가 행복하지 못하면 학생들의 마음을 제대로 들여다볼 수 없고, 공감하기도 쉽지 않습니다. 때문에 교사는 자신의 어린 시절에 경험했던 트라우마, 교육활동에서 받은 마음의 상처를 보듬고 치유하는 시간을 자주 가져야 합니다. 학생들을 보살피고 '치유만 해 주는 교사'만이 아니라, 자신도 돌보고 '치유를 받는 교사'가 되어야 합니다.

영화 〈디태치먼트〉의 주인공 헨리가 이야기한 것처럼 '가르치는 것을 통하여 학생들을 바꿀 수 있기를 희망하는 교사, 아이가 어른이 되는 것을 돕는 가이드 역할을 해낼 수 있는 교사, 복잡한 세상의 이치를 알려 줄 수 있는 교사'가 되고 싶은 교사들에게 원불교의 경전 '대종경'에 있는 구절을 전해 주고 싶습니다. "자기 마음 가운데 악한 기운과 독한 기운이 풀어진 사람이라야 다른 사람의 악한 기운과 독한 기운을 풀어 줄 수 있느니라."

이런 다음에야 비로소 교사들은 다시 아이들과 마음을 나누면서 의미 있는 교육적 발걸음을 내딛을 수 있을 것입니다. 마치 울며불며 매달리는 에리카를 청소년 보호소로 보내면서까지 거리두기를 고집하던 헨리가 제 발로 찾아가 거리를 좁힌 것처럼....

# 상담 레시피

▶ 레시피 **01** : 학생들을 처음 만나던 날

- 영화 감상
  헨리 바스 선생님이 학생들과 처음 만나는 교실 장면

- 다리 놓기 질문 및 활동
  교사로 발령을 받아 가장 처음 만난 학생들을 떠올려 보고 그 학생들과 어떤 일
  이 있었는지 과거로의 여행을 떠나 봅시다.
  ① 학생들은 당신을 환영해 주었나요?
  ② 학생들과는 첫인사를 어떻게 나누었나요?
  ③ 가장 기억에 남는 학생은 누구인가요?

  기억에 남는 학생을 떠올린 느낌과 닮은 사진을 한 장 고르세요.
  ① 사진을 보고 올라오는 감정은 어떤 것인가요?
  ② 사진의 어떤 부분이 학생과 닮아 있나요?
  ③ 사진이 말을 할 수 있다면 나에게 어떤 말을 하고 싶을까요?
  ④ 내가 사진 속으로 걸어 들어간다면 어디에 어떤 모습으로 있고 싶나요?

▶ 레시피 **02** : 필름 매트릭스

- 영화 감상
  헨리 바스가 학생들을 가르치는 수업 장면 모음, 교장 캐롤 디어슨의 소통 장면,
  찰리 시볼트의 학생상담 장면

- 다리 놓기 질문 및 활동
  영화 속 등장인물의 장점과 단점을 적어 보세요. 다른 등장인물을 선택해도 됩니다.

# COUNSELING RECIPE

| 등장인물 | 마음에 드는 점<br>(2가지) | 마음에 들지<br>않는 점(2가지) |
|---|---|---|
| 헨리 바스 | | |
| 캐롤 디어슨 | | |
| 찰리 시볼트 | | |

① 등장인물의 마음에 드는 점 중에 나에게도 있는 것은 무엇인가요?

그런 면은 나의 삶에 어떤 영향을 주었나요?

② 등장인물의 마음에 들지 않는 점 중에 나에게도 있는 것은 무엇인가요?

그런 면은 나의 삶에 어떤 영향을 주었나요?

▷ 레시피 03 : 거리두기

● 영화 감상

헨리 바스가 에리카, 매러디스와 거리를 두는 장면들

● 다리 놓기 질문 및 활동

① 영화 속 헨리 바스처럼 누군가에게 일부러 거리를 두었던 경험이 있었나요?

② 거리를 두었을 때 당신의 기분은 어땠나요?

③ 거리를 두는 것이 잘 되었나요?

④ 거리를 두었던 사람과는 지금 어떻게 지내고 있나요?

나의 키다리아저씨 선생님,

# 땐뽀걸즈(Dance Sports Girls)

**영화 기본 정보**

**제작국:** 한국, 2016

**감독:** 이승문

**주연:** 이규호(본인), 김현빈(본인), 박혜영(본인)

**장르:** 다큐멘터리

**상영 시간:** 85분

**관람 기준:** 12세 관람가

**힐링시네마를 위한 이 영화의 키워드**

댄스 스포츠/꿈/희망/친구 같은 교사/어른/취업

영화 〈땐뽀걸즈〉는 경상남도 거제시에 있는 '거제여자상업고등학교' 댄스 스포츠 동아리 '땐뽀반'의 여학생 여덟 명과 동아리를 지도하는 '이규호' 체육 선생님과의 따뜻하고 진솔한 사제동행을 담은 다큐멘터리 영화입니다. 이 영화는 그동안 여고생의 꿈과 고민을 담아낸 한국영화가 거의 없는 현실에 참 반가운 손님 같은 영화입니다. 사실 이 영화는 조선소 불황을 주제로 다큐멘터리를 제작하려고 했었던 KBS PD가 거제여자상업고등학교 땐뽀반 소녀들과 동아리 지도 선생님을 우연히 만나게 되는 인연 때문에 탄생하게 된 영화라고 합니다. 영화개봉에 이어 원작영화를 각색해 드라마로 제작되어 TV에서 방영되었던 〈땐뽀걸즈〉는 가르치는 일의 의미를 다시 생각하게 해 주는 따뜻함이 흐르는 영화입니다.

'성적은 아차차, 댄스는 차차차'라는 영화 포스터 카피에서 우리는 이미 주인공으로 등장하는 여학생들의 학과성적을 짐작할 수 있을 것 같습니다. 속이 깊은 땐뽀반의 야무진 리더 '박시영', 나무젓가락을 태워 속눈썹을 올리는 마스카라 용도로 활용하는 재주를 갖고 있는 '박혜영', 방과 후에 식당 아르바이트를 해서 번 돈으로 동생과 살고 있는 집 월세를 내며 힘들게 살아가고 있는 '김현빈', 밥 먹듯이 하던 지각과 조퇴, 결석이 땐뽀동아리를 하고 나서 한 달에 한 번으로 줄었고 해야 된다는 무엇이 있는 뿌듯함을 느꼈다는 '박지현', 바쁜 부모님을 대신하여 많은 동생들을 돌봐야 하는 아기 돌봄이 '배은정', 그리고 공부에 흥미가 없어 수업시간에는 멍을 때리거나 엎드려 자는 것이 자연스러운 '김효인', '이현희', '심예진'.

수업시간에는 무기력한 것처럼 보이는 8명의 소녀들이 댄스 스포츠를 하는 시간만큼은 언제 그랬냐는 듯 온몸에 에너지가 넘치고, 눈에 레이저가 장착되고, 스텝을 밟는 발끝에 힘이 저절로 들어가고, 구슬땀을 뚝뚝 흘립니다.

조선업 경기가 좋지 않아 회사가 문을 닫는 바람에 부모들은 생계를 위해 다른 직장을 구해야 할 처지에 놓입니다. 그들의 딸인 8명의 소녀들은 방황하면서 삐걱대는 시간을 보내기는 하지만 꿈을 포기하지 않습니다. 꿈을 이루기 위해 몸부림치는 소녀들은 좌충우돌하며 한 걸음 한 걸음 앞으로 나아갑니다. 거침없이 댄스 스포츠 스텝을 내딛는 청소년들의 살아있는 심장박동 소리를 영화 〈땐뽀걸즈〉에서 들어 보시기 바랍니다.

## 키다리아저씨 같은 선생님

민감한 사춘기 여고생들에게 세세한 관심을 가져 주는 선생님, 어렵고 힘들고 부끄러운 환경에서 상처받을까 노심초사하며 친딸처럼 보듬어 주는 선생님, 친구들에게도 숨기고 싶은 집안의 속사정(집안형편, 부모님의 직업과 건강 등)을 털어놓을 수 있는 선생님, 외진 곳에 사는 혜영이를 차에 태워 데려다 주면서 동생들 빵까지 챙겨 주시는 선생님, 아이들이 땐뽀에 열중하는 동안 삼겹살을 구워 식사를 마련해 주시는 선생님. 전날 술을 많이 마신 현빈이에게 숙취해소제를 건네는 선생님, 땐뽀 복장을 갖추어 입은 모습을 보고 아이들이 "다 컸네. 장가가자"라는 농담을 건넬 수 있는 선생님, 이런 50대 체육 선생님과 10대 소녀들이 함께 가는 사제동행의 길은 가을 들녘의 곡식처럼 풍요로웠고 들판에 비치는 햇살처럼 따뜻합니다.

영화 〈땐뽀걸즈〉에서 땐뽀반 학생들이 스스럼없이 선생님 곁에 머무는 이유는 분명해 보입니다. 선생님은 학생들을, 학생들은 선생님을 온전히 믿어 주는 탄탄한 신뢰에서 피어나는 사랑이 그 이유였습니다. 실제 주인공인 이규호 체육 선생님은 영화가 개봉되어 유명세를 타고 난 후 가진 인터뷰에서 이렇게 이야기를 합니다. "저는 그저 평범한 선생님입니다. 10년 동안 아무도 저를 몰랐잖아요. 인문계 고등학교 선생님들은 아이들 공부시키느라, 상업계 고등학교 선생님들은 공부 안 하는 아이들 취업시키느라 고생합니다. 사명감 갖고 학생을 지도하는 숨은 선생님들이 정말 많습니다. 이 말을 꼭 하고 싶었습니다."

함부로 아이들을 대하지 않는 무조건적인 존중, 당연히 해야 하는 일을 했다고 말하는 겸손함, 아이들의 아픔을 있는 그대로 느끼고 받아 주는 진솔한 공감, 교사로서의 품위를 예쁘게 유지하고 있는 그의 모습에서 '내가 되고 싶었던 선생님'의 이상적인 모습을 발견할 수 있었습니다.

# 마음속 이야기를 잘 들어주는 선생님

수업을 시작하면서 출석을 확인하는 선생님.

선생님: 김현빈!
학생: 안 왔어요.
선생님: 현빈이 오늘 왜 안 왔어?
학생: 몰라요.
선생님: 현빈이 원래 결석 안 한다 아이가. 무엇 때문에 안 왔지?

———— 중략 ————

수업을 마치고 현빈이에게 전화를 거는 선생님.

선생님: 어! 현빈아, 선생님이다.
　　　　수업시간에 보니까 오늘 학교를 안 왔대...
　　　　니 목소리가 엄청나게 안 좋네. 몸살 났나?

다음 날, 아무 일 없다는 듯 마스크를 쓰고 연습실에 땐뽀를 하러 나타나는 현빈이.
다른 아이들과 떨어진 곳에 자리를 잡고 앉아 현빈이를 부르는 선생님.

선생님: 현빈이! 이리 와봐.

현빈이가 다가와 선생님 옆에 나란히 앉는다.

선생님: 엄마 나이 열여덟. 그러면 고등학교 2학년 때 너를 낳았단 말이야?
김현빈: 나를 낳고, 동생까지 낳고 서류상으로 끝내고....

선생님: 헤어졌네. 그러면 그동안 아빠가 혼자 너 키웠나?

김현빈: 아니, 할머니가 키웠어요. 아빠가 저 안 키웠어요.

선생님: 할머니한테 맡기고 아빠는 아빠대로....


————— 중략 —————


선생님: 아... 그래서 술을 먹었나?

김현빈: 아니요.

선생님: 술 먹으면 또 학교 안 온다 아이가.

김현빈: 아니요. 저 술 먹고 학교 와요. 저 술 먹고 시험 치러 왔는데요.

선생님: 술을 먹고 시험 치러 왔다고?

김현빈: (당연하다는 듯이) 네....

선생님: 아... 기도를 한번 할까?

김현빈: (겸연쩍은 듯이 헛웃음을 웃는다) 으하하하.

선생님: 진짜 술은 먹지 마라. 진짜....

그래가지고 건강이 지금.

김현빈: 쌤! 술 먹어서 아픈 게 아니라 원래 안 좋았어요.

선생님: 술 먹기 때문에 원래 안 좋은 거야. 자식아.

그러면 방은 어떻게 얻었노? 무슨 돈 가지고 얻었노?

김현빈: 이때까지 모아둔 돈.

선생님: 니가? 얼마?

김현빈: 보증금 200만 원에 월 63만 원이거든요.

선생니: 월 63만 원을 줘?

그러면 현진이하고 너하고 둘이 새빠지게 벌어 가지고 방값 갚아야 하
겠네?

김현빈: 네. 방값 내고 밥 먹고 살아요.

선생님: 하~~~~ (허공을 바라보며)

쌤이 몰랐다. 몰랐는데.... 내가 만약에 그걸 알았으면 춤추자고 말도 못 하지.
뻔히 아는데 어떻게 춤추자고 하겠노? 모르니까. 무식하면 용감하다고....

눈물을 보이는 김현빈. 그런 현빈이의 어깨를 가볍게 두드려 주는 선생님.

*선생님:* 애들은 알잖아? 친구들은 알지?
*김현빈:* 몰라요. 모르죠. (뺨을 타고 흐르는 눈물을 자꾸 훔치는 현빈)


누군가의 '이야기를 들어준다는 것'은 우리가 생각하는 것 이상으로 큰 힘을 가지고 있습니다. 말하는 사람의 이야기를 잘 들어주는 사람은 상대방의 신뢰를 얻을 수 있고, '이 선생님에게는 어떤 것을 이야기해도 괜찮다'고 생각하는 학생의 안전감은 교사에 대한 믿음을 강화시키고 자물쇠로 잠겨 있는 마음을 열어젖히는 열쇠 같은 역할을 합니다. 안심하고 이야기를 이어가다 보면 자기 스스로도 명료하게 깨닫지 못했던 마음속 깊은 부분의 정체를 알게 되는 경우도 많이 있습니다.

인간이 가지게 되는 부정적인 감정은 대부분 다른 사람이 들어주면 해소되는 경우가 많은데, 특히 '경청'은 상대방의 메시지에 정확한 피드백을 해 줌으로써 상대방이 자신이 안고 있는 문제와 직면하도록 도와줍니다. 부딪힌 문제가 모습을 드러내면 그 문제는 이미 반은 해결된 것과 같습니다. 다른 사람의 이야기를 들어준다는 것은 이런 과정을 통해 상대방이 자신의 힘으로 자신의 문제를 해결할 수 있도록 도와주는 것입니다.

상대방이 말한 메시지를 되돌려 반영해 주거나 상대의 말을 다시 확인하는 것을 적극적 경청이라고 하는데, 문제를 가지고 있으면서 감정적으로 어려워하는 사람에게 더욱 중요한 것은 상대방이 스스로 문제를 해결할 수 있는 능력이 있음을 인정하고 경청을 하면 상대방은 스스로 문제를 파악하고 해결책을 찾아내는 경우가 많이 있습니다. 그러므로 적극적 경청은 상대방의 성장을 돕고, 상대방이 독립적이 되어 스스로 문제를 해결하도록 돕는 최고의 기술이라고 할 수 있습니다.

## 스승의 이름으로

스승의 날은 1958년 5월 청소년적십자 단원이었던 충청남도 지역의 강경여고 학생들이 현직 선생님과 은퇴하신 선생님, 병중에 계신 선생님을 자발적으로 위문한 것으로부터 시작되었습니다. 1964년부터 스승의 날로 불리기 시작했으며 1965년부터는 우리민족의 가장 큰 스승인 세종대왕의 탄생일인 5월 15일로 바뀌어 스승 찾아뵙기, 안부편지 보내기 등 여러 가지 행사들이 시행되었습니다. 1973년 3월 모든 교육 관련 기념행사가 국민교육헌장 선포일로 통합되면서 1981년까지 스승의 날이 금지되었다가 9년 만인 1982년 법정기념일로 지정되어 부활되었습니다.

스승의 날에는 보통 학생들이 빨간색 카네이션을 스승의 가슴에 달아드립니다. 스승을 위로하고 은혜를 기억할 수 있는 기회를 갖고, 스승을 존경하는 풍토도 조성하고, 교권존중에 대한 인식도 높입니다. 그래서 1982년부터는 법정기념일로 제정이 되었습니다. 저도 교사의 길에 들어서서 체육 수업시간을 통해 학생들과 눈을 마주치고, 얼굴을 바라보고, 몸을 부대끼며, 기쁜 일에 같이 웃고, 슬픈 일에 함께 울면서 가르치는 일을 해 온 지 어느덧 26년이 되었습니다. 영화 〈땐뽀걸즈〉를 감상하면서 제가 걸어온 교사생활 다큐멘터리를 잠시 재생해 보니 부끄러움이 먼저 앞섭니다. 사람을 기르는 고귀한 직업이라는 마음으로 시작한 교사라는 직업에 대해 스스로 만족하며 '이 정도면 나름 괜찮은 교사야'라는 근거 없는 교사 효능감도 가져 보지만, 직접 아이들을 앞에 두고 '저는 여러분에게 얼마나 도움이 되는 선생인가요?'라고 질문할 자신이 없는 것은 어떤 마음일까요?

영화 〈땐뽀걸즈〉의 소녀들은 함께 먹고, 웃고, 울고, 우정을 나누면서 무대에서 멋진 공연을 선보이고, 삶의 자리에서도 각자의 위치에서 당당한 주인공으로 성장합니다. 영화에는 땐뽀소녀들의 여정에 함께 한 선생님, 꿈을 찾고 이루기 위해 방황하던 10대 시절 우리가 바랐던 선생님이 있고, 제자들의 미래를 걱정하며 끝까지 포기하지 않는 선생님이 있습니다. 그래서 영화를 보다 보면 자연스럽게 '그 시절 이런 선생님을 만났더라면 지금 나는 어떤 모습으로 살아가고 있을까?'라는 상상을 하며 과거로 돌아가는 열차를 타게 됩니다.

최근 들어 스승의 날이 점점 부담스럽게 느껴지기 때문에 재량휴업일로 정해서 등교를 하지 않거나 현장체험학습을 실시하는 학교가 늘어나고 있습니다. 어떤 교원단체에서는 법정기념일이기 때문에 학교에서 마지못해 행사를 치르는 불편함을 없애자는 취지에서 스승의 날을 '교사의 날'로 제정하자고 요구하고 있습니다. 어떤 것이 옳은지 판단하는 것은 이 글을 읽는 분들 각자의 몫이 되겠지요. 하지만 영화 〈땐뽀걸즈〉의 주인공 이규호 선생님 같은 분들에게는 '스승의 날'이 잘 어울릴 것 같습니다.

모처럼 가슴이 뜨거워지는 것을 느낄 수 있었던 성장다큐멘터리 영화 〈땐뽀걸즈〉를 만났습니다. 이 영화를 보면서 새삼 깨달은 것은 '가르치는 교사는 몰라도 아이들은 누가 참된 스승인지 안다'는 것이었습니다. 참된 스승은 무너진 교권을 탓하지 않고, 가르치는 일을 멈출 때까지 진정성 있는 사명감으로 묵묵히 아이들을 대하고 있는 선생님들이 아닐까요? 이런 마음으로 지금 이 순간에도 아이들을 가슴으로 품고, 열정으로 가르치고, 따뜻함으로 다독이는 많은 선생님들께 영화 〈땐뽀걸즈〉를 추천합니다.

## 상담 레시피　　　　　COUNSELING RECIPE

▷ 레시피 01 : 힘겨운 몸부림을 위로하기

● 영화 감상
　동생과 단둘이 살아가며 얼마 되지 않는 아르바이트 수입으로 방 월세와 생계
　를 해결하며 술과 담배로 스트레스를 푸는 소녀 현빈

● 다리 놓기 질문 및 활동
　① 현빈이처럼 불우한 환경에 있는 학생을 상담한 경험이 있나요?
　② 내가 현빈이와 상담을 하는 교사의 입장이라면 마주 앉았을 때 처음 어떤
　　　말을 하게 될까요?
　③ 현빈이를 실제적으로 도와줄 방법은 무엇이 있을까요?


▷ 레시피 02 : 키다리아저씨 선생님

● 영화 감상
　삼겹살을 직접 구워 식사를 마련해 주고, 연습이 끝난 늦은 밤에는 자동차로 집
　까지 태워다 주고, 밤을 새워 같이 이야기를 나누는 장면 & 학교축제에서 땐뽀
　소녀들이 선생님께 깜짝 영상을 선물하는 장면

● 다리 놓기 질문 및 활동
　① 당신에게도 키다리아저씨 같은 선생님이 있었나요?
　　　그분은 누구이며, 당신에게 어떤 힘을 주고, 어떻게 도와주었나요?
　② 당신의 키다리아저씨 선생님께 전하고 싶은 마음을 휴대폰을 활용하여 동
　　　영상으로 촬영해 볼까요?

# 몰입으로 행복 찾기,

# 비긴 어게인(Begin Again)

## 영화 기본 정보

**제작국:** 미국, 2013

**감독:** 존 카니

**주연:** 키이라 나이틀리(그레타), 마크 러팔로(댄)

**장르:** 드라마, 멜로, 로맨스

**상영 시간:** 104분

**관람 기준:** 15세 관람가

## 힐링시네마를 위한 이 영화의 키워드

음악/긍정감정/행복/몰입/관계회복/거리두기/헤어짐/배신

# 그대! 행복하신가요?

학교에서 학생들을 가르치는 일을 26년째 하고 있는 저는 가르치는 것을 숙명이라고 받아들여 교사라는 직업을 선택한 것이 아닙니다. 개인적으로 특별한 교육적 가치관을 실현하는 것을 꿈꾸며 교육자의 길에 들어서지도 않았습니다. 고등학교를 졸업하면서 경제적으로 여유가 없었던 집안사정은 저를 자연스럽게 사범대학의 문을 두드리도록 이끌었고, 저는 그냥 보이지 않는 힘이 이끄는 어떤 삶의 흐름에 저를 맡겼습니다.

대학에 가서 교육학을 접하고, 전공을 배우고, 교생실습을 거치면서 좋은 어른으로 성장하고 싶은 바람이 생겼고, 아이들을 따뜻하게 만나서 잘 가르치는 교사가 되고 싶은 목표를 뒤늦게 발견했으며, 그 역할을 잘해 낼 수 있으리라는 근거 없는 자신감을 가지고 선생을 직업으로 선택했습니다.

그랬던 저는 발령을 받고 3년이 지날 즈음에 지각을 한 학생들을 교실 문 앞에 모아 놓고 종아리를 때리고 있는 저의 모습을 발견하고는 화들짝 놀라게 됩니다. 제가 꿈꾸었던 교사의 모습에서 이미 저만큼 멀어져 있는 자신을 발견한 것입니다. 그날 이후 "내가 이러려고 교사가 된 건 아닌데...."라는 고민은 시작되었고, 아이들과 제가 같이 행복하게 살아갈 수 있는 방법이 무엇인지 찾기 시작했습니다. 그래서 '상담'을 공부하게 되었고, 덕분에 조금 더 만족스러운 교사생활을 하게 되면서 가르치는 행복을 느끼는 시간이 많아지게 되었습니다.

여러분은 지금 행복하십니까? 여러분의 행복에 점수를 매긴다면 10점 만점에 몇 점을 줄 수 있을까요? 긍정심리학[67]은 우리에게 '잘산다는 것은 무엇인가?', '행복한 삶이란 어떤 것인가?', '행복에 영향을 미치는 요인은 무엇인가?', '인간의 긍정적인 성품과 덕성에는 어떤 것들이 있는가?', '고난과 난관을 극복하게 만드는 인간의 특성은 무엇인가?', '인간은 어떤 상황에서 자신의 긍정적 성품과 능력을 가장 잘 발현하는가?'라는 질문을 던집니다.

긍정심리학에서는 인간에게 행복한 삶을 이루는 세 가지 요소가 있다고 주장합니다.

행복한 삶의 첫 번째 요소는 긍정감정을 많이 경험하고 이를 증폭시키는 능력이 있으면 갖게 되는 '즐거운 삶'입니다. 즐거운 삶은 최선을 다하면 간단하게 찾을 수 있고 그 즐거움을 경험한 만큼 행복을 가질 수 있습니다. 행복한 삶의 두 번째 요소는 '몰입하는 삶'인데, 모든 정신에너지가 활동 그 자체에 집중되어 마치 시간이 그 순간에 멈춰 있는 것 같은 느낌을 받는 상태입니다. 행복한 삶의 세 번째 요소는 '의미 있는 삶'입니다. 의미는 행복과 매우 비슷하고 숭엄한 면을 가지고 있으며 자신의 '강점'을 아는 것과, 그 강점을 활용해서 봉사하는 것으로 이루어져 있습니다.

'즐거움의 추구', '몰입의 추구', '의미의 추구'가 삶의 만족도에 얼마나 기여하는가를 조사한 마틴 셀리그먼[68]의 연구에 의하면 사람들은 세 가지를 모두 가졌을 때 충만한 삶을 느낀다고 합니다. 반대로, 세 가지 중 한 가지라도 부족하여 결핍을 느낄 경우 사람들은 공허함을 느끼게 된다고 하는데 영화 〈비긴 어게인〉의 주인공 '댄'과 '그레타'의 삶에서 충만함과 공허함의 차이를 탐색해 보겠습니다.


## 즐거움의 추구와 행복

음반기획 제작자 '댄'은 뛰어난 음악적 감각과 번뜩이는 마케팅 전략으로 대중음악계에서 유명가수를 여럿 배출했던 성공한 음반기획 제작자이지만, 이혼을 하여 가족과 별거 상태에 있고 알콜의 유혹을 견디지 못하는 한물간 음반 프로듀서가 되어 회사에서 해고를 당합니다.

싱어송라이터인 '그레타'는 오랜 연인이자 음악적 파트너인 남자 친구 '데이브'의 노래가 인기를 얻어 유명한 음반회사와 전속계약을 하게 되면서 함께 뉴욕으로 오지만 행복을 맛볼 시간도 없이 스타가 된 데이브는 어느새 다른 여자와 사랑에 빠지고 결국 이별을 하게 됩니다.

직장에서의 해고와 이혼으로 삶의 막다른 길목에 서 있는 한 남자, 모든 것을 바쳐 애인의 음악적 성공을 도왔지만 배신을 당해 갈 곳이 없어 길거리에 내동댕이쳐진 한 여자. 인생에서 최악이라고 할 만한 하루를 보낸 두 주인공이 우연히 뮤직바에서 만나게 되어 남자는 만들고 싶었던 음반을, 여자는 부르고 싶었던 노래를 부르기 위해 다시 일어나 새롭게 시작합니다.

영화 〈비긴 어게인〉은 스토리와 음악이 아름답게 조화를 이루어 관객들의 눈과 귀를 즐겁게 하는 음악영화입니다. 배신의 아픔과 상처로 심신이 지쳐 꿈을 이루기 위해 찾아온 뉴욕을 등지고 고향 런던으로 돌아가기로 한 그레타는 힘들 때 자신을 위로해 준 친구에게 마지막 인사를 하기 위하여 그가 싱어로 일을 하는 뮤직바에 들르게 됩니다. 노래를 부르던 친구의 갑작스러운 제안으로 그레타는 얼떨결에 자신이 작사 작곡한 곡을 노래하게 됩니다. 바로 그 순간 모든 것을 잃어버리고 살아가야 할 의미조차 없어 달리는 지하철에 몸을 던지려고 마음을 먹은 댄이 생의 마지막 술잔을 비우기 위해 같은 뮤직바에 들어서게 됩니다. 머리를 처박고 술잔을 들이키던 댄은 그레타의 노래를 듣게 되고 마치 무엇에 홀린 듯 무대를 향해 걸어 나가서 혼이 빠진 사람처럼 그레타의 노래에 몰입하게 됩니다.

견디기 힘든 자신의 상황을 읊조리듯 생기가 없던 그레타의 기타연주와 노래는 자살을 생각하며 마지막 술을 들이키던 음반기획자 댄의 귀에 꽂히는 순간 피아노가 반주를 하고, 드럼이 리듬을 맞추고, 첼로와 바이올린이 선율을 노래하는 활력 있는 곡으로 순식간에 재탄생하게 됩니다. 그렇게 짧은 순간의 만남은 두 사람의 삶이 전환되는 계기가 됩니다.

삶의 깊은 수렁에 빠져 행복을 향해 한 발짝도 앞으로 내딛지 못하던 두 사람은 이렇게 인연이 되어 음반을 만들기로 의기투합을 하게 되고, 근사한 녹음실 대신 열악한 환경을 즐기며 길거리 녹음을 하기 시작합니다. 댄과 그레타는 즐거움과 긍정적인 감정을 자신들의 삶으로 끌어올 수 있는 인생역전의 순간을 맞이한 것입니다.

긍정심리학에서 말하는 즐거운 삶이란 활기찬 분위기에 가까운 삶의 모습입니다. 긍정적인 감정을 많이 경험하고 이 감정을 증폭시킬 수 있는 능력이 있으면 갖게 되는 삶의 모습인데, 이것은 최선을 다하면 쉽게 찾을 수 있고 즐거움을 경험한 만큼 행복을 가질 수 있습니다.

교육의 출발점은 학생이고 결승점도 학생이어야 합니다. 학령기에 속해 있는 대부분의 아이들은 학교에서 하루의 1/3을 보냅니다. 깨어 있는 시간의 반을 학교에서 보내는 것입니다. 특히 고등학교 학생들은 저녁식사까지 학교에서 먹고, 밤 10시까지 자기주도적 학습을 하는 경우가 많습니다. 하루 24시간 중에 14시간을 학교라는 공간에서 살아가고 있는 것입니다.

한국방정환재단이 연세대학교 사회발전연구소에 의뢰하여 2009년부터 매년 실시하고 있는 유니세프의 어린이·청소년 행복지수를 모델로 한 국제비교 연구조사 결과 보고서에 의하면 한국 어린이·청소년의 '주관적 행복지수'는 10년 만에 30.3점 증가하여 처음으로 OECD 평균에 근접하였다고 합니다. 연구자들은 어린이·청소년의 '학교생활 만족'과 '삶의 만족'이 큰 폭으로 오른 것을 주관적 행복도 상승의 직접적인 원인으로 분석을 하였습니다. 특히 '학교생활 만족'은 연구를 시작한 2009년과 비교해 보면 40% 이상 향상되었다는 긍정적인 결과가 나왔습니다.

이렇게 고무적인 결과는 어디에서 시작된 것일까? 참 궁금합니다. 학교에서의 배움이 즐거움으로 연결되기 시작한 것일까요? 최근 거의 모든 시도교육청에서 실시하고 있는 행복더하기 학교, 혁신 학교, 행복나눔 학교, 행복씨앗학교, 무지개 학교, 다행복 학교처럼 지역과 학교, 학생들의 특성 등에 따라 각기 다른 맥락을 반영한 교육이 진행되고 있는 것이 고무적인 요인으로 작용했을 것이라 조심스럽게 예측해 봅니다.

교육이 배움의 본질을 추구하여 아이들이 마음껏 꿈꾸며 미래를 살아갈 힘을 기르고 올바른 민주시민으로서의 역량을 키우는 참모습을 찾고 있고, 교사는 서로 협력하며 전문가로서의 자긍심을 키워 가고, 아이들은 '스스로 인정할 만한 성공 경험'을 통하여 배움의 즐거움을 느끼며, 학부모는 학교교육의 적극적인 주체로 참여하며 교육에 대한 믿음을 키운 결과라고 믿고 싶습니다.


## 몰입과 행복

긍정심리학에서 말하는 행복의 첫 번째 조건인 '즐거움의 추구'는 금방 익숙해져서 오래가지 않는다는 단점을 가지고 있습니다. 예를 들면, 우리가 첫 번째 초콜릿을 먹고 느끼는 달콤한 긍정적인 행복감 100은 초콜릿을 먹을수록 익숙해지기 때문에 다섯 번째 초콜릿에서는 행복감이 반감되거나 혹은 사라져버릴 가능성이 많습니다. 그러므로 영화 〈비긴 어게인〉의 댄과 그레타가 공통으로 찾은 음악에서의 즐거움도 어느 정도 시간이 지나면 반감되거나 사라지게 될 가능성이 있습니다. 음악을 하는 긍정적인 즐거움을 찾은 댄과 그레타는 대가를 바라지 않고 음악을 즐기는 뮤지션들을 모아 거리밴드를 결성하여 허름한 뒷골목, 워싱턴 스퀘어 가든, 센트럴 파크, 타임 스퀘어 등 뉴욕 거리 곳곳을 다니며 마치 무엇에 홀린 듯 녹음을 진행합니다.

우리는 살아가면서 배우고, 일하고, 사랑하고, 여가를 즐길 때에 어떤 상황에 고도의 집중을 하게 되는 시간이 있습니다. 마치 시간이 그 순간에 멈춘 것 같은 느낌을 받게 되는데, 이런 상태를 긍정심리에서는 '몰입'이라고 합니다. 집중이 되는 순간 감정이 사라지고 완전한 무의식 상태에 이르는 몰입은 감각적인 쾌락과는 다른 것입니다. 왜냐하면 몰입하는 중에 기쁨을 느끼는 것은 아니기 때문입니다. 몰입은 일이나 놀이 등 모든 활동 분야에서 경험할 수 있지만 대개 자발적으로 인식하고 행동할 때 나타납니다.

아이들에게 지식을 전달하고 가르치는 교사는 자신이 디자인한 수업시간에 학습에 대한 학생들의 성취동기가 높고 집중을 하는 모습에 가장 큰 보람과 행복을 느낍니다. 동기유발에서 시작하여 집중의 단계를 넘어 도달할 수 있는 몰입은 자신의 역량을 최대로 발휘하는 경험으로 이어질 수 있기 때문에 교육 현장에서 어렵지 않게 적용할 수 있는 심리학 이론입니다.

같은 장소와 시간에 여러 사람들이 들었던 그레타의 노래는 분명히 같은 곡이었지만 그 짧은 순간 댄은 노래에 몰입할 수 있었고 단순하기만 했던 노래에 숨결을 불어 넣어 생명력을 느끼게 할 수 있었습니다. 마치 강가에 있는 이름 없는 돌과 같이 아무도 거들떠보지 않았던 그레타의 노래는 감추어진 아름다움을 간직하고 있는 돌을 알아보고 다듬을 수 있는 재능을 가진 댄을 만나 사람들의 마음속에 울림을 주는 노래로 다시 태어날 수 있었던 것입니다.

이 경우를 가르치는 상황으로 가져와 비추어 보면 교사는 댄이 가지고 있는 전문적인 기술과 능력을 가지고 있어야 하지 않을까요? 교사들은 영화 속 그레타처럼 자신이 어떤 보석을 가지고 있는지 모르고 있는 아이들을 만나는 것입니다. 아이들이 가지고 있는 보석은 원시림 속에 자리를 잡고 있기 때문에 누구에게도 발견되지 않아 아무것도 알려지지 않은 상태라고 할 수 있습니다.

교사들이 만나는 아이들이 가지고 있는 미래는 백지입니다. 백지 상태이기 때문에 어떤 그림도 그려 넣을 수 있습니다. 교사는 그 아이들이 가지고 있는 백지에 자신만의 그림을 그릴 수 있도록 안내하고 도와주는 촉진자 역할을 해야 합니다. 밋밋했던 그레타의 노래에 피아노, 바이올린, 첼로, 기타, 드럼연주를 얹어 훌륭한 음악적 생명을 불어 넣어 재탄생시킨 것처럼. 그러기 위해서 교사는 자신이 진행하는 교육활동과 가르치는 일에 몰입하는 경험을 해야 할 필요가 있습니다. 자신의 몰입경험을 바탕으로 아이들 또한 같은 경험을 할 수 있는 적절한 상황을 만들어 주어야 하기 때문입니다.

대한민국 국민들에게 행복한 겨울을 선물해 주었던 피겨여왕 '김연아'는 2010 벤쿠버 올림픽에서 숙명의 라이벌이었던 일본의 '아사다 마오'와 챔피언 자리를 놓고 경기를 펼치게 됩니다. 인기 없는 스포츠에 피겨용 부츠도 없고, 피겨전용 빙상장이 없는 김연아는 어릴 때부터 체계적인 지원과 호텔이 붙어 있는 피겨전용 빙상장에서 과학적인 훈련을 받아온 아사다 마오와는 출발부터 달랐습니다. 게다가 김연아의 개인코치는 가르친 경험이 거의 없는 '브라이언 오서'인 반면, 아사다 마오 옆에는 금메달 제조기라는 별명을 가지고 있는 '타라소바'라는 세계적인 지도자가 있었습니다. 누가 봐도 오서와 타라소바는 비교가 되지 않았고, 많은 이들은 벤쿠버 올림픽에서 아사다 마오가 승리할 것이라고 예상했습니다. 하지만 이 예상은 보기 좋게 빗나갔고 김연아는 아사다 마오에게 완전한 승리를 거둘 수 있었습니다. 김연아는 어떻게 아사다 마오를 이길 수 있었을까요?

지도경력이 짧아 경험이 풍부하지 못했던 브라이언 오서 코치는 진솔성 있는 태도, 존중하는 마음, 따뜻한 공감능력을 지니고 있었습니다. 오서 코치는 가장 먼저 훈련을 즐기지 못하는 연아를 스케이팅을 즐기게 해 주는 것에 초점을 두었고, 부상을 당하는 것을 두려워하던 김연아에게 난이도를 높이는 것보다 쉬운 동작을 완벽하게 연기할 수 있도록 함으로써 부상과 실수에 대한 심리적 압박과 두려움에서 벗어나 자신감을 향상시켜 프로그램의 완성도에 주안점을 두었습니다.

그런데 김연아보다 실력이 뛰어났던 아사다 마오는 타라소바 코치의 강압적인 지도 아래 기술적인 부족함을 메우면서 성공률이 30%밖에 되지 않았던 고난이도 기술인 트리플 악셀을 연기하는 화려함을 추구하였지만, 결국 큰 점수 차이로 김연아에게 금메달을 내어주고 말았습니다. 프로그램의 완성도와 스케이팅을 즐기는 것이 중요하다고 강조하며 신뢰와 존중을 바탕으로 피겨에 몰입할 수 있도록 선수와 교감했던 오서 코치가 선수와의 소통은 등한시하고 오직 금메달을 목표로 자신의 욕망을 달성하고자 했던 타라소바를 이긴 것입니다. 결과적으로 금메달리스트 김연아와 은메달리스트 아사다 마오 간의 23점이라는 점수의 차이는 연기 몰입도에서 비롯된 것이라고 할 수 있을 것 같습니다.

## 의미 있는 삶과 행복

긍정적 감정으로 똘똘 뭉친 밴드와 뉴욕 거리의 온갖 소음과 열악한 조건 속에서도 흐트러지지 않는 최고의 몰입 상태에서 녹음한 음반은 대중들의 관심을 끌게 되고, 온라인에서 입소문을 타고 서서히 알려지기 시작합니다. 그로부터 얼마 후, 댄을 해고시켰던 음반회사에서 파격적인 조건을 제시하며 정식음반발매를 제안해 옵니다. 대중음악계에 성공적으로 데뷔할 수 있는 절호의 기회를 잡은 그레타지만 섣부른 행동을 하지 않고, 차분하게 자신의 감정을 정리하고 성찰하는 시간을 갖습니다. 자기를 배반하고 다른 여자에게 가버린 데이브의 콘서트에 가서 자신이 작곡해 준 노래 'Lost Star(길 잃은 별)'를 부르는 장면을 보며 사랑의 아픔을 치유해 냅니다. 이 영화는 엔딩 크레딧이 올라가면서 영화의 결말이 전개되는데, 마음의 정리를 마친 듯 한결 밝아진 얼굴로 가볍고 밝은 옷으로 차려입은 그레타는 댄의 집을 찾아갑니다.


아내와 화해하여 집으로 돌아가기 위해 짐을 싸고 있는 댄의 방을 찾아간 그레타.

그레타: 당신 회사랑 계약 안 할래요.
댄: 좋아.
그레타: 좋아요? 정말요? 기분 나빠할 줄 알았는데...
댄: 아니, 네 앨범이잖아. 그럼 어떻게 하고 싶은데?

노트북 앞에 앉은 그레타와 댄.

댄: 됐어, 앨범 전부가 1달러야. 출판수익과 마찬가지지.
　　한번 나가면 그걸로 끝이야. 되돌릴 수 없어.
그레타: 예.
댄: 결심 확고하지?
그레타: 예.
댄: 2달러는 어때?
그레타: 돈 좋아하긴, 1달러면 돼요.
　　그렇게 번 수익을 나눌 거예요.
　　말콤, 레이첼... 모두 다요.
댄: 아아아아... 이 버튼만 누르면 난 음반업계랑 원수가 되겠구나.

노트북의 버튼을 누를까 말까 망설이는 댄의 손을 그레타가 지긋이 눌러버린다.

그레타: (소파에 기대어 크게 웃으며) 으아아아... 신난다.


그레타는 음반 제작자 댄의 도움을 받아 자신의 음악적 강점을 알았고, 그 강점을 최대한 활용하여 즐겁게 몰입하며 생애 처음으로 자신의 음반을 제작했습니다. 제작된 음원이 인터넷상에서 주목을 받으면서 인기를 얻기 시작했고, 결국 자신의 음반 프로듀서인 댄을 좇아낸 대형 음반회사로부터 체계적인 지원과 홍보, 이미지 관리, 리믹스 음반발매 등 커리어를 관리해 주겠다는 매혹적인 제안을 받게 됩니다. 그렇지만 그레타는 자신이 인식하고 활용한 강점으로부터 얻은 이익과 성공을 자신만을 위해 사용하지 않습니다. 자신의 노래를 좋아해 주는 팬들을 위하여 음원가격을 대폭 낮추고, 인터넷상에서 쉽게 다운받아 감상할 수 있도록 했습니다. 또한 음원수익을 자신과 함께 거리밴드에 참여한 뮤지션들에게 골고루 균등하게 배분하기로 결정합니다.

사회적 동물인 인간은 살아가면서 타인과 자신을 자연스럽게 비교하게 되고 체면을 지키기 위해 타인의 시선을 의식하고 세상에서 마련한 기준에 맞추려고 눈치를 보면서 생활하게 되는 것이 보통의 마음이나 감정입니다. 긍정심리학에서는 눈에 보이는 행복이나 편안함·안정감에 집착하지 않고, 다소 고통스럽더라도 현실을 있는 그대로 받아들이면서 자기 존재 이유를 스스로 찾고 타인에게 기여하는 방향으로 나아가고자 하는 삶을 의미 있는 삶이라고 합니다.

작은 것이라 할지라도 의미는 확고한 내면의 기둥이 되고, 그 의미를 찾은 사람은 자기 삶 속에서 스스로 찾아냈기 때문에 시련이 닥쳐와도 그 기둥에 기대어 묵묵히 나아갈 수 있습니다. 의미를 추구하는 삶은 개인의 행복을 좇는 삶보다 훨씬 성취감이 크기 때문에 숭고한 행복이라고 일컬어지기도 하며 의미를 추구하는 삶은 살아가는 방향이 되고 사는 이유가 되기도 합니다.

영화 〈비긴 어게인〉의 주인공 그레타는 사랑하는 사람에게 배신을 당한 시련의 아픔과 박탈감을 자신의 강점(음악적 재능)을 발견하고, 창작에 몰입하는 활동을 통해 극복해 냈고, 무너진 자존감을 되살려 상처를 치유하고, 정서적 고양 상태에 도달함으로써 상처를 준 사람을 용서하고, 앨범 수익금을 의미 있게 나누는 삶을 선택할 수 있었습니다. 그레타와 댄이 그러했듯 사람들은 '스스로 인정할 만한 성공 경험'을 통하여 배움의 즐거움을 느낍니다.

커다란 나무 꼭대기 둥지에 낳은 까마귀 알을 꺼내어 먹는 것으로 허기를 달래던 형제가 어느 날 피자라는 먹거리를 발견하게 되고, 자나 깨나 온통 피자 먹는 즐거운 상상만 하는 형제는 피자를 사 먹기 위해 어떤 일도 마다하지 않고 30일 동안 억척스럽게 돈을 모으는 일에 몰입합니다. 드디어 '스스로 인정할 만한 성공 경험'을 통하여 피자를 입에 넣어 보지만 손자들을 위해 광고지에 있는 사진을 보고 할머니가 만들어 주었던 엉터리 피자가 더 맛있다는 것을 깨달은 형제는 행복의 진정한 의미를 알게 됩니다. 다른 사람이 건네는 피자도 거부하고 오로지 자신들이 번 돈으로 피자를 먹고 말겠다는 형제의 돈 모으기 좌충우돌 30일을 그린 인도영화 〈행복까지 30일, 2014〉은 '행복은 조건이 아니고 자신이 만드는 것'이라고 우리에게 가르쳐 주고 있습니다.

오늘날 우리의 교육현실은 지나친 경쟁과 결과를 더 중요시하는 그릇된 인식 등으로 유치원부터 초·중·고등학교에 이르기까지 아동학대, 따돌림, 교권추락, 교실붕괴와 같이 교육의 근간을 흔드는 현상이 만연하고 있습니다. 아이들이 여기저기에서 아프다고, 행복하지 않다고 호소하고 있습니다. 이러한 현상은 우리사회가 행복을 조건으로 생각하고 있기 때문입니다. 행복을 조건으로 생각하는 사람은 아무리 조건이 좋아져도 행복할 수가 없습니다. 그러므로 행복에 대한 인식을 바꾸면 행복은 자신이 살아가는 시간과 공간 안에서 쉽게 찾을 수 있다는 것을 알게 될 것입니다. 행복에 대한 인식을 전환하는 것만으로도 아이들의 행복지수는 올라갈 수 있을 것입니다.

기쁨과 즐거움의 느낌인 긍정정서, 특정 활동에 깊이 빠져 자의식까지 잊은 채 만족하는 몰입, 혼자가 아닌 타인과 함께 좋은 세계를 만들어가는 관계, 헌신, 그 자체가 좋아서 추구하는 성취, 이것들은 아이들이 스스로의 정체성을 찾고 심리적 강점자원을 발견하는 것을 도울 것입니다. 그리고 미래에 대한 확신과 자신감을 통하여 '플로리시(flourish·번성)'[69]에 이르는 것을 가능하게 할 것입니다.

# 상담 레시피

## ▷ 레시피 01: 가슴에 다가오는 노래

● 영화 감상

영화 속 배우들이 노래 부르는 장면(※곡마다 1절 분량으로 편집한다.)

● 다리 놓기 질문 및 활동

각각의 노래에서 느껴지는 느낌을 사진으로 표현해 보세요.

① 사진에서 어떤 느낌이 전해지나요?

② 사진에서 가장 인상 깊게 다가오는 부분은 무엇인가요?

③ 사진을 바라보면 떠오르는 사람이 있나요?

④ 이 사진에 제목을 붙인다면?

⑤ 사진 속으로 들어가 공간여행을 할 수 있다면 어떤 일이 일어날까요?

⑥ 영화 속에 등장하는 노래들 중 가장 가슴에 와닿는 곡은 무엇인가요?

## ▷ 레시피 02: 배신

● 영화 감상

사랑하는 남자(데이브)를 위하여 자신을 희생했던 그레타가 배신을 당하고 짐을 싸서 거리에 나와 버스킹을 하는 친구를 찾아가는 장면

● 다리 놓기 질문 및 활동

① 사랑했던 사람에게 배신당했던 경험이 있나요?

그 경험은 현재 당신의 삶에 어떤 영향을 끼쳤나요?

② 만약 당신이 그레타라면 다른 여자에게 마음을 준 데이브와의 관계를 어떻게 하겠습니까? 정리? 또는 유지?

# COUNSELING RECIPE

▷ 레시피 03: 강점 찾기

● 영화 감상

최악의 상황에 몰린 댄과 그레타가 좌절상황을 이겨 내고 다시 힘을 내고, 즐거움을 발견하고, 창작 작업에 몰입하는 장면

● 다리 놓기 질문 및 활동

① 지금까지 자신에게 가장 힘들었던 경험을 이야기해 보세요.

② 댄과 그레타가 가지고 있는 강점을 도화지에 적어 발표해 보세요.

③ 다른 사람들이 당신에게 말했던 잘하는 것을 도화지에 적어 보세요.
   그중에 당신 스스로 인정하는 강점은 어떤 것인가요?

④ 다른 사람들은 모르는 자신의 강점은 무엇인가요?

⑤ 위 질문들을 통해 찾아낸 장점을 활용하여 당신이 몰입할 수 있는 활동을 찾아보세요.

⑥ 그레타와 댄이 서로에게 위로가 되어 주는 것처럼 당신이 힘들었을 때 가장 위로가 되어 준 사람은 누구인가요?

# 미주

1 신체형 장애(somatoform disorder, 身體形障碍): 신체증상이 나타나지만 실제로는 신체질환이 아닌 심리적 요인이나 갈등에 의해 증상이 야기되는 장애이다. 환자는 자신의 의도와는 달리 무의식적인 과정을 거쳐 신체증상을 나타내게 되며 따라서 본인은 그러한 증상이 왜 생겼는지 알지 못하고 신체질환이 있는 것으로 생각한다. 신체형 장애는 그 주된 증상에 따라 신체화 장애, 전환장애, 심인성 동통장애, 건강염려증, 지병형 신체화 장애 등으로 분류된다. 출처: http://www.daegumental.co.kr.

2 올더스 헉슬리(1998), 『멋진 신세계』, 이덕형 역, 문예출판사.

3 디스토피아 또는 안티 유토피아(영어: dystopia 또는 anti-utopia)는 유토피아와 반대되는 공동체 또는 사회(community or society)를 가리키는 말이다. 이 사회는 주로 전체주의적인 정부에 의해 억압받고 통제받는 모습으로 그려진다. 출처: 위키피디아, 2019.11.30. 검색.

4 인구총조사에 따르면 다문화 가구 수는 2015년 299,241에서 2017년 318,241로, 혼인, 출생률은 2015년 562,916명에서 2017년 588,968로 증가하고 있다.

5 최영준(2018), 「다문화교육 정책의 변화와 개선방안」, 평생교육·HDR 연구, 제14권 제2호, pp.55-75.

6 최영준(2018), 「다문화교육 정책의 변화와 개선방안」, 평생교육·HDR 연구, 제14권 제2호, pp.55-75.

7 최영준(2018), 「다문화교육 정책의 변화와 개선방안」, 평생교육·HDR 연구, 제14권 제2호, pp.55-75.

8 최대희(2018), 「다문화교육 현장에서의 '다문화아이'와 타자화」, 대한정치학회보, 26집 1호, pp.33-57.

9 2017 다문화청소년 패널조사.

10 '15 학업중단율: (일반학생)0.77% 〈 (다문화학생)0.85% 〈 (탈북학생)2.2%
다문화학생의 학교 부적응 이유: 친구들과 잘 어울리지 못해서(64.7%), 학교공부에 흥미가 없어서(45.2%)('15, 여가부 다문화가족실태조사)
탈북학생의 학교생활 애로사항: 학교수업 따라가기(46.5%), 문화·언어 적응(17.1%)('14, 남북하나재단)

11 외국인 노동자·이민자를 이웃으로 삼고 싶지 않음: 한국 31.8% 〉 미국 13.7% 〉 스웨덴

3.5%('15년 국민 다문화수용성 조사 등)

12 김려령(2017), 『완득이』, 창비.

13 김려령(2017), 『완득이』, 창비.

14 김병섭 · 김지운(2016), 『국어시간에 영화 읽기』, 휴머니스트.

15 장인실 · 차경희 (2012), 「한국 다문화교육의 연구동향 분석」, 한국교육학연구.

16 교육부(2017), 다문화교육 특구 지역 학교 교육프로그램 운영 방안.

17 그래서 미디어 리터러시 교육이 필요합니다, 한겨레 신문, 2018.9.10.(2019.11.5. 구글검색).

18 https://namu.wiki/w/%EC%97%AD%EC%A7%80%EC%82%AC%EC%A7%80

19 최하진(2014), 『영화가 부모에게 답하다』, 국민출판.

20 이보영(2013), 『안녕?! 오케스트라』, 이담북스.

21 http://h21.hani.co.kr/arti/H_special/41730.html.

22 박주병 · 김안중(2015), 『인류의 대화에서 교육의 목소리』, 강현출판사.

23 박주병 · 김안중(2015), 『인류의 대화에서 교육의 목소리』, 강현출판사.

24 김성훈(2016), 『교육학 명문 100선』, 동문사.

25 J.P.Das(2001), 『읽기곤란에서 난독증까지』, 이영재 역, 학지사.

26 뤼디거 프랑크(2019), 『북한 여행, 유럽 최고 북한통通의 30년 탐사리포트』, 안인희 옮김, 한겨레출판.

27 https://movie.v.daum.net/v/gzJdSkL88a.

28 「북한이탈주민의 보호 및 정착 지원을 위한 법률」, 탈북학생 교육과 교원의 역할, 김정원 외, 2017에서 재인용.

29 김정원 외(2017), 『탈북학생 교육과 교원의 역할』, 한국교육개발원(2013), 「탈북고등학생 지도교사용진로 · 진학 안내서」.

30 국가통계포탈 2015 조사 자료.

31 건국대학교 통일 인문학연구단(2016), 『탈북민의 적응과 치유 이야기』, 경진출판, p.365.

32 교육부(2017), 『2017 탈북학생 멘토링 매뉴얼』, 한국교육개발원.

33 https://movie.daum.net/moviedb/main?movieId=45413.

34 교육부(2017), 「2017 탈북학생 멘토링 매뉴얼」, 한국교육개발원.

35 https://www.voakorea.com/korea/korea-social-issues/5082210(검색일 2020.05.05.).

36 김정원 외(2017), 「탈북학생 지도 교사용 매뉴얼 '함께 만들어요 하나된 세상'」, 한국교육개발원.

37 Alan M. Blankstein(2016), 「세계교육의 변화 흐름과 시사점」, 이찬승, 2018 강원국제심포지엄 자료재인용.

38 교육부(2017), 「탈북학생 교사 멘토링 방법(2017)」.

39 통일부(2018), 「통일문제 이해」, 통일교육원, pp.17-19.

40 뤼디거 프랑크(2019), 「북한 여행, 유럽 최고 북한通의 30년 탐사리포트」, 안인희 옮김, 한겨레출판.

41 통일부(2018), 「통일문제 이해」, 통일교육원, pp.17-19.

42 전북도민일보 기사, 2016.12.29.https://www.domin.co.kr/news/articleView.html?idxno=1135934 (2019.8.20. 검색).

43 공교육 제도의 문제점을 극복하기 위해 별도의 프로그램을 마련하여 새롭게 고안한 학교.

44 자녀를 학교에 보내지 않고 부모가 집에서 자식에게 직접 행하는 교육.

45 양극성 정동장애: 기분이 들뜬 상태인 조증과 우울한 기분이 지속되는 우울증이 번갈아 가며 나타나는 정신장애로 흔히 '조울증'이라고 부른다.

46 노엄 촘스키: 미국의 언어학자이자 철학자로 변형생성문법 이론을 만듦. 미국 좌파의 가장 중요한 지식인으로 여겨짐.

47 사람들이 가지고 있는 자기에 대한 또는 환경에 대한 인지적 지도, 표상, 도식 또는 각본이다. '내부작동모델'이라는 개념은 자기(self)와 대상이 담고 있는 표상과 거의 같은 말이다. 세상과 세상 속에 있는 우리 자신에 대한 모든 것을 가리킨다.

48 도널드 위니캇(Donald Woods Winnicott, 1896-1971): 정신분석가이자 소아과 의사. 그의 관심은 주로 아동발달 영역이었고, 아동과 엄마의 상호작용에 초점을 두었으며 아동의 심리치료에 많은 영향을 주었다.

49 왕이 병이 들거나 나이가 들어 정사를 제대로 돌볼 수 없게 되었을 때 세자나 세제가 왕 대

신 정사를 돌보는 것.

50 https://ko.wikipedia.org/wiki/%ED%8F%89%ED%83%9D_%EC%95%84%EB%8F%99
_%EC%82%B4%ED%95%B4_%EC%95%94%EB%A7%A4%EC%9E%A5_%EC%82%AC%
EA%B1%B4.

51 교육부, 보건복지부, 「유치원·어린이집 아동학대 조기발견 및 관리·대응 매뉴얼」, 2016년
4월 18일 발행.

52 https://ko.wikipedia.org/wiki/%ED%8F%89%ED%83%9D_%EC%95%84%EB%8F%99
_%EC%82%B4%ED%95%B4_%EC%95%94%EB%A7%A4%EC%9E%A5_%EC%82%AC%
EA%B1%B4.

53 김희경(2017), 「이상한 정상 가족」, 동아시아.

54 교육부, 보건복지부, 「유치원·어린이집 아동학대 조기발견 및 관리·대응 매뉴얼」, 2016년
4월 18일 발행.

55 나카와키 하쓰에(2012), 「너는 착한 아이야」, 홍성민 옮김, 작은 씨앗.

56 나카와키 하쓰에(2012), 「너는 착한 아이야」, 홍성민 옮김, 작은 씨앗.

57 나카와키 하쓰에(2012), 「너는 착한 아이야」, 홍성민 옮김, 작은 씨앗.

58 국제연합(UN)에서 만장일치로 채택(1989.11.20. 우리나라 1991.11. 가입).

59 김희경(2017), 「이상한 정상 가족」, 동아시아.

60 유발 하라리(2018), 「21세기를 위한 21가지 제언」, 전병근 옮김, 김영사.

61 트리처 콜린스 신드롬(Treacher Collins syndrome): 하악(아래턱) 및 안면부의 선천적 기
형을 동반하며 드물게 발생하는 증후군으로 주로 첫째 및 둘째 인두굽이에서 유래하는 해
부학적 구조물의 결손을 특징으로 하며, 신생아 50,000명 당 1명꼴로 발생한다. '트리처
콜린스'란 용어는 영국의 외과의사 에드워드 트리처 콜린스(Edward Treacher Collins,
1862.5.28.–1932.12.13.)의 이름에서 딴 것이다. 출처: 네이버 지식백과.

62 아이비 리그(Ivy League): 미국 동북부에 있는 여덟 개의 명문대학을 통틀어 이르는 말. 예
일, 코넬, 컬럼비아, 다트머스, 하버드, 브라운, 프린스턴, 펜실베이니아 대학이다. 출처:
표준국어대사전.

63 아바타(Avatar): 분신(分身), 화신(化身)이라는 뜻의 산스크리트어. 사이버공간에서 사용자
의 역할을 대신하는 애니메이션 캐릭터이다.

64  카르페 디엠(carpe diem): 지금 살고 있는 현재 이 순간에 충실하라는 뜻의 라틴어.

65  윌슨 앨윈 벤틀리(Wilson Alwyn Bentley, 1865-1931): 현미경에 카메라를 단 장치를 이용하여 1885년 최초의 눈 결정 사진을 촬영한 사람.

66  개별화(individuation): 한 개인이 형성되고 차별화되는 과정으로 한 명의 '심리적 개인'이 발전되는 과정이므로 개인의 성격발달을 목표로 하는 분화(혹은 구별) 과정이라 할 수 있다.

67  긍정심리학(肯定心理學, positive psychology): 인간의 긍정적인 심리적 측면을 과학적으로 연구하고 인간이 행복과 성장을 지원하는 심리학의 한 분야.

68  마틴 셀리그먼(Martin Seligman): 현재 펜실베이니아대학교 심리학과 교수로 재직하고 있으며 긍정심리학의 창시자로 '무기력 학습'과 '낙관성 학습' 분야의 최고권위자이다.

69  플로리시(flourish): 라틴어 'florere'에서 유래된 말로, 긍정심리학에서는 모든 능력과 잠재능력까지 발휘하여 번성시켜 활짝 꽃피우는 것을 의미하며 행복의 만개(滿開)라고도 한다.

## 저자소개

저자 조원국은 한국교원대학교 체육교육과를 졸업하고 강원도의 고등학교에서 체육을 가르치고 있습니다. 아이들에게 상처를 덜 주는 교사가 되고 싶은 마음에서 상담을 공부하기 시작했고, 강원대학교에서 교육학 박사학위(교육상담)를 취득했습니다. 상담 및 심리와 관련해서는 MBTI강사, STRONG진로상담전문가, 드라마치료전문가, 영화치료전문가, 사진치료전문가 자격을 가지고 있고 강원대·단국대·상지대·극동대·한라대에서 상담 및 교육학 겸임교수로 활동하였습니다. 현재 한국영상영화치료학회 영상영화심리상담 전문슈퍼바이저로 활동하고 있고, 담쟁이심리상담연구소에서 사람들과 어울려 마음공부를 하고 있습니다. 지은 책으로는 『영화로 열어가는 가족상담』, 『영화치료의 기초(공저)』, 『학교 생활지도와 상담(공저)』이 있습니다.

저자 김은영은 춘천교육대학교를 졸업하고 강원도의 초등학교에서 아이들을 가르치고 있습니다. 강원대학교에서 교육학 박사학위(교육행정)를 취득하고 학교의 효과적인 운영과 민주적인 시스템을 고민하다 학교구성원의 마음소통이 중요함을 깨닫고 상담을 공부하며 영상영화심리상담의 길에 접어들었습니다. 현재 한국영상영화치료학회 영상영화심리상담 슈퍼바이저로 활동하고 있고, 강원대학교 겸임교수로 활동하며 교육행정, 연구방법, 학급운영 등을 가르치고 있습니다. 『교사, 교육과정 중심에 서다』를 함께 썼으며 민주적 학교운영, 교사전문성과 관련된 다수의 논문을 썼습니다.

## 영화로 열어가는 교실상담

초판 발행    2020년 5월 21일

지 은 이    조원국 · 김은영
펴 낸 이    노  현

편    집    황정원
기획/마케팅    노  현
디 자 인    BEN STORY
제    작    우인도 · 고철민

펴 낸 곳    (주)피와이메이트
          서울특별시 금천구 가산디지털2로 53, 한라시그마밸리 210호(가산동)
          등록 2014.2.12. 제2018-000080호
전    화    02)733-6771
f a x    02)736-4818
e-mail    pys@pybook.co.kr
homepage    www.pybook.co.kr
ISBN    979-11-6519-020-0  93180

정  가    18,000원

박영스토리는 박영사와 함께하는 브랜드입니다.